Isabelle Müller

LOAN

Aus dem Leben eines Phoenix

„Was hat mich getrieben? Hoffnung! Hoffnung für die Vertriebenen, für die Verlassenen, für die Einsamen und für die, die an den Himmel glauben. Hoffnung, meinen Kindern etwas auf den Weg mitgegeben zu haben; aus der Welt, die ich kannte, eine bessere zu machen; das zu erreichen, was ich nicht geschafft habe! Wenn meine Kinder es nicht schaffen, wer dann?“ (Loan)

Ein Wort zuvor

„Mẹ" heißt „Mutter" auf Vietnamesisch, „Loan" bedeutet „Phoenix". Ich nannte dich mein Leben lang „Mẹ Loan", so wie du es mir und meinen vier Geschwistern beibrachtest. Niemand wäre auf die Idee gekommen, dich anders zu nennen. Wie dein richtiger Name in Wahrheit lautet und warum du ihn ablegtest, erfuhr nur ich, und das auch erst Jahre später.

Es ist ein seltsames Gefühl, heute diese Zeilen zu schreiben, wo du nicht mehr da bist und doch präsenter als je zuvor.

Du hast mir den Auftrag gegeben, über dich zu schreiben: über dein Leben als Frau, als meine Mutter, über den Phoenix, der du warst, der mehrmals verbrannte und aus der Asche emporstieg.

Wie oft sagtest du mir, ich sollte möglichst viel lernen, denn Bildung sei ein Privileg und bedeute, den Sinn des Lebens besser zu erkennen. Auf keinen Fall dürfte ich ungebildet wie du durch die Welt gehen. Du hast mir schnell klar gemacht, dass meine Zukunft einzig von meiner Leistung abhing.

Also habe ich mich im Unterricht angestrengt. Mehr als einmal habe ich den Frust gespürt, aus einfachsten Verhältnissen zu stammen, und habe die immer wiederkehrenden Enttäuschungen, von meinem Umfeld wegen deiner Herkunft gehänselt oder gar abgelehnt zu werden, still hingenommen. Dein Schicksal sollte sich schließlich nicht wiederholen.

Du durftest nie eine Schule besuchen. Du durftest nie Lesen und Schreiben lernen. Weil du ein Mädchen warst und weil die Regeln in deinem Land es so vorschrieben.

Du hast dir das Leben selbst beigebracht, und dafür musstest du dich gegen die alten, fest verankerten Bräuche deines Volkes auflehnen. Du hast es so gewollt. Ja, es war deine eigene Entscheidung, den schwierigen Weg zu gehen, nur um frei zu sein. Freiheit, egal was es koste.

Meine Fragen hast du immer mit deinen Fragen beantwortet, damit ich selbst über die Dinge nachdenke und selbst entscheide, was richtig ist oder nicht. Meinem Geist waren niemals Grenzen gesetzt. Über die Jahre hast du mir deine Weisheit und dein Wissen weitergegeben. Oft saßen wir draußen vor dem Wohnzimmer auf den Stufen, und wenn du mir nicht gerade Geschichten aus deinem Leben erzähltest, lauschten wir einfach der Stille. In solchen Augenblicken hast du mich spüren lassen, wie großartig die Welt ist, die uns umgibt, wie tief der Bund zwischen Mensch, Natur und Himmel, den wir Europäer „Schöpfer" nennen, ist. Du hast mich aber auch erkennen lassen, wie fragil alles ist und wozu Menschen fähig sind. Durch dich habe ich früh erkannt, dass Liebe alle Dinge im Leben im Gleichgewicht hält. Immer noch bist du, liebe Mẹ Loan, mein Vorbild.

Heute, fünfundvierzig Jahre später, möchte ich das Versprechen einlösen, das ich dir mit sechs Jahren gab, als du mir auf mein Bitten hin dein Leben erzähltest.

Die Welt soll durch dieses Buch erfahren, was für ein wunderbares Wesen du warst. Lass mich den Menschen zeigen, wie du, die du selbst nur Leid und Aufopferung kanntest, dennoch ein Leben lang dazu fähig warst, deinen Nächsten Liebe zu schenken.

Fragt man sich beim Lesen, wie dein Herz, das so oft brach, immer wieder Kraft und Hoffnung schöpfen konnte, so lautet die Antwort: Dein Herz konnte niemals ganz brechen, weil es zu groß war.

Führe meine Feder, Mẹ Loan.

Kapitel 1: Die Revolution eines Herzens

Sich einem Kind zu öffnen

Es ist 1970, nach dem chinesischen Kalender das Jahr des Hundes.

Ich lebe mit meiner Familie in einem winzigen, abgelegenen Dorf in Frankreich. An diesem Sommertag habe ich mir die warmen Stufen der großen Treppe ausgesucht, die von unserem Wohnzimmer nach draußen in den Garten führen. Bevor ich mich im Schatten der beiden hohen, dichten Haselnusssträucher hinlege, rücke ich mir noch das harte Kissen zurecht, auf das ich gleich meinen Kopf legen werde. Es ist wieder an der Zeit, dass Isabelle mir die neuen, grauen Haare zupft. Da kommt sie auch schon und fängt gleich damit an, geschickt und ganz so, wie es in dem Land, in dem ich geboren und aufgewachsen bin, Sitte ist.

Mein langes Haar soll makellos schwarz bleiben, ohne die verräterischen hellen Strähnen, die mein Aussehen beeinträchtigen könnten.

„Mama, wo kommst du eigentlich her? Warum siehst du nicht so aus wie wir? Erzähl mal!“, fragt mich mein kleines Mädchen, die Pinzette in der Hand.

Auf ihre Bitte hin wird mir plötzlich bewusst, dass ich noch nie über meine Vergangenheit gesprochen habe. Wer sollte sich auch schon für mein Leben interessieren?

Fast vierzig bewegte Jahre sind inzwischen verstrichen. Jahre, in denen ich meine Gefühle immer für später aufgehoben habe. War ich jetzt bereit, mich zu öffnen, ohne dass bereits geschlossene Narben wieder aufbrachen?

Sie sitzt erwartungsvoll vor mir, meine jüngste Tochter, die ich 1964 im Jahr des Drachens geboren habe, und sieht mich mit ihrem fragenden, unschuldigen Blick an. Sie will etwas von mir erfahren. Und auf einmal habe ich das Gefühl, dass es an der Zeit ist, mich meiner Vergangenheit zu stellen. Nichts mehr verdrängen. Keine Furcht mehr kennen. Meinem Verlangen, das heftig in mir danach schreit, sich zu bekennen, will ich Raum schaffen. Ich will mich endlich von der Last befreien, die seit Jahrzehnten wie ein Stein auf meiner Seele ruht.

So lege ich meinen Kopf auf ihren Schoß und beginne zu erzählen. Und während ich spreche, holt mich meine Vergangenheit ein, es ist mir, als müsste ich alles noch einmal erleben ...

Unterwegs das Licht der Welt erblicken

Ich komme aus Annam, der heutigen Sozialistischen Republik Vietnam. Meine ersten Jahre habe ich in einem Dorf am Rande der Stadt Hà Tĩnh am Golf von Tonkin verbracht.

Ich hatte zwei ältere Brüder. Den ältesten, den ich wegen seiner Rohheit und Grausamkeit mir gegenüber niemals bei seinem Namen nennen werde, und Hoe.

Geboren wurde ich auf dem Weg nach Haiphong, einem seit Jahrhunderten wichtigen Handelsplatz und einer bedeutenden Hafenstadt im Norden Annams, wegen der zahlreichen Flammenbäume, die dort wachsen, auch Stadt der roten Blumen genannt.

Meine Mutter begleitete meinen Vater auf der von unserem großen Wasserbüffel gezogenen zweirädrigen Karre. In Haiphong wollten sie Felle und andere Jagdbeute meines Vaters verkaufen.

Es traf sich gut, dass sie zusammen unterwegs waren, denn meiner hochschwangeren Mutter war es als Annamitin verboten, im eigenen Haus in Hà Tĩnh niederzukommen. Das hätte Unglück für das Kind und die Familie gebracht.

Als die Wehen einsetzten, suchte sie sich einen ruhigen, grünen Winkel aus, abseits der Blicke der Passanten. Eine Hütte, wo sie mich hätte gebären können, konnte sie nicht entdecken.

Mein Vater ließ sie bei der Geburt allein. Ihm als Mann war es verboten, bei der Niederkunft dabei zu sein, weil sonst seine Männlichkeit verloren ginge. Er wartete bei unserem Büffel, bis sie ihn rief.

Das alles trug sich im Jahr 1929 zu, vermutlich im Oktober, da die dritte und letzte Reisernte bereits eingebracht war. Meine Mutter maß die Nabelschnur und ließ sie mir bis zum Knie herabfallen. Danach rief sie meinen Vater, der sie mit seinem scharfen Messer abtrennte. Sie wickelte mich in ihren schwarzen, seidenen Überwurf, nicht ohne mir zuvor eine große Silbermünze an der in Form eines Schneckenhauses gedrehten Nabelschnur zu befestigen. Diese würde so besser heilen, abfallen und danach sorgfältig von ihr für die ersten Jahre aufbewahrt werden; ein Zusatz zu einem Mittel gegen Fieber, von den Alten gebraut, falls ich erkranken sollte. Sie saugte mir noch die Nase aus und spuckte es an den Wegrand. Das sollte verhindern, dass meine Atemwege erkrankten.

Mit mir in den Armen stieg Mutter auf die Karre, während mein Vater die Nachgeburt in einen Fetzen Stoff wickelte, um diese noch am selben Abend an einem von ihm streng geheim zu haltenden Ort zu vergraben, zu meinem Schutz.

Ich bekam den Vornamen „Cúc", was „Chrysantheme" bedeutet. Mutter nannte mich so, weil sie diese Blumen so liebte. Dann fuhren meine Eltern weiter nach Haiphong und kehrten erst nach einigen Wochen nach Hà Tĩnh zurück. Hier verbrachte ich die ersten, unbeschwerten Jahre meiner Kindheit.

Wurzeln

Mutter sagte mir später, es spiele keine Rolle zu wissen, wann man genau geboren sei. Wichtig sei, gesund zu sein. Zu jener Zeit war es bei uns, besonders auf dem Land, üblich, behinderten Neugeborenen die Nase zuzuhalten, bis sie erstickten. Dadurch blieb, der Tradition zufolge, die Gesundheit und Reinheit des Stammes erhalten.

Meine Mutter, die feingliedrige, anmutige Frau, wurde 1890 geboren, im gleichen Jahr wie ein gewisser Ho-Chi-Minh. Sie gehörte zum Volk der Lao, das auf einer Hochebene nahe Laos lebte. Annam zählte damals über fünfzig Volksstämme.

Für eine Annamitin war sie ausgesprochen groß. Ihr Hals war lang und zart, und immer hatte sie ein Lächeln auf ihren Lippen. Ihre Haut war sehr hell. Für mich sah sie wunderschön aus. Oft war sie in blaue Seide gekleidet, und ihr langes Haar war mit schwarzem Stoff zu einer hutartigen Schlaufe um den Kopf gebunden. Zahlreiche Armreifen aus getriebenem Silber, die es bei uns häufig und reichlich gab, schmückten ihre Handgelenke.

Wenn sie sich zum örtlichen Markt begab, um das von Vater erlegte Wild zu verkaufen, trug sie immer ihren nur leicht gewölbten Strohhut, in dessen Innenseite ein kleiner, runder Spiegel verborgen war.

Vor unserer Hütte stand ein dickbauchiger, mit lauwarmem Regenwasser gefüllter Tonkrug, aus dem wir das Wasser zum Trinken und Kochen schöpften. In der Hütte hatten wir einen Speicher mit Säcken, die mit getrocknetem Tabak und Reis gefüllt waren. Daneben lag ein großes Bambusfloß, das uns und unser Hab und Gut retten sollte, falls der Monsunregen Hochwasser brachte und sich die nahen Flussarme in einen gefährlichen Strom verwandeln würden. Hinter der Hütte, neben einem Hühnerstall, der einer Tante väterlicherseits gehörte, bewirtschaftete meine Mutter ein kleines Stück Ackerland, mit Obstbäumen, Gemüse und Kräutern.

Mein Vater gehörte zu einem Jägerstamm, der zusammen mit anderen wilden Stämmen „Moi" genannt wurde. Er war von breiter Statur und sehr klein, etwa einen Meter vierzig groß. Mit einer seiner kräftigen Hände hätte er leicht den Hals eines Affen umdrehen können! Seine Gestalt sehe ich noch heute vor mir: seine dunkle Haut, sein breites Gesicht, die flache Nase, sein straffes, tiefschwarzes Haar, das in einem Zopf mit einem Lederband zusammengebunden war.

Er war nur mit einem Lendenschurz bekleidet, nur wenn er in die Stadt ging, trug er eine abgenutzte, verblichene Uniform, ein Andenken an seinen Dienst in der französischen Armee. Über fünfundzwanzig Jahre hatte er in ihr gedient. Im Ersten Weltkrieg war er in Frankreich gewesen, an der Westfront. Dort hatte er bei der Explosion einer Handgranate zwei Finger gelassen.

Nach dieser Zeit hatte das Leben für ihn wieder seinen ursprünglichen Lauf angenommen, und so verdiente er sich ab und zu etwas Geld als Führer von Jagdexpeditionen wohlhabender Mitglieder der oberen Gesellschaftsschichten, Bankiers, Ärzte oder reiche Plantagenbesitzer, die den gewissen Kitzel im geheimnisvollen Dschungel suchten.

So eine Ehe

Die Ehe meiner Eltern war von deren Eltern schon früh ausgehandelt worden, ohne dass meine Eltern davon wussten. Nur die Großeltern waren von dieser Entscheidung in Kenntnis gesetzt worden.

Mein Vater ging oft nach Laos, um zu jagen. Von dort brachte er seiner zukünftigen, jungfräulichen Braut Blätter vom Betelbaum mit, die meine Mutter zur Pflege ihrer schwarz lackierten Zähne kaute. Außerdem hatte er immer geschliffene Amethyste und Jade dabei sowie rote Stoffe – die Farbe des Glücks – und erlegtes Wild. Da er durch seine Jagd wohlhabend genug war, um eine eigene Familie zu ernähren, musste er nicht in die Dienste seines zukünftigen Schwiegervaters treten.

Die eigentliche Hochzeit meiner Eltern begann damit, dass mein Vater seiner Verlobten viele Geschenke machte. Währenddessen wurden in den Häusern beider Parteien den Ahnen Opfer dargebracht.

Der erste Tag fand mit einem üppigen, abendlichen Festessen seinen Ausklang. Am nächsten Morgen wurde meine Mutter festlich gekleidet und zur Hütte ihrer künftigen Familie geführt. Dort angekommen, warf sie sich vor ihren Schwiegereltern und den anderen Angehörigen nieder.

Sie betete zu den Ahnen und Schutzgeistern der Ehe, auf dass sie ihr von nun an Schutz und Beistand gewährten.

In diesem Moment trat sie in die Familie ihres Gatten ein, nun musste sie sich zu deren Glauben bekennen. Unsere Religion bestand aus einer Mischung aus Buddhismus und Glaube an gute und böse Geister, die uns umgaben und die stets unsere Ehrerbietung und Opfergaben forderten.

Von nun an lebte meine Mutter in dieser Hütte, immer unter den kritischen Blicken ihrer Schwiegereltern. Weil sie ganz der Tradition entsprechend geheiratet wurde, genoss sie als Frau großes Ansehen. Das hieß jedoch nicht, dass ihr Dasein beneidenswert war.

Von dem Geld, das Vater verdiente, bekam Mutter nur das Notwendigste, um die Schwiegereltern, ihre drei Kinder und sich selbst zu ernähren. Wenn Vater nicht mit der Jagd oder einer anderen Arbeit beschäftigt war, kaufte er sich Zuckerrohrschnaps, „Schum" genannt, um sich zu berauschen, oder er verspielte manchen Piaster beim Ba-Kuan, einem Kartenspiel. Dazu unternahm er häufige Stadtbesuche. Er kam, wann er wollte, ohne Näheres zu sagen - er war ein Mann und niemandem eine Erklärung schuldig. Manchmal verschwand er monatelang, manchmal sogar für Jahre, und wurde doch von meiner Mutter immer wieder, fraglos, aufgenommen, als sei er nicht fort gewesen.

Hätte Mutter sich scheiden lassen wollen, hätte sie jedes einzelne seiner Geschenke zurückgeben müssen. Für zerbrochene Dinge, zum Beispiel eine Schale, gab es keinen Ersatz. Oder für einen bestickten Stoff, der abgenutzt war, hätte es Unmögliches verlangt, um genau den gleichen Stoff wieder herbeizuschaffen. Zudem hätte sie das Dorf für immer verlassen müssen, um keine Schande über die Familie zu bringen.

So blieb ihr die Möglichkeit einer Trennung ein für alle Mal verwehrt. Mein Vater dagegen hatte wie jeder Mann sieben Scheidungsgründe, um die Ehe zu beenden, von denen die drei wichtigsten Unfruchtbarkeit, Schwatzhaftigkeit und Eifersucht waren. Da er kein armer Annamit war, konnte er es sich leisten, in Polygamie zu leben. Längst hatte er sich eine zweite Frau genommen, die in einem Nachbardorf lebte; mit ihr bekam er ebenfalls Kinder.

Für meine Mutter bedeutete es dennoch eine Ehre, „erste Frau" zu sein, nur sie allein genoss dadurch eine gewisse Anerkennung. Wenn sie sich jemandem vorstellte, sagte sie ihren Namen und fügte stolz hinzu: „erste Frau".

So war auch ich stolz, „Cúc, Tochter der ersten Frau", zu sein. Auch wenn ich nicht wirklich verstanden hatte, worum es dabei ging, befriedigte und stärkte das belustigte, verständnisvolle Nicken der Anwesenden in mir ein leichtes Gefühl der Überlegenheit.

Ordnung und Hierarchie, wie sie bei uns herrschten, prägten sich mir früh als zentrale Kriterien ein. Ich wusste, dass Vater ganz oben stand, weil er der Vater, weil er ein Mann war. Dieser kleine Mann, mit einem Rücken so breit wie unser Wasserbüffel, hatte das Sagen im Haus. Dann kam mein ältester Bruder, der die Interessen der Familie vertrat, wenn Vater wieder einmal auf einer seiner Expeditionen war oder die Zeit bei seiner zweiten Frau verbrachte. Bruder Hoe war für leichtere Arbeiten zuständig. Als nächste Autoritätsperson kam meine Mutter, verantwortlich für den Zusammenhalt der Familie, ständig streng bewacht von den Schwiegereltern und den Ältesten. Und ganz zum Schluss kam ich, Cúc, „Tochter der ersten Frau".

Zeit der Unbekümmertheit

Ich verbrachte unvergessliche Stunden in den nahen smaragdgrünen Reisfeldern und sah den Erwachsenen bei der Arbeit zu. Die Männer pflügten die klebrige, schlammige Erde, während die Frauen Reispflanzen setzten und dabei melancholische Lieder sangen. Bei jedem Schritt vorwärts gaben die geduldigen Wasserbüffel ein rhythmisches Schnaufen von sich her. In dieser Geräuschkulisse aus tiefen Atemzügen, stampfenden, pflatschenden Schritten und melodischem Gesang wirkten die feinen Abstufungen der uns umgebenden Farben in der Sonne wie magisch auf mich.

Gelegentlich durfte ich selbst junge Reispflanzen in den Lehm stecken, nachdem ich versucht hatte, eine gerade Furche mit unserem Wasserbüffel vor dem Pflug zu ziehen. Den erdigen Geruch, der in meine Nase aufstieg, und die lauwarme Feuchtigkeit auf meiner Haut, die ihr einen schimmernden Glanz verliehen, mochte ich sehr. Hier bei uns war reichlich Wasser vorhanden, um die Stecklinge nach dem Pflanzen mit meinem Que-non, unserem traditionellen Strohhut aus der Stadt Hue, der Kaiserstadt und auch der Stadt der Hutmacher, zu begießen.

Damals war mir keineswegs bewusst, wie schwer die Erwachsenen arbeiteten. Alles schien ihnen so leicht von der Hand zu gehen, und das selbstverständliche Lächeln auf ihren Gesichtern hieß mich zu glauben, dass Arbeit Spaß machte.

Noch hatte ich keine Pflichten zu erfüllen. Wenn ich keine Lust mehr verspürte oder die Blutegel allzu lästig wurden, setzte ich mich wieder auf unseren Büffel, der mich sicher nach Hause brachte, auch wenn ich dabei einschlief.

Meine Mutter hielt sich fast immer vor dem Eingang unserer Hütte auf und zerlegte das Wild, das Vater mit den selbstgeschnitzten giftigen Pfeilen aus seiner Armbrust erlegt hatte. Er konnte mit seinen Waffen sehr gut umgehen und verfügte über die verschiedensten Jagdtechniken, die ihm einen Ruf als hervorragender Jäger eingebracht hatten. Kleinere Vögel blieben auf den von ihm mit Leim bestrichenen Brettern kleben. Vater brauchte sie nur noch einzusammeln.

Ab und zu ging er in die Mangrovensümpfe und setzte eine bemalte Holzente mit echtem Schnabel in das Ufergewässer. Danach schoss er mit seiner Armbrust auf die herbeifliegenden Artgenossen. Oder er benutzte zur Abwechslung inmitten der Reisfelder einen selbstgebastelten Reiher, der mit „echten" Flügeln schlug. Einmal gelang es ihm, an einem einzigen Tag über hundert graue Reiher zu erlegen. Voller Stolz verteilte er einen guten Teil seiner Beute an die anderen Dorfbewohner. Oft schoss er Hirschkälber, und daheim schnitt er ihnen die Kehle durch und trank das warme Blut, um sich zu stärken. Das Herz bereitete ihm meine Mutter als Abendmahlzeit zu.

Eines Tages brachte er aus dem Dschungel einen erlegten jungen Bären mit, dessen Pankreas er meinem Großvater gab, der Medizinmann in der Dorfgemeinschaft war, damit dieser daraus ein Heilmittel gegen Darmerkrankungen herstellen konnte.

Opa war ein gelehrter Mann. Ich mochte ihn. Er konnte die alte, senkrechte chinesische Schrift lesen und schreiben. Wenn ich Lust dazu hatte, nahm er sich oft die Zeit, mir in aller Ruhe alles mitzuteilen, was er über Heilkräuter und Heilmittel wusste. Dabei strich er sich über den weißen, dünnen Bart, der ihm bis zur Brust reichte und auf den er mächtig stolz war. Durch ihn war er nicht nur eine Respektsperson in der Dorfgemeinschaft geworden, sondern er glaubte auch daran, dass das Hohe Wesen ihn am Tage seines Todes am Bart ziehen werde, um ihn zu sich in den Himmel zu holen. Je länger der Bart war, desto größer ar die Wahrscheinlichkeit, dorthin zu gelangen. Würde ihm jemand den Bart abschneiden, so würde seine Seele unglücklich umherirren!

Seelen wie du und ich

Meine Mutter hatte nach mir noch zwei Töchter geboren, Thao und Mây.

Nun erwartete sie das sechste Kind. Mein Vater beschloss, unsere allmählich zu klein gewordene Hütte zu erweitern. Die Hütte war auf gestampften Lehmboden gebaut und bestand aus mit Bambus durchzogenen Lehmwänden und einer traditionellen Schilfbedeckung.

So verschwand er einige Tage Richtung Dschungel, bis er eines Morgens in Begleitung eines wilden Elefanten wieder erschien, den er, wie er sagte, mit reifen Bananen gelockt und bestochen hatte.

Die Herde hatte er schon früher gesichtet. Er behauptete, mit Tieren sprechen zu können, und ich glaubte ihm das sofort, als er mit diesem starken Elefanten zurückkam. Das Tier begann gleich, zwölf große, schwere Stämme eines Lackbaums vom Boden hochzuheben und zusammen mit meinem Vater aufzurichten. Der giftige Harz dieses Baums diente nicht nur der Herstellung von Kunstlack. Einmal auf Holzflächen aufgetragen, schützte es hervorragend gegen Feuchtigkeit und Holzwürmer. Polierte man ein Stück dieses Holzes, glänzte es so sehr, dass es fast einem Spiegel glich. So ein Spiegel hing am Eingang unserer Hütte.

Auf diese Weise entstand das Gerüst eines größeren Nebenraums, auch für weiteren Nachwuchs. Nach Fertigstellung des Anbaus, der aus Stroh und Lehm gefertigten Blöcken bestand, die zwischen den behauenen Stämmen eingefügt wurden, ging das Tier von selbst wieder zurück in den Dschungel, jedoch nicht ohne sich vorher noch mehr wohlverdiente Bananen zu holen.

Es gab auch gezähmte Elefanten, die ihr ganzes Leben als treue Arbeitstiere bei einer Familie verbrachten. Eines Tages, so hatte mir Mutter erzählt, verkaufte ein Säufer seinen Elefanten, den er, berauscht vom Schum, schon mehrmals geprügelt hatte, an einen unserer Verwandten im Nachbardorf. Jahre später, so wollte es der Zufall, betrat dieser Mann das Dorf, in dem das Tier gerade beim

Arbeiten war. Als es ihn erblickte, lief es wütend auf ihn zu und trampelte den Mann zu Tode, nachdem es ihn zunächst mit seinem Rüssel in die Luft geworfen hatte. Die Dorfgemeinschaft berief sogleich eine Gerichtssitzung ein, um über die Tat des Elefanten zu beraten. Die Menschen hielten alles für belebt und mit einer Seele ausgestattet, ganz gleich ob Tier oder Pflanze. Tiere waren in diesem Sinne den Menschen gleichgestellt und entsprechend respektiert.

Man befand, dass das Tier aufgrund der Misshandlungen in der Vergangenheit gerecht gehandelt habe. Es hatte sich stets als gutes, treues Arbeitstier seinem neuen Herrn gegenüber erwiesen und wurde deshalb von aller Schuld freigesprochen.

Magier

Nicht nur Geister forderten unseren Respekt. Ich erfuhr ziemlich früh, dass es gute und auch böse Menschen unter uns gab. Eines Tages kam eine junge Frau in unser Dorf. Sie war erschöpft und bat um Essen und eine vorübergehende Bleibe. Sie erzählte uns ihre Geschichte.

In ihrem Dorf an der Grenze zu Laos lebte eine verfeindete Familie, die es ihr und ihren Angehörigen sehr übel nahm, dass ihr gepachteter Acker einen höheren Ertrag einbrachte als ihr eigener. Nach vielen Streitereien versicherte sich diese Familie schließlich der Mithilfe eines Zauberers. Bei Anbruch der Dunkelheit bestrich er heimlich den Eingang der Hütte der Frau mit einer verwunschenen Flüssigkeit, um alle Schlangen aus der Umgebung ins Innere zu locken.

Innerhalb kurzer Zeit krochen Hunderte von giftigen Schlangen in die Hütte und bissen die schlafenden Bewohner. Ihre alte Mutter, ihr Mann sowie ihre fünf Kinder starben eines qualvollen Todes. Die Frau selbst blieb verschont, weil sie zufällig bei ihrer Schwester, die ein Kind zur Welt brachte, übernachtet hatte.

Bei uns gab es zwar eine Alte, die einen Gegenfluch kannte, aber die Frau war zu verängstigt, um nach Hause zurückzukehren. Deshalb werde sie fortgehen, sagte sie uns, so weit wie ihre Füße sie tragen würden.

Sie blieb nur wenige Tage. Dann verließ sie unser Dorf wieder, mit genügend Proviant versehen, um ihren Weg fortzusetzen.

Es war einmal ein Kaiser

Über Jahrhunderte war unser Land wegen seiner Lage und seiner Reichtümer ein Objekt fremder Begierde gewesen. Das benachbarte Reich der Mitte hatte längst die Lehre des Konfuzius mit ihren fünf Tugenden - Menschlichkeit, Gerechtigkeit, ethisches Verhalten, Weisheit und Güte - sowie das Rechtssystem und die Verwaltung des Staates durch eingesetzte Mandarine in unsere Heimat eingeführt. Diese Beamten waren einflussreiche, elitäre Gelehrte im Dienste des Kaisers, die in seinem Auftrag die Pflege der chinesischen Kultur durchsetzten. Die Tätigkeit war einzig dem männlichen Geschlecht vorbehalten.

Um Mandarin und somit eine Respektsperson zu werden, mussten die Männer in chinesischer Literatur bewandert sein und schwere Examina bestehen. Erst dann durften sie in den Verwaltungs- und Regierungszirkel des Kaisers aufsteigen.

Mit der Einführung des Mandarinsystems wurden sämtliche Distrikte und Provinzen neu organisiert. Auch wenn die chinesische Herrschaft wirtschaftlichen Fortschritt in unser Land brachte, etwa durch die Einführung des Wasserbüffels als Zugtier oder die Verbesserung des Deichbaus, wurden die einheimischen Bräuche und Traditionen verboten und durch chinesische ersetzt. So kam es auch zu einer Vielzahl von Revolten, mal mehr, mal weniger erfolgreich. Gleichzeitig rückte Südostasien immer mehr ins Blickfeld der europäischen Mächte; insbesondere Frankreich streckte seine Hand danach aus. Zahlreiche antifeudale Volkserhebungen wurden in Annam mit französischer Hilfe niedergeschlagen. Frankreich schlüpfte in die Rolle eines willkommenen Beschützers und nutzte die Gelegenheit, um im Land Fuß zu fassen. Schließlich erkannte China das Protektorat Tonkin als französisch an.

Zu diesem Zeitpunkt gewannen die französischen, katholischen Missionare bei der Bevölkerung zunehmend an Boden, wogegen Aufstände gegen die Christianisierung, von vietnamesischen Mandarinen ausgelöst, fehlschlugen.

So kam es, dass Ende des neunzehnten Jahrhunderts ein vietnamesischer Kaiser auf dem Thron saß und Frankreich als machtbewusste Kolonialherrschaft die von ihr gegründete Indochinesische Union, die Cochinchina, Annam, Tonkin und Kambodscha einschloss, kontrollierte. Parallel dazu hatte sich der fast ausgestorbene Buddhismus wieder ausgebreitet. Mönche gründeten und führten Schulen, Waisen- und Krankenhäuser. Die Armen nahmen Ärmere auf.

Ich war drei Jahre alt, als ein Mann Namens Bảo Đại den Thron bestieg, natürlich unter französischer Duldung. Er hatte in Frankreich studiert und besaß einen rechtmäßigen Anspruch auf den Kaisertitel. Die neue Kaiserstadt Hue, in der er seine Residenz hatte, lag am Fluss der Düfte. Sie war umgeben von fünf schützenden Bergen, was als gutes Omen gedeutet wurde.

So wuchs ich als Untertanin eines vietnamesischen Kaisers unter der französischen Kolonialherrschaft auf und musste mich den immer noch geltenden Gesetzen des derzeit eingesetzten Mandarins fügen, auch wenn die Macht der Mandarine in Dörfern wie dem meinen nicht so stark zu spüren war wie in größeren Ansiedlungen. Bei uns im Dorf galt weiterhin das Sprichwort: „Vor dem Gesetz des Dorfes weicht das Gesetz des Königs."

Die „gelben Affen"

Anfang des zwanzigsten Jahrhunderts, hatte sich unser Land in zwei Klassen geteilt. Die eine bestand aus einheimischen Großgrundbesitzern, die eine neue Art Oberschicht bildeten, sowie aus französischen Neusiedlern und katholischen Missionaren. 1933 war ein Annamit zum katholischen Bischof ernannt worden.

Wohlhabende Einheimische und Mandarinsöhne wurden gezielt in die französische Gesellschaft integriert, vor allem in den Städten, und auf ihren Schulen ausgebildet. Unsere uralte Schrift musste der lateinischen Umschrift weichen, die zum offiziellen Schriftsystem wurde. Dadurch entstand eine klare Trennungslinie zwischen beiden Kulturen. In meiner Kindheit befanden sich zwei Drittel des Landes in der Hand dieser Oberschicht.

Die andere Klasse bestand aus Bauern und kleinen Pächtern, die mit hohen Steuern und Pachtzinsen belastet wurden. Dieser Teil der Bevölkerung wurde verächtlich „nhà quê“ genannt und lebte in Dörfern. Sie bekamen keine Ausbildung, lernten nicht einmal Lesen und Schreiben. Diese armen Annamiten hatten grundsätzlich keinen Wert, man nannte sie „gelbe Affen“. Die Frauen der Bauern wurden oft gezwungen, für Hungerlöhne in den Kautschukplantagen oder in Hongay, an der Grenze zu China, in den berüchtigten Kohlegruben zu schuften.

Hunderttausende männliche „nhà quê“ wurden nach Ausbruch des Ersten Weltkriegs in „Arbeitsbataillone“ nach Frankreich verschickt. Mein Vater war einer von ihnen. Er erzählte uns, seine zwei fehlenden Finger betrachtend und über die Ignoranz der weißen Soldaten lachend, dass diese ihn und andere nur für Kämpfe bei Tageslicht einsetzen wollten, weil sie dachten, dass die Annamiten in der Dunkelheit Angst vor Tigern und bösen Geistern,

„Ba-Qui“ genannt, hätten. Später stellte sich heraus, dass gerade die Nacht das Element der „gelben Affen“ war.

Der Wert eines Lächelns

Mit fünf Jahren machte ich selbst meine erste Erfahrung mit einem echten Mandarin. Er kam eines Tages in unser Dorf, um die Bewässerung unserer Felder zu kontrollieren und die anfälligen Steuergelder einzutreiben. Seine Vorboten hatten ihn lärmend angekündigt.

Mutter war mit mir daheim. Vater war schon seit Wochen unterwegs, dieses Mal mit meinem ältesten Bruder. Ich spielte vor unserer Hütte, als Männer mit lauten Trommeln und runden, schirmartigen Fahnen, die sie so gut sie konnten senkrecht hoch hielten, die Straße entlangkamen. Ihnen folgte ein Mann, der, getragen von zwei barfüßigen Personen, in einem Stuhl aus geschnitztem Holz saß. Eine lange Robe aus dunkelblauer Seide und Brokat bedeckte seine gestiefelten Füße. Auf der Seite der Tracht entdeckte ich sofort einen prächtigen, bestickten Drachen, und auf der Brust ein eckiges Tuch voller feiner Ornamente mit einem Vogel in der Mitte. Der Mann trug einen konischen Hut aus geflochtenen Bambusstreifen, von dessen gläsernen Spitze Pferdehaare ringsum herabhingen und die mit jedem Schritt der Träger hin und her wackelten, was ich ziemlich lustig fand.

Ich stand sprachlos da und wusste nicht, was mehr Eindruck auf mich machte: der laute, prachtvolle Auftritt des

Mandarins mit seinem Gefolge oder sein Wesen selbst, reglos und steif wie der Kragen seiner Tracht, die ihm keine überflüssige Bewegung zu gestatten schien.

Ich sah, wie alle Dorfbewohner, die sich am Rand des Wegs befanden, den Kopf senkten, bis dieser Mann an ihnen vorüber war. Meine Mutter kam aus der Hütte und senkte ebenfalls sofort ihren Kopf, in Erwartung, dass ich es ihr nachmachen würde. Das tat ich aber nicht. Der Mandarin machte wortlos einen Fingerzeig, wobei mir der große Ring am Finger und seine überlangen, krallenartigen Fingernägel auffielen, woraufhin seine Träger unverzüglich anhielten.

Meine Mutter, ohne ein Wort, ihr Haupt immer noch nach unten gesenkt, streckte ihre Hand nach meinem Kopf, den sie vergebens nach unten zu drücken versuchte. Ich wollte das nicht und sah den Mann an, der mich nun auch anstarrte. Warum sollte ich den Kopf beugen? Den kenne ich nicht, und er ist kein Ältester, dachte ich. Furchtlos lächelte ich ihn an. Er blinzelte, dann lächelte er zurück und hob erneut seinen Finger. Die Träger trugen ihn bis zum Platz in der Dorfmitte.

Als ich zu meiner Mutter blickte, sah ich, dass sie weinte.

„Tue das niemals wieder! Du darfst den kaiserlichen Gesandten niemals in die Augen sehen, sonst wirst du geköpft! Heute hast du Glück gehabt!“ Hastig ging sie in die Hütte zurück, um eine kleine Holztruhe zu holen, die mit unseren Steuerabgaben gefüllt war: Schmuck, ein paar Edelsteine, Münzen und Blätter aus purem Gold. Inzwischen hatte sich eine Menschenschlange gebildet. Meine Mutter stellte sich dazu, und als sie an der Reihe war, übergab sie dem Mandarin das, was dem Kaiser zustand.

Als sie zurück war, erklärte sie mir langsam und ruhig, dass der Kaiser der Sohn des Himmels und unser einziger Herr sei. Für alle Schicksale der Menschen sei er verantwortlich, für ihr Glück und ihren Wohlstand. „Hast du verstanden?", fragte sie mich. Ich nickte mehrfach und durfte weiterspielen.

Als der Mandarin fort war, unterhielten sich einige Dorfbewohner mit meiner Mutter.

„Es ist so ungerecht. Wenn wir für sie arbeiten, bezahlen sie uns mit Kupfer. Aber unsere Steuer müssen wir immer in Gold entrichten." Sie sahen sich alle traurig an, richtig niedergeschlagen. Die Gruppe löste sich langsam auf, und jeder ging zu seiner Beschäftigung zurück. Mutter hatte in einem großen Bambusrohr Wasser heiß gemacht und fing an, ein Huhn zu rupfen. Ich stellte mich vor sie und sagte entschlossen: „Ich kann das nicht verstehen. Wenn der Kaiser will, dass es uns gut geht, warum nimmt er uns das einzige Gold, das wir haben?"

Mutter blickte kurz auf, lächelte und antwortete: „Weil es so ist", und rupfte weiter. Ich drehte mich um und ging, unzufrieden mit dieser Antwort, die für mich keine war.

Fühlen, wie ein Jäger

Mit fünf Jahren begleitete ich meinen Vater das erste Mal zu einem Fluss, wo er mit einer vergifteten Harpune große Fische aufspießte. Das Gift gewann er aus einem besonderen Baum, es wurde von ihm streng verschlossen aufbewahrt. Er zeigte mir auch, mit welchen Gräsern man kleinere Fische betäuben konnte, sodass ich nur die schlafenden Flossentiere mit einem Fangnetz von der Wasseroberfläche aufsammeln musste. In den überfluteten Reisfeldern wimmelte es nur so von Garnelen, Krabben und kleinen Fischen.

Ich freute mich jedes Mal, wenn ich mitdurfte, denn mir schien es, als ob sich dabei mein eigener Jagdinstinkt entwickelte. Bevor der Dschungel sein dichtes Grün ausbreitete, in denen Zwergkobras, Skorpione und riesige graue Tausendfüßler zu Hause waren, hatte ich von Vater gelernt, in den üppigen Teakwäldern einige Tierspuren zu lesen, was einen guten Jäger ausmachte.

Um sich so still wie möglich zu bewegen, traten wir zuerst mit der Ferse auf, damit unsere Schritte weicher wurden. Die Fußspuren, die wir fanden, galt es nach Größe und Art des Fußabdrucks zu interpretieren. Je nach Beschaffenheit der Spur ließ sich definieren, ob das Tier noch in der Nähe war. Je nachdem ob es geregnet hatte oder nicht und ob die Kanten der Spuren scharf oder abgerundet waren, konnte man auf das Alter der Spur schließen. Ihre Tiefe gab uns weitere Hinweise auf das Gewicht.

Schon die Anzahl der Zehen oder die Gangart des Tieres konnten verraten, womit wir es zu tun hatten. Hüpfende Vögel fressen auf Bäumen und in der Luft und lassen sich anhand ihrer nebeneinander liegenden Spuren von gehenden Vögeln unterscheiden, die sich meistens von Insekten auf dem Boden ernährten. So wussten wir, wo unsere mögliche Beute zu finden war.

Ein Abdruck in Form eines U, das kleine Vorderpfoten und große Hinterpfoten zeigte, deutete auf einen Hasen oder Kaninchen hin. Fanden wir auf dem Boden gerissenes Gras und zickzackförmige Spuren, waren Huftiere oder Damwild nicht weit, vor allem wenn die Reste von ihrer Mahlzeit noch nicht vertrocknet oder am Rand braun geworden waren.

Bären hoben gleichzeitig Vorder- und Hinterbeine auf derselben Körperseite und hinterließen lange Krallenabdrücke im Boden und oft auch Kratzspuren an der Rinde der umliegenden Bäume. Waagerechte, parallele und versetzte Striche wiesen auf den Abdruck eines kleinen, fortlaufend gedrücktes Gras auf den eines etwas größeren Reptils hin. Ich fand es immer spannend, Tierpfaden zu folgen und herauszufinden, wer in dem von uns untersuchten Gebiet gegrast, geschlafen oder gejagt hatte. Wir achteten stets auf die Windrichtung, entweder um nicht entdeckt zu werden, aber auch um keine wichtigen Hinweise zu übersehen, die uns der Wind zuspielen mochte. Denn jedes Tier hinterließ nicht nur Spuren wie Fellreste, Knochen, die wir vielleicht zu Hause einkerben würden, um daraus Spielfiguren zu erzeugen, Federn oder abgebrochene Grashalme, sondern auch einen spezifischen Geruch. Fanden wir Kot, konnte mein Vater je nach Form, Größe und Farbe bestimmen, um welches Tier es sich handelte, was es wann gefressen hatte und wo es sich hinbewegte.

Der Abdruck, vor dem ich mich aber am meisten fürchtete, war der Schwanzabdruck, eine durch die Spuren verlaufende Linie, Hinweis dafür, dass der Schwanz eines Tieres über den Boden wischte. Hier hatte man es höchstwahrscheinlich mit einem Tiger zu tun. In diesem Fall betete ich heimlich zum Himmel, mein Vater möge sich seiner Sache bitte sehr sicher sein, wenn er behauptete, das Tier sei weitergezogen. Bei unseren Touren passte ich schön auf, dass mein Que-non richtig auf meinem Kopf saß, damit mich keine Schlange von oben angreifen konnte. Berüchtigt war die „Zwei-Schritte"-Schlange, die sich von den Ästen auf ihre Opfer fallen ließ. Nach ihrem Biss waren zwei Schritte alles, was einem vom Leben noch blieb.

Außerdem durfte ich niemals durch mit Elefantengras bewachsene Waldlichtungen gehen, denn abgesehen von der Gefahr wilder Tiere hätte dieses Gras meine Haut wie Rasierklingen zerschnitten.

Wenn ich Vater in den Dschungel begleitete, entdeckte ich neue Pflanzenarten und Bäume, deren Funktion oder Nutzen er mir zu erklären versuchte, soweit er sie kannte. Ich spielte gerne mit Mimosen, die unseren Weg säumten, von den Einheimischen auch „schüchternes Mädchen" genannt. Berührte man das grüne Blatt, zuckte es und rollte sich sofort zusammen. Ich staunte jedes Mal, wenn das Gestrüpp, das mit Vaters rasierscharfer Machete beseitigt worden war, innerhalb weniger Tage wieder dicht zugewachsen war. Die Natur, die uns umgab, war in all ihrer unendlichen Vielfalt für mich so faszinierend, dass ich mich sehr klein fühlte.

Ich folgte meinem Vater auf Schritt und Tritt, besonders wenn wir von Affen, darunter Paviane, angegafft und mit Früchteresten beworfen wurden. Geschichten, die in unserem Dorf kursierten, fielen mir dabei ein. Keine Frau, vor allem kein Mädchen, sollte sich jemals trauen, alleine, ohne männliche Begleitung, in den Dschungel einzudringen, aus Angst, von angeblich gesichteten Riesenaffen entführt und vergewaltigt zu werden und für immer zu verschwinden.

Bei Vollmond standen wir manchmal nachts auf, um von den Bergen Holz für unsere Küche zu holen. Aus bestimmten Hölzern brannten wir mithilfe einer großen Gussglocke Holzkohle, die wir weiterverkauften. Der Marsch in der feuchten Hitze dauerte oft noch den ganzen Tag. Auf dem Weg in die Berge ließen wir Kolonien roter Feuerameisen hinter uns, um uns kurz darauf mit ekelerregenden Blutegeln auseinanderzusetzen, die uns weit im Voraus gerochen hatten und sich von tropfenden Blättern fallen ließen oder aus dem schlammigen Boden hervorkrochen, um sich in unsere Waden zu bohren. Ich hatte Angst vor diesen Tieren, denn eine Kusine von mir war gestorben, als sich ein Blutegel seinen Weg durch ihre Nase gebahnt hatte. Die mit Blut vollgesaugten Geschöpfe, die wir um keinen Preis abreißen durften, da sonst eitrige Wunden entstanden, fielen zu unserer Erleichterung von alleine ab, sobald wir wieder unten in der Ebene waren. Nie tranken wir Wasser aus Gebirgsbächen, um nicht krank zu werden.

Eine Geschichte meines Vaters hat sich für immer in mein Gedächtnis eingebrannt. Er war wieder einmal als Führer auf einer Tigerjagd gewesen, neben ihm eine Gruppe von sieben Begleitern. Sie waren alle erfahrene Jäger, bis auf einen reichen annamitischen Anwalt, der jedoch, weil er lieber Golf spielte, die meisten der Tiertrophäen kaufte, um damit später in der feinen Gesellschaft anzugeben, als hätte er sie selbst erbeutet.

Dieser Mann, von Statur klein und zierlich, bekam während der Expedition Durst. Seine Feldflasche war leer, wie auch die der anderen. Nach dem Bericht meines Vaters war es ein Marsch von zwei Stunden bis zur nächsten Station mit Wasser. Doch in der Nähe war ein kleiner Bach zu hören. Obwohl mein Vater ihn eindringlich vor der Gefahr warnte und ihn bat, nicht allein zum Bach zu gehen, lachte der Anwalt ihn aus und ging den schmalen Weg hinunter. Er verschwand sofort im hohen Gebüsch, wo das Sonnenlicht manche Stelle nicht erreichte. Die Gruppe wartete lange Minuten. Als er immer noch nicht zurückkam, gingen sie gemeinsam los, um nach ihm zu sehen. Unten am Bach angekommen, bot sich ihnen ein Bild des Schreckens. Eine riesige, mindestens zwölf Meter lange, durch ihre Hautfarbe dem Dschungel perfekt angepasste Pythonschlange musste den Durstigen überrascht, gepackt, blitzschnell umschlungen, erdrückt und dann gefressen haben. Sie verschwand gerade lautlos im hohen, scharfen Gras, als sich die Menschen näherten. Aus dem offenen Rachen ragten noch die Füße ihres Opfers heraus.

Für uns war wichtig, rechtzeitig vor Einbruch der Dunkelheit in der Nähe unseres Dorfes zu sein. Oft genug hatte mir Vater erzählt, dass „Herr Tiger“ dann auf Essenssuche war, und diese Vorstellung war für mich als Kind erschreckend. Man redete den Tiger absichtlich mit „Herr“ an, aus Angst und Ehrfurcht. Vater brachte gelegentlich zusammen mit anderen Jägern erlegte Tiger, die Pfoten an langen, biegsamen Bambusstangen gebunden, als Beute ins Dorf. Die Tiere dienten in der Regel als Trophäe, die einen guten Erlös brachten, einige ihrer Körperteile fanden Verwendung als Arzneimittel. Rezeptur und Anwendung wurden seit Jahrtausenden von Generation zu Generation streng behütet weitergegeben.

So pflegte auch mein Vater die Schnurrbarthaare des Tigers abzubrennen, bevor das Tier präpariert wurde. Denn diese Haare konnten, fein gemahlen und im Essen verabreicht, den Magen eines Menschen durchbohren, sauber und ohne Spuren, oder der schwarzen Magie dienen. Nur essen konnte man einen Tiger nicht. Mutter und ich kochten einmal sein Fleisch drei Tage lang, und es blieb immer noch zäh und ungenießbar.

Eines Tages dauerte ein Marsch länger als geplant, und die Nacht brach bald herein. Vater klopfte ständig auf eine Metallplatte, die er an seinem Schenkel trug. Sie diente dazu, Raubtiere zu verscheuchen. Weinend lief ich den ganzen Rückweg so schnell mich meine Beine tragen konnten, aus Angst vor hungrigen Tieren und den bösen umherirrenden Seelen derer, die kein Begräbnis fanden, „Ma-qui“ genannt.

Meine Großeltern hatten mir oft von ihnen erzählt. Dabei handelte es sich um die Seelen von Verstorbenen, die im Jenseits keine Ruhe fanden, entweder weil sie zeitlebens Böses bewirkt hatten, als Hexen etwa, und sie daher mit einem Fluch, ohne Segen und ohne Liebe bestattet worden waren. Oder weil sie beim Sterben noch darüber klagten, nicht alle ihre Pflichten auf Erden erfüllt zu haben. Gebete, das Verzeihen ihrer Sünden sowie das Segnen ihrer Seele konnten wiederum Hilfe schaffen. Endlich erblickten wir zu meiner großen Erleichterung die ersten Hütten unseres Dorfes.

Solche angsterfüllten Momente versuchte ich so schnell wie möglich aus meinem Gedächtnis zu verbannen. Wenn Vater mir einige Wochen später wunderschöne Papageien oder eine selbstgebastelte Flöte mitbrachte, waren die Erinnerungen dann schon fast vergessen.

Aufstand der Geister

Mitte 1935 war Vater wieder einmal sehr lange fort. Wir wussten nicht genau, wo er war. Da Oma ihn bei seiner zweiten Frau vermutete, machte sie sich auf, um ihn nach Hause zu holen. Sie hatte das Recht dazu, meine Mutter nicht.

Der wahre Grund, warum sie den langen Weg in Kauf nahm, war jedoch nicht, dass Mutter seit Monaten schon eine offene Wunde an ihrer linken Brust hatte. Auch nicht, dass ihre Augen schon lange nicht mehr glänzten.

Es war wegen der Regenzeit, die nahte, mit ihrer klebrigen Feuchtigkeit, mit ihrem Dunst und Nebel, Unheil mit sich bringend. Das hatten die Alten vorausgesagt, nachdem sie Vögel beobachtet hatten, die nervös in die falsche

Richtung geflogen waren und dabei andere Töne als sonst von sich gegeben hatten.

Das an manchen Stellen nur zentimetertiefe Flüsschen hatte sich in einen reißenden, zerstörerischen Strom verwandelt. Ich war fünf und saß mit einem Cousin am Rand der Strömung, um einen ertrunkenen, aufgedunsenen Wasserbüffel, der gerade an uns vorbeitrieb, zu beobachten, als mein Cousin vor meinen Augen plötzlich in das Wasser hineinrutschte und in den Fluten verschwand. Die Erwachsenen, die unweit arbeiteten und meine Schreie hörten, versuchten erst gar nicht, seinen kleinen Körper aus dem schnell fließenden, roten Wasser zu retten. Weder sie noch ich konnten schwimmen. Wie versteinert standen wir machtlos am Ufer und sahen zu, wie der arme Junge ertrank. Diese Tragödie ließ mich für immer große Furcht vor dem Wasser haben. Schlecht gelaunt kam Vater Tage später mit Oma zu uns. Die Fluten waren inzwischen zurückgegangen. Kurz darauf wurde mir schlecht. Ich bekam Kopfschmerzen, nachts folgten Fieber und Schüttelfrost. Opa wurde gerufen. Meine Zunge war sehr trocken und mein Rachen tat mir weh. Erste Pusteln zeigten sich auf meiner Haut. Er sagte nur: „Pocken", also eine Attacke der bösen Geister und somit eine Gefahr für die Dorfgemeinschaft!

Schnell wurde ich von ihm in eine einsame Lehmhütte am Rand des Dorfes gebracht. Diese diente sowohl Entbindungen außerhalb der eigenen Hütte als auch der Isolation von Kranken, um einer Ausbreitung von ansteckenden Krankheiten vorzubeugen. Hier musste ich in einem dunklen Raum Wochen verbringen, Tag und

Nacht geplagt von den stechenden Schmerzen dieser lästigen Bläschen.

Erst nach drei Tagen völliger Einsamkeit erleichterten die täglichen Besuche meiner Oma meine Qual. Nur alten Menschen wie ihr war es erlaubt, mit mir in Kontakt zu treten. Jeden Tag befeuchtete sie mir die Lippen mit Wasser, nicht ohne die Gelegenheit zu versäumen, mir Gruselgeschichten von Dämonen und Geistern zu erzählen. Selbstverständlich gab es auch gute Geister, sogar solche, die hauptsächlich Häuser bewachten. Ein Onkel von ihr, der in Laos lebte, wurde angeblich regelmäßig von einer Geisterstimme unterrichtet, ob jemand während seiner Abwesenheit Gemüse oder Früchte aus seinem Garten gestohlen hatte. Auch könne man nachts leuchtende Gegenstände schweben sehen. Das waren, so erzählte sie mir, fliegende Totenköpfe!

Ich fühlte mich elend und von allen verlassen. Nun aber verging die Zeit schneller Dank dieser Besuche. Meine Augen und Ohren waren nicht mehr eitrig, doch einzelne Pocken auf meinem Körper waren noch immer mit Blut gefüllt.

Nach vier Wochen wurde ein Schamane gerufen, um mit den Geistern zu kommunizieren. Zwei gesunde Hühner, die meiner Tante gehörten, wurden den Schutzgeistern und den Ahnen geopfert. Ich glaube übrigens, dass Tante mir das sehr übel nahm. Schließlich hatte sie das gefiederte Vieh für sich und nicht für mich gezüchtet. Mir war es dagegen recht, denn ich mochte die zu mir stets unfreundliche Frau genauso wenig wie das Krähen ihrer Hähne, das mich immer viel zu früh aus meinen Träumen weckte.

Endlich war mein elender Zustand vorbei. Doch bevor ich wieder in die Hütte meiner Eltern gehen durfte, die man zuvor mit heiligen Kräutern ausgeräuchert hatte, klopfte mir der Schamane seine Trommeln um die Ohren und murmelte, während er mich mehrmals umkreiste, geheimnisvolle Sprüche, um so das Böse endgültig aus mir zu vertreiben.

Dann war das Ritual zu Ende. Ich war geheilt und durfte mich in die offenen Arme meiner Mutter stürzen.

Eine Reise in die große Welt

Einmal begleitete ich meinen Vater in die im Norden gelegene Stadt Nam Dinh. Dort besuchte er kurz seine kinderlose Schwester, und am nächsten Tag reisten wir weiter nach Haiphong, um dort Waren zu tauschen. Diese anstrengende Fahrt wurde sehr aufregend für mich. Unsere Karre war bis oben vollgepackt. Ich hockte obendrauf, und Vater ging neben unserem Büffel. Seine Füße waren geschützt mit selbstgefertigten Sandalen aus alten zugeschnittenen Autoreifen, mit Bändern aus einem Fahrradschlauch an seinen Knöcheln befestigt.

In Haiphong füllten Abertausende Stimmen die Viertel des nahen Hafens.

Ich war sehr verwirrt. Noch nie hatte ich so etwas gesehen oder gehört. Das fordernde, laute Rufen der Schiffssirenen mischte sich mit den hellen Stimmen der fliegenden Händler, deren Schreie mich an die Hühner meiner Tante zu Hause erinnerten. Radfahrer, Rikschas, Händlerkarren fuhren durcheinander, kreuzten sich ständig, jedoch ohne sich zu berühren. Einige Autos hupten sich den Weg durch die Menschenmenge frei.

Hellhörig versuchte ich, die verschiedenen Dialekte und Sprachen, die ich dem engen Menschengewühl entnahm und zum Teil nicht verstand, auseinanderzuhalten und der Herkunft der Menschen zuzuordnen, auch anhand ihrer Kleidung. Es gelang mir kaum und wenn, nur mit Vaters Hilfe. Als wir an einer riesigen chinesischen Pagode vorbeigingen, deutete er auf Frauen aus dem Dao Volk, einem Bergvolk aus dem Norden, die mir mit ihren rasierten Augenbrauen und ihren leuchtend roten Turbanen sofort auffielen. Sie saßen am Straßenrand und verkauften lächelnd ihre bunte Webkunst. Es gab auch Hmong Frauen, die den langen Weg vom Hochgebirge in die Stadt auf sich genommen hatten, um exquisite, reichlich bestickte Batiken aus Baumwolle und Hanf sowie Silberschmuck oder auch wilde Kastanien zu verkaufen. Sie trugen farbenfrohe Faltenröcke und am Hals üppigen und fein bearbeiteten Silberschmuck. Einige von ihnen hatten, anstatt bunte Kopfschals zu tragen, ihre Haarpracht aufgetürmt. Um diese sehr auffällige Frisur herzustellen, wurden über Jahre hinweg alle verlorenen Haare, in manchen Fällen sogar Haare von verstorbenen Verwandten, sorgfältig mit dem Kopfhaar gewickelt und geflochten. Diese Haartürme sahen einfach beeindruckend aus!

Ihre Männer oder Söhne, in schwarzen, weiten Hosen und kurzen Tuniken, boten Gegenstände aus Holz, Bambus und Rattan an. Unweit von ihnen saßen noch mehr Frauen in dunklen Kleidern, auf deren Rückseite Silbermünzen angebracht waren und deren Kopfbedeckung mit silbernen Kugeln oder Kugeln aus buntem Garn verziert war, der Schönheit wegen, aber auch um böse Geister zu vertreiben. Diese Händlerinnen boten Korbwaren an.

Fein gekleidete, hellhäutige Damen, das Gesicht verborgen unter einem weißen, geklöppeltem Sonnenschirm, saßen wie gelangweilt in einer Rikscha und ließen sich und ihren feinen Duft von einem barfüßigen, schwitzenden Chinesen in blauen Lumpen durch die Stadt ziehen. Europäische Soldaten schritten hektisch und laut lachend vorbei. Ganz nebenbei fiel mir auf, wie sich ihre adrette Uniform von der meines Vaters zu Hause unterschied.

Hier sah ich zum ersten Mal einen riesigen schwarzen Mann mit hervorquellenden Augen. Der Uniformierte hatte sich gerade bei einer Garküche etwas zum Essen gekauft, das er nun kaute. Als wir seine Höhe erreichten, schauderte es mir kurz. Seine Augen erinnerten mich an die Augen der Dämonen, die manchen Tempel verzierten.

Vater und ich waren am Ziel. Auf dem Hauptmarkt gab es lebende Schlangen, Geweihe, Krokodilhäute, Hörner des einheimischen Panzernashorns und vieles mehr. Tigerfelle und Tigerknochen, schnatternde Affen und laut kreischende Vögel waren besonders gefragt. Vater kannte sich aus und wusste genau, wohin und zu wem zu gehen war. Es dauerte nicht einmal einen Tag, bis wir unsere Waren restlos verkauft und eingetauscht hatten. Vater erstand bei einem Hmong Mann noch eine neue Armbrust für sich. Wir beluden nun unsere Karre mit der von den Medizinmännern aus den Nachbardörfern bestellten Ware, mit Kräutern, denen magische Fähigkeiten nachgesagt wurden, Nashornpulver, lang gerollten Stücken Zimtbaumrinde und in Alkohol eingelegte Königskobras. Vater vergaß auch nicht, für Mutter etwas mitzunehmen: Es handelte sich um einen langen, dicken duftenden Block aus einer grauen Masse, die sich „Seife aus Marseille“ nannte. Dafür schwärmte sie.

Auf dem Rückweg rasteten wir erneut bei meiner Tante, die, nachdem sie sich gegen eine Flasche Schum ein großes Stück „Seife aus Marseille“ abgeschnitten hatte, gleich die Gelegenheit nutzte, um mit Vater zusammen in einem verrauchten Lokal beim Ba-Kuan etwas Geld zu verspielen. Ich wusch dem Büffel den Staub ab und hielt bei ihm fast die ganze Nacht alleine Wache.

Es war eigenartig. Ich freute mich sehr, endlich wieder nach Hause zu kommen, wo das Leben ruhig verlief, fühlte mich aber gleichzeitig sehr vom Leben in der Stadt angezogen. Für einen Tag hatte ich mich in einem lebendigen Chaos, einem Strom aus Menschen, Farben und Gerüchen, einem Gewirr aus Sprachen befunden. Die Stadt hatte mich mit ihren so ganz unterschiedlichen Seiten wie eine Welle überrollt und in eine andere Welt versetzt. Und diese Welt erschien mir fast spannender, lebendiger und geheimnisvoller als der Dschungel.

Kleines Mädchen ganz groß

Ich war sechs Jahre alt, als Vater mich eines Morgens zu sich rief. Er befahl mir, meine rechte Hand zu öffnen, und ließ drei Münzen hineinfallen. Ich stand da, mit weit geöffneten Augen, ohne zu begreifen, was ich damit tun sollte. Bevor ich ihn fragen konnte, sagte er:

„Es ist an der Zeit für dich, Geld zu verdienen. Das sind drei Piaster. Geh Zucker kaufen und bringe ihn deiner Mutter. Sie zeigt dir, wie man aus Rohrzucker Karamelbonbons herstellt. Wenn du fertig bist, gehst du nach Hà Tĩnh. Verkaufe sie einzeln! Stell dich da hin, wo viel Verkehr und viele Menschen sind, vor dem Kino zum Beispiel oder neben den Wachposten vor der Kaserne. Bringe mir das Geld, das du verdient hast, zurück. Wenn du gut bist und alles verkauft hast, bekommst du von mir einen Piaster."

Was für ein Vermögen! Ich empfand das alles als Zeichen des Vertrauens, es erfüllte mein Herz mit Stolz. Überglücklich, die drei Münzen fest in der Hand, rannte ich los, ein paar Häuser weiter den Zucker kaufen. Endlich hatte ich eine Aufgabe bekommen. Ich nahm mir fest vor, diese zur Zufriedenheit meines Vaters zu erfüllen.

Mutter ließ mich Zucker und Wasser abmessen, bevor wir beides in dem einzigen Metallgefäß, das wir besaßen, zum Kochen brachten. Sie wartete, bis die goldene Flüssigkeit etwas abkühlte, bevor sie anfing, die Masse mit schnellen Bewegungen zu verarbeiten. Ich lernte an diesem Tag, mich nicht zu verbrennen und mich vor allem beim Vorkosten zurückzuhalten. Es dauerte nicht lange -

fertig waren sie, die Karamelbonbons, schön gestapelt auf einem Tablett aus geflochtenen Bambusblättern.

„Verkaufe zwei für einen Piaster. Schreie laut und deutlich ‚Bonbon!', sodass man dich hört! Iss keines davon und verliere keine Münze!" „Bonbon" war das erste fremde Wort, das ich lernte. Mein Vater konnte etwas französisch.

Der Weg in die Stadt war für niemand gefährlich. Unsere annamitische Justiz war mit ihren kurzen Prozessen und den harten Urteilen, die sofort vollstreckt wurden, sehr streng. Im Falle eines Verbrechens fielen Finger, Hände oder Köpfe. Das wussten alle im Land. So konnte sich ein jeder bei Tag und Nacht frei bewegen, ohne sich in Acht nehmen zu müssen.

Ich machte mich alleine mit den zugedeckten Bonbons auf dem Weg. In Hà Tĩnh postierte ich mich vor einem Kino, das Wasser im Mund, das mir zusammenlief, und den Geruch der Karamelbonbons in der Nase. Ich stellte mir vor, wie ein Bonbon langsam auf meiner Zunge zerging, wagte aber nicht, ein einziges zu nehmen, aus Angst vor der Strafe, die darauf folgen würde. So gab ich mich mit meinem Schlucken zufrieden und verfluchte den feinen, biegsamen Bambusstock hinter der Eingangstür, der bei uns als Prügelstock diente.

Zu meinen Süßigkeiten bot ich gratis ein strahlendes Lächeln, sodass es für mich ein Kinderspiel war, alle Bonbons in wenigen Stunden zu verkaufen. Mein Tablett war leer und meine Hosentaschen waren mit zehn Piaster gefüllt.

Mächtig stolz rannte ich nach Hause. Mutter klopfte gerade Reisbündel an ein Brett, um die Körner von den Ähren zu trennen. Sie lächelte mich an. Vater kam und nahm das Geld, das ich ihm gab. Mutter erhielt gleich zwei Piaster von ihm, um ein Huhn zu kaufen. Er ging dann in unser Haus und zu der langen, großen Bambusröhre, die, an beiden Enden mit dünner Tierhaut verschlossen, als Haushaltskasse diente, und begann, die Münzen einzuwerfen.

Ich hielt gespannt den Atem an und zählte mit. Fünf, sechs, sieben ... Er behielt eine Münze. Meine Münze. Jetzt kommt meine Belohnung, dachte ich. In einem Ton, der keinen Widerspruch zuließ, sagte er dann schroff: „Geh mir eine Flasche Schum holen!"

Kein Lob, kein weiteres Wort kamen über seine Lippen. Ich nahm die Münze und ging, noch bevor er die Tränen in meinen Augen sehen konnte. Kurz stellte ich mir vor, wie ich ihn mit dem feinen, biegsamen Bambusstock hinter unserer Eingangstür schlug, um ihn für seine Lüge zu bestrafen, doch der Trost dieses Gedankens hielt nicht lange. Leider sollten viele ähnliche Tage folgen.

Die Vergehensliste

Ich lernte, wie wichtig es war, sich die Arbeit einzuteilen, und was eine Pflicht war. Wenn Vater für immer längere Zeiten abwesend war, übernahm mein ältester Bruder, zu dem ich keinerlei Beziehung hatte, als nächstes Familienoberhaupt das Kommando.

Er hatte das Recht, zu befehlen und zu bestrafen. Er arbeitete nie so schwer wie meine Mutter und ich. Mich wunderte am meisten, dass er über meine Mutter bestimmen konnte. Er war schließlich noch ein Junge, aber galt doch schon als Mann. Seine Ohrfeigen, die ich bekam, wenn ich ihm nicht gehorchte, bewirkten, dass ich dies immerhin zur Kenntnis nahm. Mutter tat nichts dagegen. Es war mir bald klar geworden, wie die genau festgelegte Hierarchie funktionierte: Das Alter kam zwar vor der Jugend, aber der Mann kam stets vor der Frau, und die Familie kam vor mir. Ich war die Letzte in der Reihe, also niemand. Ich existierte nicht ohne die anderen. Heimlich, aus Angst, dass die Erwachsenen in meiner Gegenwart, vielleicht mit Hilfe der Ahnengeister, meine Gedanken lesen könnten, unterdrückte ich meine aufkommende Wut und weigerte mich innerlich immer mehr, diese Hierarchie zu akzeptieren.

Vater hatte eine Art Strafsystem entwickelt, das Ordnung und eine Lösung aller Konflikte garantierte. Es sah so aus: Für jeden Fehler und Mangel an Respekt, für jedes einzelne Reiskorn, das auf den Boden fiel, gab es von ihm einen Strich auf ein Stück Papier, das an der Hüttenwand neben dem Bambusstock hing. (Mutter machte nie einen Strich.) Die Ungewissheit, wann genau die Bestrafung erfolgen würde, war fast schlimmer als die Strafe selbst.

Meistens war Vater still, er redete nicht allzu viel. An den Tagen, an denen er schlechte Laune hatte, entweder einfach so oder weil der Schum ausgegangen war, reichte ein zu stolzer Blick, um den Bambusstock tanzen zu lassen.

War es so weit, fesselte er mir beide Hände an den Holzbalken mitten im Haus und band meine langen Haare an die Füße des Bambusbettes. Dann holte er seine Liste, die er Vergehensliste nannte. Er las das erste Vergehen vor, das ich begangen hatte und schlug gleich zu. Seltsamerweise wurden meine Brüder nie derartig bestraft.

Meistens begnügte er sich mit zehn oder elf Schlägen. Tränen waren nicht erlaubt und zogen einen zusätzlichen Schlag nach sich.

Mutter sagte nichts. Sie sagte nie etwas gegen Vaters Handlungen. Erst wenn sie mir heilende Kräuter auf meinen wunden Rücken legte, ließ ich meinen Tränen freien Lauf – doch nicht wegen mir, sondern wegen des Schmerzes, den ich in ihren Augen lesen konnte.

Ich verfluchte in solchen Momenten meinen Vater, meine Haare und die ganze ungerechte Welt.

Ein Goldschatz

In nur einem Jahr war unsere Sparbüchse mit meiner Hilfe oft gefüllt worden, doch ebenso oft leerten meine Eltern sie auch. Ich hatte gehört, wie Mutter sich mit der Nachbarin unterhielt und ihr erzählte, dass sie zusätzlich zu den neuen, seidenen Kleidern - einer Tunika und einer Hose, die wir einmal im Jahr bekamen - ein Kilo pures Gold gekauft hätte. Ich verstand das nicht – warum lebten wir so bescheiden, wenn wir ein ganzes Kilo Gold besaßen, vielleicht sogar noch mehr? Ich nutzte die Abwesenheit meines Vaters, der wieder einmal einen

Auftrag erhalten hatte, eine Gruppe von Männern durch den Dschungel zu führen, um Mutter zu fragen, wofür das Gold sei.

„Dieses Gold ist für die Bildung deines Bruders. Ein Kilo Gold ist das, was die Schule, die er besucht, im Jahr kostet", erklärte sie mir.

„Was ist eine Schule?", fragte ich.

„Das ist ein Ort, wo sehr weise Menschen dir beibringen, selbst weise zu werden. Dort lernst du lesen und schreiben."

„Und ich? Wann werde ich zur Schule gehen?"

Sie lachte plötzlich so laut, wie ich sie noch nie hatte lachen hören, und zeigte dabei ihre schönen, schwarz getönten Zähne, die ich bisher nicht allzu oft zu sehen bekommen hatte.

„Du? Du wirst niemals eine Schule besuchen! Diese Ausbildung ist den Jungen vorbehalten, nicht den Mädchen. Du bist ein Mädchen, und du wirst Kinder bekommen. Daher brauchst du so etwas nicht, um deine Pflicht zu erfüllen."

„Das ist aber ungerecht!", schrie ich empört auf.

„Es ist so. Bestimmte Dinge kann man nicht ändern. Aber nun genug! Hole die Pinzette und entferne mir die grauen Haare", sagte sie sanft und lachte kopfschüttelnd weiter.

Ich holte die Pinzette aus einer der beiden großen Schubladen des einzigen Tisches, den wir hatten. Es war gut, wenig zu besitzen, so ging nichts verloren. Mutter machte ihre Haarschlaufe auf, und eine schwarze Flut von Haaren berührte fast den Boden. Sie legte sich auf eine Matte aus Palmblättern vor das Haus und kontrollierte zunächst mein genaues Zupfen, bis sie ruhig und entspannt auf meinem Schoß einschlief.

Ich war erleichtert, heute nichts mehr tun zu müssen. Das Glücksgefühl bei ihrem Anblick half mir, alles, was meinem Leben einen bitteren Geschmack verlieh, eine Weile zu vergessen: mein schweres Gemüt, das Bewusstsein eines großen Unrechts, eine Mischung aus unterdrückter Wut und Machtlosigkeit.

Neugier, dieses Übel

Die einzigen Berührungspunkte mit meinem ältesten Bruder, im Gegensatz zu meinem Bruder Hoe, waren bis jetzt seine Ohrfeigen gewesen. Er übersah mich einfach, wenn er nicht gerade eine Arbeit oder eine andere Beschäftigung für mich fand. Jedoch verlangte er immer Respekt von mir, denn schließlich war er ein privilegierter Junge, ein Mann. Er ließ keine Gelegenheit verstreichen, mich das spüren zu lassen. Ich hatte ihn schon oft von der Schule zurückkommen sehen, barfuß, aber mit sauberer Kleidung, Bücher in der Hand, und ich wunderte mich immer mehr über diesen „heiligen" Ort, wo mein Bruder anscheinend weiser gemacht wurde. Von mehr Weisheit war ihm allerdings nichts anzumerken. Mir schien er genauso arrogant und herablassend wie immer. Jedoch konnte er jetzt lesen und schreiben, sodass sich in meinem Herzen langsam ein Gefühl einnistete: Wenn ich nur auch ein bisschen weise werden könnte, nur ein bisschen ... Ich fühlte keine Eifersucht, eher Neugierde auf etwas, das mir völlig unbekannt war. Eines Morgens hielt ich es nicht mehr aus. Ich wartete, bis er in die Schule musste, und holte mir dann eines seiner Bücher, das er zu seinen Sachen gelegt hatte. Ganz aufgeregt, unter dem Küchentisch versteckt, begann ich in diesem Buch, das ich vermutlich verkehrt herum hielt, zu blättern. Es musste doch ein Geheimnis geben! Wo war es? Die Zeichen, die ich sah, sagten mir nichts. Ich konnte nichts enträtseln, und doch war ich mir sicher, dass die Lösung irgendwo da drin steckte. Ganz vertieft in meine Suche, hatte ich nicht gemerkt, dass sich zwei staubige Füße vor mir postierten. Mein Bruder hatte etwas vergessen und war zurück.

Er gab mir nicht einmal Zeit, den Mund aufzumachen. Er zerrte mich unter dem Tisch hervor. Den Bambusstock von Vater in der Hand, begann er, wie ein Rasender auf mich einzuschlagen, und als ich mich unter seinen Schlägen duckte, mit seinen Füßen, zuerst in den Bauch, in die Rippen, in den Rücken und schließlich ins Gesicht zu treten. Ich versuchte nicht wegzulaufen und blieb still, in der Hoffnung, dass sein Wutausbruch bald vorüber sein würde. Aber er hörte nicht auf, und schließlich verlor ich das Bewusstsein.

Wie immer sagte Mutter nichts. Sie pflegte mich liebevoll über eine Woche lang. Mein ganzer angeschwollener Körper tat mir weh. Er hatte mich grün und blau geschlagen, und meine Lippen waren aufgeplatzt. Während ich liegen musste, dachte ich daran, wie fast sanft die Prügel meines Vaters gewesen waren.

Ab dieser Zeit fing ich an, meinen ältesten Bruder zu hassen, ein Hass, der mein Leben lang andauern würde. Und so wurde plötzlich in meinem Herzen der unaufhaltsame Wunsch geboren, wegzugehen. Geboren aus Hass gegen den, den ich niemals mehr mit Namen nennen werde.

Ein Huhn aus Gold

Einige Monate vergingen, bis ich eine Art Widerstandsplan zum ersten Mal ausführen konnte. Ich war acht Jahre alt, und statt Schwäche oder gar Angst zu verspüren, fühlte ich mich jetzt selbstsicher und stark.

Wenn ich fähig war, Geschäfte mit Süßigkeiten zu machen, warum sollte ich nicht das Gleiche mit den Buchstaben des Alphabets fertigbringen? Ich wusste, dass es einige Straßen weiter reiche Familien gab, die ihre Jungen zur Schule schickten, und ich knüpfte mit drei von ihnen Kontakt, als wir gemeinsam, versteckt auf dem Friedhof, mit unseren geisterhaften Stimmen Passanten erschreckten.

Gegen süße, reife Früchte, die in den Gärten wuchsen und die ich früh morgens, so heimlich wie möglich, stahl, um sie danach bis zu unserer Verabredung zu verstecken, waren sie bereit, mir ihre gelernten Lektionen beizubringen. Ich ließ so manches Bonbon „auf den Boden" fallen, um es später gegen ihr Wissen einzutauschen. Mit einem Stöckchen zeichneten sie mir dann die Buchstaben des Alphabets, die ich leise aussprach, auf die staubige Erde.

Diese Zeichen konnten wir schnell wegwischen, sobald jemand sich näherte. Ich lernte eifrig und versuchte, mir das Gelernte bis zur nächsten „Unterrichtsstunde“ einzuprägen. Nach acht Tagen konnte ich das Alphabet auswendig. Später zeigten sie mir, wie man aus Buchstaben Wörter bilden konnte. Ich konnte nie genug davon bekommen. Je mehr ich lernte, desto mehr wollte ich wissen, wobei ich mich von Woche zu Woche ein bisschen sicherer fühlte. Anfangs schämte ich mich, stehlen zu müssen, um meine Neugierde und meinen Wissensdurst zu stillen, aber die Erinnerung an die fürchterlichen Prügel meines Bruders ließ jeden Zweifel bei mir schwinden.

Ich wollte lieber nicht an Strafe denken, die, falls man mich erwischte, sicher lebensgefährlich war. Egal ob Kind oder Erwachsener, bei Diebstahl, wusste ich, wurden Finger abgehackt. Beim zweiten Mal war es die ganze Hand, bei Wiederholung fiel der Kopf …

So entdeckte ich während meiner Laufbahn als Diebin, eine Vielfalt an verborgenen Talenten in mir, die ich immer besser einzusetzen wusste. Die Krönung meiner „Karriere“ war der Diebstahl eines Huhns, das meiner benachbarten Tante gehörte. Ich hatte sie gefragt, ob sie bereit wäre, mir gegen meine Mithilfe auf dem Feld eines ihrer Hühner zu geben. Sie jagte mich fort und schrie mir nach: „Verdiene dein Leben selbst und höre auf zu betteln!“

So ging ich eines Tages zu einem in der Nähe liegenden Reisfeld und sammelte eine Handvoll Körner. Ich wartete, bis Tante fortging, um Besorgungen zu machen, und schlich mich bis zur Holzabsperrung, die mich von ihren Hühnern trennte. Ich grub ein kleines Loch, groß genug, dass ein Hühnerkopf leicht durchpassen konnte, und streute die Körner vor und hinter der Absperrung etwa zwanzig Zentimeter beidseitig aus. Geduldig und fest überzeugt, dass dies keine Missetat sei, da das Tier ja freiwillig herbeilief, erinnerte ich mich an eine Aussage meines Vaters. Er sagte, dass auch Tiere denken können. Wenn das Huhn denken konnte, so musste es genau wissen, was es tat. Was konnte also ich dafür, wenn es dumm und gierig war?

Kaum hatte es den Hals durch die Öffnung gestreckt, um die letzten Körner auf meiner Seite zu picken, schnappte ich es und zog mit einem Ruck, um das Huhn so schnell und lautlos wie möglich zu erwürgen. Ich vergrößerte nun das Loch, zog das Huhn zu mir herüber und füllte die Öffnung sofort wieder zu.

Ich besaß zwar kein Kilo Gold, aber nun ein Huhn, das für mich den gleichen Wert hatte. Anschließend machte ich das Geschäft meines Lebens, indem ich es bei den Kindern gegen ein ganzes Jahr Unterricht eintauschte.

Weissagungen des Unsinns

Eines Tages, ich wartete auf Kunden, die mir die letzten Bonbons abkaufen sollten, sah ich, wie sich die Leute auf der anderen Straßenseite um einen alten Mann sammelten, der unter einem schattigen Baum auf einem mitgebrachten hölzernen Dreifußhocker Platz genommen hatte. Er war völlig zerlumpt, und die Kinder, die sonst von einem Baum herab vorbeigehenden buddhistischen Mönchen heidnische Lieder hinterherriefen, stiegen herunter und erzählten mir, dass der Mann für drei Piaster die Zukunft voraussagen könne.

Schon hatte sich eine Schlange Neugieriger gebildet, und erstaunte Ausrufe drangen in meine Ohren. Ich näherte mich etwas und hörte zu, was er den Anwesenden, die etwas über sich erfahren wollten, enthüllte.

Vor mir wartete eine Frau mittleren Alters, die mich verblüffte, als ich sie einen kleinen Gecko vom Stamm des Baumes fangen sah, den sie lebendig, den Kopf zuerst, in ihren Mund steckte und hinunterschluckte. „Es heilt meinen Kropf", sagte sie mir, als nichts mehr von dem Tier zu sehen war. Ich muss sie völlig verblüfft angesehen haben. Sie zeigte mir ihren dicken Hals, wandte sich wieder ab und wartete, bis sie an die Reihe kam.

Auch ich hatte große Lust, etwas über meine Zukunft zu erfahren, aber was sollte ich tun? Ich durfte das verdiente Geld nicht ausgeben. Schließlich entfernten sich die Menschen, und ich stand auf einmal alleine vor dem Alten.

„Mädchen, willst du deine Zukunft nicht wissen?", fragte er mich freundlich. „Es kostet nur drei Piaster."

„Ich kann das Geld meiner Eltern nicht ausgeben", sagte ich beschämt und langte nach den Münzen in meiner Tasche. Als ich gehen wollte, sagte er: „Komm her, ich werde von dir nichts nehmen. Zeige mir deine Hand."

Überrascht reichte ich ihm die rechte Hand, die er sehr genau betrachtete. Er streichelte die Fingerkuppen und jede einzelne Handlinie. Dann sagte er langsam und bedeutungsvoll:

„Sehr oft wirst du dem Tod entgehen, dem du mehrere Male in deinem Leben nahe kommen wirst. Ich sehe Unfälle, die du überlebst. Du wirst sehr viel reisen und noch vor deinem fünfunddreißigsten Geburtstag ein eigenes Haus besitzen, aber nicht hier, sondern im Ausland. Viele Kinder wirst du bekommen. Deine alten Jahre werden vom Glück gesegnet sein."

Ich bedankte mich höflich und dachte, er muss total verrückt sein! Ich sollte mein Land verlassen und Kinder bekommen? Niemals! Und womit sollte ich ein Haus bauen? Ich verdrängte so schnell ich konnte diese unsinnigen Worte des angeblichen Wahrsagers aus meinem Kopf.

Alles um der Schönheit willen

Wie die Frauen vom Volk der schwarzen Thai und der weißen Hmong färbten sich auch die Frauen der Lao die Zähne. Ich war zehn Jahre alt, als Mutter mich eines Morgens zu sich holte. Sie erklärte mir, es sei nun an der Zeit, dass auch ich meine Zähne färbe, um meine Schönheit zu unterstreichen, und damit man wisse, dass ich ein keusches Mädchen sei. Ich freute mich, ohne zu ahnen, dass diese Prozedur, die man alle drei Jahre wiederholen musste, mir einige Beschwerden bringen würde. Zunächst wurden meine Zähne rot gefärbt, mittels einer Paste, die auf ein Palmblatt gestrichen war. Ich musste den Mund offen halten, wobei mir ein kleines Bambusstöckchen half, das ich mit meinem Gebiss festklemmte, damit meine Zunge sich nicht bewegte. In dieser Stellung wurde ich vierzehn Tage lang mit kalten, kleinen Klumpen aus Klebereis, gefüllt mit geschälten Mungbohnen, gefüttert.

Dann wurden meine Großeltern geholt. Sie murmelten zuerst einige Gebete und stampften anschließend in einem kleinen Steinmörser Lack zu einem feinen Pulver. Einmal gesiebt, verflüssigten sie es mit Wasser, tränkten ein Stück Baumwolle darin und legten es mir auf die Zähne, auf Kokosblatt, das die Form meines Gebisses hatte.

Bis zum übernächsten Morgen behielt ich beides im Mund. Mein ganzer Kiefer tat weh, und ich hätte zu gerne geweint. Meine Mutter achtete die ganze Zeit darauf, dass keine Frau zusah, die trauerte, menstruierte oder schwanger war, da sonst das Ganze misslingen würde.

Inzwischen hatten die Alten Kokosnussschalen zu Kohle verbrannt und pulverisiert. Auf die Zähne aufgetragen, erzielte man damit einen tollen Glanz, den ich in den nächsten Jahren mit dem roten Saft von zerkauten Betelnüssen zusammen mit Blättern und Kalk pflegen musste.

Damit war die Prozedur endlich beendet, und ich war erlöst. Ich hatte glänzende, schwarze Zähne. Alle waren zufrieden, und nur das zählte.

Das letzte Fest

Nach Thao und Mây hatte meine Mutter in der abgelegenen Hütte, in der ich mit meinen Pocken gekämpft hatte, unter Omas Aufsicht einen Jungen auf die Welt gebracht. Er hieß Lê, und seine Erziehung war eine meiner neuen Aufgaben geworden.

Anfang Februar 1940 feierten wir alle vereint, was selten vorkam, das neue Jahr, „Tét" genannt, das nach dem chinesischen Kalender am zweiten Neumond nach der Wintersonnenwende, also zwischen dem 21. Januar und dem 21. Februar stattfindet. In diesem Jahr stand es unter dem Zeichen des mächtigen Drachens.

Meine Großeltern setzten sich an den Tisch neben Vater, der wieder bei uns war. Mit den Stäbchen in der Hand wartete er nun darauf, dass Mutter und ich ihn und die Alten bedienten.

An diesem Tag, an dem alle Anwesenden bewusst höflich und nett zueinander waren, damit das restliche Jahr harmonisch verlief, hatte Mutter besonders feine Gerichte zubereitet, und das, obwohl sie krank war. Neben gekochtem Reis, Maiskolben, süßen Kartoffeln und langen Nudeln, die ein langes Leben symbolisierten, gab es verschiedene Fisch- und Fleischgerichte in Ingwer-, Morchel- und Koriandersaucen. Auch kleine Schalen, gefüllt mit „Nuoc mam", einer typischen salzigen Sauce aus Salzwasserfischen, fehlten nicht. Der mit Lotuskernen verzierte Papayasalat war schnell verschlungen. An den leckeren süßen Klebereiskuchen, ein Symbol für Glück, hatte ich mich so überessen, dass mir Oma empfahl, mit einem Seil zu hüpfen, bis diese verdaut seien. Die Krönung des Festessens war für mich weder das gekochte Blut der frisch geschlachteten Ente noch die „Hundert-Jahre-Eier", welche, bebrütet in Salzwasser, einhundert Tage in Gefäße verschlossen in der Erde vergraben wurden. Nein, es waren die delikaten, knusprigen Seidenraupen, die in der Dunkelheit gezüchtet und anschließend getrocknet wurden, und die uns Vater als eine Art Entschädigung für seine Abwesenheit mitgebracht hatte. Sie waren das Beste, was ich je gegessen hatte!

An diesem Tag war ich sehr glücklich. Nichts ließ mich ahnen, dass dieses Fest das letzte im Kreise meiner Familie sein würde.

Meine Zukunft - und ich hasse Schweine!

Die Regenzeit war vorbei. Sie hatte uns, neben Platzregen, wie immer auch viele lauwarme Regengüsse gebracht, in denen wir Dorfkinder gerne tobten und herumplanschten. Wenn es donnerte, rannten wir schnell nach Hause, und ich bemerkte, dass die Erwachsenen die Lippen zusammenbissen und plötzlich mit dem Mund paffende Geräusche von sich gaben, um so den Gott des Donners samt seiner Blitze abzuleiten. Mutter ging es wieder besser, dank der Kräuter von Opa, die ich ihr regelmäßig auf die Brust legte. Die offene Wunde, die von einem Tag zum anderen einfach so erschienen war und sie über einen langen Zeitraum plagte, war endlich zurückgegangen. Ihre Haut war fast wieder glatt. Opa hatte diese Wunde als „weiblichen Krebs“ diagnostiziert, der sich vom „männlichen Krebs“ darin unterschied, dass die Wunde flach und breit war, ohne Dorn in der Mitte. Er hatte Mutter auf Diät gesetzt, da seinem Wissen nach bestimmte Lebensmittel die Entwicklung der Krankheit beeinflussten. Ich hatte es mir angewöhnt, sie zu pflegen und ihr vom Markt süßes Obst oder frische Garnelen mitzubringen, worüber sie sich jedes Mal freute.

Eines Tages, als ich aus der Stadt zurückkam, war vor unserer Hütte niemand zu sehen. Mutter ist bestimmt mit meinen Geschwistern unterwegs, dachte ich. Ich stellte meinen Korb am Eingang ab. Das verdiente Geld verschwand in der obersten Schublade des großen Tisches, bis Vater es zählen und in die Bambusröhre einwerfen würde. Ich ging in den Schlafraum und warf meinen Que-non direkt neben die kleine Holzbank, die mir als Kopfkissen diente, als draußen das laute Gackern einer Henne meine Aufmerksamkeit erregte. In der Hoffnung auf eine leckere Abendmahlzeit lief ich hinaus, ihr hinterher, um sie leise und so schnell wie möglich um die Ecke zu bringen. Das Tier lockte mich ziemlich weit in die Bambusbüsche und Kakteen, zwischen denen ich kriechend versuchte, es in meine Hände zu bekommen. Vergeblich. Ich zuckte erschrocken zusammen, als sich plötzlich Männerstimmen näherten. Ich erkannte meinen Vater an seiner Stimme, die zweite Stimme war die eines Unbekannten. Sie waren nun stehen geblieben und unterhielten sich weiter. Ich wollte gerade aufstehen, um mich bemerkbar zu machen, als ich meinen Namen hörte.

„Also ist alles geklärt. Sobald Cúc reif ist, arrangieren wir die Hochzeit. Ich bekomme den Acker, und ihr Sohn bringt uns zudem die beiden Schweine“, sagte mein Vater. „Einverstanden! Die Erde dort ist sehr fruchtbar, und mein Sohn ist fleißig. Er wird sich freuen. Die Kleine ist wirklich hübsch", sagte der andere Mann.

Die Angst, beim Spionieren ertappt zu werden, ließ mir kalten Schweiß über den Rücken laufen, und zum ersten Mal betete ich zu meinen Ahnen, dass die Henne, die sich nicht weit von mir ruhig geduckt hatte, mich nicht verraten würde.

„Darauf müssen wir anstoßen. Kommen Sie, ich habe Schum zu Hause!" Mein Vater und der fremde Mann hatten sich schon lange entfernt, nur ich lag immer noch auf dem Boden, meinen Kopf in den Händen. Die Luft, die mir stickiger als sonst vorkam, schien zu stehen. Ich konnte es einfach nicht fassen, was ich gerade gehört hatte. Soeben hatte mein Vater mich, seine Tochter, gegen ein Stück Land und zwei Schweine getauscht! Und das mit einem Fremden! So sah also meine Zukunft aus... Die Henne und ich sahen uns in die Augen, und als ob sie mit mir fühlte, kam sie näher. „Willst du mich nicht mehr fangen?", schien mich ihr Blick zu fragen. Jetzt hätte ich ihr leicht den Hals umdrehen können, aber ich ließ sie laufen.

Ich nahm mir viel Zeit, um nach Hause zu gehen. Meine Schwestern kamen mir aufgeregt entgegen. Der kleine Lê weinte in den Armen meiner Mutter. Nicht nur weil er in die Feuerstelle gefallen war und dabei sein Hinterteil an heißer Brühe verbrannt hatte, sondern weil mein ältester Bruder ihn auch noch geschlagen hatte, als die Brühe auf den Boden lief. Als Strafe schnitt er ihm zudem eine Ferse mit seiner Machete auf. Obwohl ich es einen Moment lang für gerecht empfand, dass ein Junge bestraft wurde, hielt ich diese drakonische Strafe für die Tat eines bösen, grausamen Rohlings, der die Macht besaß, andere zu quälen, und das auch noch genoss.

Mit einem Kloß im Hals zwang ich mich, etwas zu essen. Ich wartete, bis Mutter allein war, um zu ihr zu gehen. Sie würde mich trösten, mir alles erklären und sicher helfen.

„Ich habe heute gehört, dass ich einen fremden Mann heiraten muss. Warum ist das so?", fragte ich leise.

„Aber doch erst in zwei, drei Jahren", antwortete sie überrascht, aber ruhig. „Dein Vater hat für dich eine gute Partie ausgesucht. Wenn du reif bist, wirst du deine eigene Familie gründen, es ist nichts dabei."

„Nichts dabei?", schrie ich auf. „Ich kenne diesen Mann nicht. Ich liebe ihn nicht! Ich will ihn nicht! Ihr habt mich einfach getauscht, nur so, gegen ein bisschen Land und zwei Schweine! Ich will das nicht!"

„Ich weiß. Du wirst dich schon noch daran gewöhnen. Auch ich wurde deinem Vater versprochen, obwohl ich ihn nicht kannte. Und siehst du, es ist alles gut gegangen", sagte sie. In ihren Augen suchte ich vergebens nach einem Funken Verständnis, fand aber nur Resignation.

In dem Moment, als sie das sagte, kam es mir vor, als wäre ich gegen meinen Willen älter geworden, doch ehe ich ihr antworten konnte, ließ sie mich stehen. Mein ganzer Hass richtete sich plötzlich gegen meinen Vater, gegen den Unbekannten und gegen alle Schweine dieser Welt!

Ein Unglück kommt selten allein

In den nächsten Wochen sprachen wir nicht mehr darüber. Ich versuchte, durch Arbeit auf andere Gedanken zu kommen und spielte zur Ablenkung länger mit Lê. Ich stellte mir vor, wie es wohl sei, Mutter zu sein, wenn ich ihn in den Armen hielt, und sah, wie er lachte und sich freute. So schlimm war das Ganze vielleicht doch nicht?

Einige Tage später, zu Hause, hörte ich Mutter mit Vater streiten, etwas, was sie noch nie getan hatte. Als ich mich näherte, vernahm ich, wie er sie bedrängte, mich auf seine nächste Jagdexpedition ins nördliche Laos mitzunehmen. Zum ersten Mal bemerkte ich, dass sie empört war.

„Sie ist noch viel zu jung", sagte sie bestimmt. „Lass sie hier bei mir! Wir brauchen sie." Mein Vater versuchte noch mehrmals, sie zu überzeugen, doch vergebens. Meine Mutter wehrte sich zum ersten Mal - für mich! Das war neu!

Schließlich gab Vater nach. Ich tat, als ob ich nichts gehört hätte. Es machte mich allerdings stutzig, dass er mich auf dieser Reise bei sich haben wollte. Die energische Weigerung meiner Mutter überraschte mich aber noch mehr.

Einige Tage später wurde Vater von drei Männern abgeholt. Wir sahen zu, wie er seine übliche Jagdausrüstung in ihren Wagen lud und einstieg. Er fuhr mit ihnen davon, wie immer ohne sich zu verabschieden.

Es waren nur noch einige Wochen bis zur Oktoberreisernte. Vater war noch nicht zurück. Meine beiden ältesten Brüder waren unterwegs in die Stadt, und Mutter und ich waren damit beschäftigt, die Schuppen der frisch gefangenen Fische mit scharfen Messern abzuschaben. Die Kleinen versuchten gerade das Küchenfeuer anzuzünden, als wir zwei unbekannte Männer erblickten, die sich unserer Hütte näherten und anscheinend zu uns wollten.

„Wir kommen, um unser Geld zu holen, das Ihr Mann uns schuldet", sagte einer der Männer barsch, ohne jegliche Begrüßung.

„Mein Mann ist leider nicht da", antwortete Mutter freundlich, sehr überrascht. „Er ist ..."

„... in Laos gestorben!", beendete der Mann kalt ihren Satz. „Er und die anderen sind während der Expedition überfallen worden. Dort im Norden gibt es Unruhen. Sie sind alle tot. Nun wollen wir unser Geld." Mutter ließ ihren Fisch auf den Boden fallen und fragte verstört: „Tot?" Sie sah mich an. Ich konnte ihre Gedanken lesen. Fast wäre ich dabei gewesen. Hatte sie eine Vorahnung gehabt? „Und was für Geld wollen Sie haben?"

„Das Geld, das er beim Ba-Kuan verloren hat", antwortete der andere Mann, und sie traten in unsere Hütte. Sie suchten und fanden unsere Ersparnisse, die sich in der kleinen Holztruhe befanden und nur darauf warteten, gegen Gold getauscht zu werden. Sie nahmen einfach die Truhe mit, ohne das Weinen meiner Mutter und die Bitten meiner inzwischen herbeigeeilten Großeltern zu beachten. Wortlos verschwanden sie genauso schnell, wie sie gekommen waren.

Wir alle standen da, hilflos, und ich konnte nicht glauben, dass ich jetzt keinen Vater mehr hatte. Ich vergoss keine Tränen, denn noch bevor Traurigkeit in mein Herz ziehen konnte, hatte die Furcht vor dem neuen Familienoberhaupt von mir Besitz ergriffen.

Weniger sein ist mehr

Außer Großmutter und Mutter hatte offensichtlich niemand von uns über den Tod von Vater geweint. Wie zu erwarten war, übte mein ältester Bruder sofort genussvoll seine neue Macht als Familienoberhaupt aus. Wir Kinder verrichteten unsere Arbeit ohne zu murren, in der Hoffnung, nicht von ihm geprügelt zu werden.

Meine Großeltern empfahlen Mutter, in die Stadt zu gehen, um mithilfe von Vaters Dokumenten eine Witwenrente zu beantragen, damit wir wenigstens etwas hatten, um zu überleben. Ich durfte sie begleiten, denn in der Stadt kannte ich mich besser aus als sie.

In Hà Tĩnh war mehr Bewegung als sonst. Die wenigen Menschen auf den Straßen verhielten sich ängstlich, während französische Soldaten mit Lastwagen hektisch hin und her fuhren. Wir mussten in die französische Kaserne. Ein schwarzer Mann am Eingang erklärte uns gebrochen und umständlich den Weg zu der zuständigen Stelle. Ein freundlich aussehender Europäer, der trotz des Ventilators seinen Schweiß ständig mit einem weißen Baumwolltaschentuch abwischte, hörte sich geduldig und nickend die kurze Geschichte meiner Mutter an, die ein junger annamitischer Soldat, an der Tür postiert, ins Französische übersetzte. Als sie fertig war, betrachtete er kurz die gestempelten Papiere meines Vaters, um sie dann, wie mir schien, verächtlich beiseite zu schieben. „Ja. Ihr Gatte hat unserem Land fünfundzwanzig Jahre lang die Treue gehalten. Es ist wirklich ein Jammer, dass ihr Mann nicht mehr ist. Leider können wir nichts für Sie tun", übersetzte der junge Soldat. „Aber hier, die Papiere, die Stempel ... Er hat sogar zwei Finger im Kampf verloren!", sagte Mutter und zeigte dem jungen Mann die Dokumente.

Mit ruhiger, eisiger Stimme fuhr der Beamte fort: „Ihr Mann hat nie einen Anspruch auf eine Rente gehabt, und seine Familie infolgedessen auch nicht. Er war ein Annamit."

Mutter schien nicht zu verstehen, was der Mann sagte. Sie wartete weiterhin auf eine Erklärung.

„Ihr Mann hat freiwillig gedient", und dabei betonte der junge Soldat das Wort „freiwillig". „Freiwillig dienende Annamiten haben bei uns keinerlei Ansprüche. Das bedeutet, dass Sie nichts bekommen können."

Der Mann stand auf, grüßte uns knapp, bevor er hinausging. Mutter sammelte die Papiere wieder ein. Sie war ein Stück älter geworden. Eines hatte ich an diesem Tag begriffen: Eine Frau hatte keinen Wert verglichen mit einem Annamiten, aber ein Annamit war gegenüber einem Europäer genauso wertlos wie eine Frau.

Ein Tag unter dem Schutz der Ahnen

Obwohl Mutter sich niemals beschwerte, spürte ich, wie traurig ihr ums Herz war. Ich wartete nur auf ein Zeichen von ihr, um sie zu trösten, auf ein Lächeln, das ihr Gesicht zum Leben erwecken würde. Vergeblich. Eines Tages stand ich, in Gedanken versunken, hinter unserer Hütte und hing Wäsche auf, als plötzlich zahlreiche Militärlastwagen in unser Dorf fuhren. Ich hörte Frauen schreien und Kinder losweinen. Raue Männerstimmen erteilten in einer unbekannten Sprache kurze Befehle. Ich ließ alles liegen und eilte zu Mutter. Japanische Truppen waren in unser Dorf eingedrungen.

Innerhalb kürzester Zeit wurden alle Einwohner mit brutaler Gewalt zusammengetrieben. Ein alter Mann wurde dabei mit einem Schwert geköpft, als er sich mit einer Holzgabel zu wehren versuchte. Die meisten Erwachsenen und Kinder, darunter auch meine Angehörigen, waren auf ihre Knie gefallen und baten mit gefalteten Händen und gesenkten Köpfen um Schonung ihres Lebens.

Die Soldaten sahen furchterregend aus. Ihr Gesichtsausdruck erinnerte mich an den eines wütenden Büffels. Ein Soldat rief uns laut in unserer Sprache zu, dass Japan unser Land besetzt habe. Wir Bauern sollten ihnen ja keinen Widerstand leisten und den Truppen unsere vollständigen Vorräte mitgeben, sonst würde unser Dorf zerstört. Die Soldaten verteilten sich daraufhin, traten in die Hütten und fingen an, die Speicher zu plündern.

Meine Geschwister blieben draußen auf den Knien und sahen dem Geschehen regungslos zu. Mutter jedoch folgte den beiden Soldaten, die in unsere Hütte gingen. Ich ging hinterher. Der eine holte unsere gesamten Fisch-, Tabak- und Reisvorräte aus dem Speicher, während der andere die große, mit Geld gefüllte Bambusröhre mit seinem Messer abschnitt. Als Mutter versuchte, ihn bittend davon abzuhalten, schlug er ihr seine Faust ins Gesicht und nahm sich, was er wollte. Mutter war auf den Boden gefallen und lag schluchzend da. Ich wagte nicht, zu ihr zu gehen, und blieb wie gelähmt stehen.

Mit unserem letzten Sack Reis auf der Schulter und den anderen Vorräten unter dem Arm, verließ der erste Japaner wortlos unsere Hütte. Der Zweite war gerade an mir vorbeigegangen, als er sich plötzlich umdrehte. Er musterte mich kurz. Völlig überraschend griff er mit seiner schweren Hand fest nach meiner rechten Schulter, was mich vor Schreck zusammenzucken ließ. In einem schlechten Annamitisch schrie er: „Du! Du kommst mit uns!"

Ohne zu überlegen, was ich tat, wehrte ich mich heftig und stieß ihn nach draußen, nachdem ich ihm seine Hand zerkratzt hatte. Ich sah, wie sich das Weiß seiner Augen rötete. Wütend zog er sein Bajonett aus der Scheide und stach auf mich ein. Plötzlich fühlte ich die kalte Klinge unter meiner Haut, wie sie tiefer in meinen Bauch eindrang und wieder herausglitt.

Instinktiv schloss ich meine Augen, bückte mich nach vorne, ließ mich fallen und stellte mich tot. Ich hoffte, dass der Angreifer von mir ablassen würde, was er auch tat.

Schlechte Zeiten

Der Überfall war vorüber. In einer Blutlache liegend, hörte ich, wie sich draußen das Klagen, Weinen und Schimpfen der Menschen miteinander vermengte. Meine Geschwister kamen herein und halfen Mutter, deren Gesicht mit Blut verschmiert war, aufzustehen. Sie lief schnell zu mir, und noch bevor sie sich meine Wunde angesehen hatte, rief sie nach meinem Opa.

„Holt so viele Spinnennetze, wie ihr findet!", befahl er mit ruhigem, aber bestimmtem Ton den Kindern. „Wir müssen sofort das Blut stillen!" Trotz der tiefen blutenden Wunde waren anscheinend keine lebenswichtigen Organe verletzt worden.

„Du hast Glück gehabt, den Ahnen sei Dank", sagte er und zog mir vorsichtig meine Tunika über den Kopf. Mit eilig gesammelten Spinnennetzen in ihren Händen kehrten die Kinder zurück. Er legte ein klebriges Netz nach dem anderen auf die Wunde. Es brannte und tat weh, aber sein sicherer Blick beruhigte mich. Ich vertraute ihm und wusste, dass er mich heilen würde. Ab da kam er mehrmals am Tag zu mir, um mich zu verbinden. Als ich wieder kräftiger war, nutzte ich die Gelegenheit, mir die Zusammensetzung seiner Heilsalben erklären zu lassen.

Nach einigen Wochen konnte ich wieder aufstehen, den Bauch immer noch mit einem Verband umwickelt, um Mutter bei ihren täglichen Pflichten zu helfen.

Die Speicher blieben leer, und die Reisernte reichte nicht aus, um alle Mäuler zu stopfen. So beschlossen viele Einwohner, ihr Heim vorübergehend zu verlassen und zu

Verwandten zu gehen, bis bessere Zeiten kommen würden.

Zu dieser Zeit kamen viele Menschen von Norden und Süden Annams in unserem Dorf vorbei und erzählten uns die neuesten Nachrichten über das Geschehen in unserem Land. Japan, gestützt durch seine starke Armee, hatte in einem Großteil Indochinas strategische Stützpunkte errichtet und so der französischen Kolonialmacht seine Anwesenheit aufgezwungen. Auch wenn die Eindringlinge die bisherige Verwaltung tolerierten, hinderte sie das nicht daran, Franzosen und Annamiten als Gefangene in die Berge zu bringen. Zugleich sah es so aus, als würde sich für die Bevölkerung wenig ändern und unser Kaiser konnte weiter regieren. So schien unsere Welt einigermaßen in Ordnung zu sein. Allerdings hörten wir auch vom Versuch eines Aufstands einer kommunistischen Partei im Süden des Landes, der blutig niedergeschlagen wurde, und von zahlreichen Überfällen im Norden des Landes, die sich gegen beide Besatzer, Franzosen wie Japaner, richteten. Immer wieder kamen Familien in unser Dorf, die bis auf ihr nacktes Leben alles, aber auch wirklich alles verloren hatten.

Etwas zum Essen zu haben war für uns wichtiger als diese Ereignisse. Wir waren mit unseren Nerven und Möglichkeiten so weit am Ende, dass wir die unter der Baumrinde lebenden Maden sammelten, um sie dann leicht angebraten zu essen.

Diese große Not, in der auch mein ältester Bruder keine Schule besuchen konnte, dauerte zum Glück nur einige Monate. Ich bemerkte, wie sehr seine Laune dadurch beeinträchtigt wurde. Danach kehrte wieder Normalität in unser Leben ein. Mutter brachte wie immer mit einer Balancierstange und zwei Eimern zusätzliches Wasser vom Fluss, das sie mit einem Leinentuch filterte, wenn sie es in ihre zwei großen Metallkanister füllte. Mit diesem Wasser kochten wir unseren Tee und den Reis. Es gab wieder Obst und Gemüse, und Opa versorgte uns mittlerweile zusätzlich mit Fisch und Garnelen, die wir mit viel Wasser und Reis kochten. Hoe versuchte sich inzwischen mit anderen jungen Männern an der Jagd, und als sie uns zum ersten Mal einen erlegten Rehbock brachten, brachen wir in Jubel aus.

Wir Mädchen gingen nun oft an den Rand des Dschungels, um Holz zu sammeln. Als wir eines Tages zurückkamen, stand ein Fremder neben meinem ältesten Bruder, dessen Finger auf mich wies. Beide Männer gingen in unsere Hütte und öffneten eine Flasche Schum. Ich stapelte das mitgebrachte Holz langsam auf, nichts Gutes ahnend. Mein Blut gefror in meinen Adern, als ich den Fremden wiedererkannte: Es war der Mann, den ich zusammen mit meinem Vater belauscht hatte – ich war seinem Sohn versprochen!

Mein Bruder begleitete ihn ein Stück und schien höchst zufrieden, als er zurückkam.

„Komm her“, rief er mir zu, als er in die Hütte trat. Verkrampft ging ich hinein, in der Hoffnung, dass er mein Zittern nicht bemerken würde.

Er hatte sich hingesetzt. Ich blieb stehen.

„Du weißt, dass wir schlechte Zeiten haben. Ich kann nicht für alle sorgen. Deshalb habe ich deinen Vermählungstermin vorgezogen. Deine zukünftige Familie ist gütig und hat sich bereit erklärt, dich früher aufzunehmen. Noch vor der Regenzeit werden die Alten dir die Zähne frisch färben, und wenn wir die Hochzeitsgaben in Empfang genommen haben, werden Mutter und ich dich dorthin begleiten. Im Oktober wirst du vermählt. Das ist alles, und jetzt geh!“ Er griff sich mit einer überheblichen Bewegung ein Buch und fing an zu lesen, ohne mich eines weiteren Blickes zu würdigen. Auf seinen Lippen lag ein Lächeln.

Ganz still verließ ich die Hütte. Ich hatte aufgehört zu zittern und blieb erstaunlich ruhig. Nur mein Herz war wie mit Steinen beladen, die so schwer und groß schienen, dass nicht einmal Hass darin Platz finden konnte. Noch vor meinem zwölften Geburtstag würden die zwei versprochenen Schweine gebracht werden, und ein fremder Mann würde mich zu seiner Frau machen und besitzen.

Die Entscheidung

Ich machte mich gleich wieder an die Arbeit und beobachtete aus meinen Augenwinkeln, wie Mutter damit beschäftigt war, zwei wilde Tauben, deren Federn sie zuvor ausgerupft hatte, zum Abendessen vorzubereiten. Am Tisch würde sich mein Bruder wie ein Raubtier über die Filetstücke hermachen und meinen Geschwistern und mir nur die Flügel und Köpfe übrig lassen. Mutter würde, wie immer wortlos, die Reste von unseren Resten essen.

Die Vorstellung, ich würde mein Leben, ähnlich wie sie, als unterwürfige Frau verbringen, war für mich unerträglich, und noch am selben Abend, als alle fest schliefen, fasste ich einen Entschluss. Ich beschloss zu fliehen.

Es war Halbmond, und er stand noch tief am Himmel. Ohne irgendetwas mitzunehmen, lief ich die ganze Nacht Richtung Norden, barfuß, mit Wut im Bauch, ohne mich umzudrehen. Bevor die ersten Sonnenstrahlen vom Himmel schienen, nahm mich ein altes Ehepaar auf ihrer Karre mit, die mit Hühnern, einem Tisch und zwei Stühlen, ihrem gesamten Besitz, beladen war.

Sie stellten mir keine Fragen und ließen mich schlafen, bis wir am Nachmittag in Vinh ankamen. Hier beschloss ich zu bleiben. Ich sprang von der Karre, bedankte mich und winkte ihnen nach, als sie weiterfuhren.

In Vinh ging ich von Haus zu Haus und erkundigte mich nach Arbeit. Den Leuten erzählte ich, dass ich auf der Suche nach meinem verschollenen Vater sei und gelegentlich Arbeit bräuchte, um weiterreisen zu können.

Man empfahl mir, mein Glück beim Schmuckgeschäft zu versuchen. Dort empfing mich eine Frau mittleren Alters, die mich freundlich als Dienstmädchen aufnahm. Ich sollte ihre Wäsche sorgfältig waschen und bügeln, wofür sie mir zwar keinen Lohn geben konnte, aber jeden Tag eine warme Mahlzeit garantierte. Dazu sollte ich auch frisches Wasser vom nahe gelegenen kleinen See holen.

Am nächsten Morgen machte ich mich eifrig an diese leichten Aufgaben. Nach ein paar Stunden war ich fertig und durfte aus dem Haus gehen, um mir die Stadt anzusehen. Die Menschen gingen wie immer ihren Geschäften nach. Zum ersten Mal sah ich einen beruflichen Ohrenputzer, der seine Dienste laut anbot, ein langes, feines Holzstück in der Hand. Ich sah auch viele Kinder auf der Straße spielen, was mich an mein Zuhause erinnerte. Aber ich schob diese Erinnerungen beiseite. Es war ein zu neues, schönes Gefühl, frei zu sein!

Der Preis der Sehnsucht

Acht Tage waren vergangen. Meine Chefin war mit meiner Arbeit zufrieden, und ich bekam genug zu essen. Doch zugleich spürte ich eine unbeschreibliche Sehnsucht nach meinem Zuhause in mir. Wie sehr vermisste ich meine Schwestern und meinen kleinen Bruder Lê, ich stellte sie mir vor, wie sie gemeinsam in unserem Schlafraum einschliefen. Ich sah Mutters sanfte Gesichtszüge und versuchte, mich an den Duft ihrer Haare, an die Zartheit ihrer Haut zu erinnern. Ich bekam Angst, dass ich das alles vergessen könnte.

Meine Chefin lächelte und zeigte Verständnis, als ich ihr sagte, dass ich doch nach Hause zurückkehren wolle. Vor meinem Abschied am frühen Morgen kochte sie uns noch eine gute warme Nudelsuppe und gab mir zwei Klebereiskuchen mit auf die Reise. Sie streichelte meinen Kopf, als ich ging, und das erinnerte mich so sehr an meine Mutter, dass ich fest davon überzeugt war, meine Rückkehr sei die richtige Entscheidung.

Ich hatte Glück: Der Fahrer eines Militärlastwagens aus Hanoi, beladen mit Versorgungsgütern für einen Stützpunkt in Tourane, hielt auf mein Winken an und nahm mich mit. In Hà Tĩnh stieg ich aus, um nach Hause zu rennen.

Es war kurz vor Mittag. Die Kleinen spielten auf unserem Vorhof mit alten Kokosnussschalen und ließen alles fallen, als sie mich erblickten, um mir freudig um den Hals zu fallen. Mutter kam als Erste aus der Hütte. In ihren vor Glück glänzenden Augen sah ich aber, wie sehr ich ihr wehgetan hatte, und so fing ich an zu weinen. Ich bedauerte, sie verletzt zu haben, und freute mich doch über alle Maßen, bei ihr endlich eine Gemütsregung entdecken zu können.

Nun trat mein ältester Bruder aus der Hütte und kam auf mich zu. Ohne ein Wort zu sagen, schlug er mir mit der Faust ins Gesicht, so fest, dass ich zu Boden fiel. Unter den Blicken aller packte er mich an den Haaren und zerrte mich daran in unsere Hütte, und ich spürte, wie die raue Erde meine Knie zerkratzte.

Wie Vater es früher getan hatte, knotete er meine langen Haare ans Bett und riss mir das leichte Baumwollhemd vom Rücken, bevor er den Bambusstock holte. Er schlug mich damit blutig. Jeder seiner Schläge holte mich nach und nach in die Gegenwart zurück, in meine brutale Welt. Jeder seiner Tritte überzeugte mich mehr und mehr, dass mein Platz nicht hier war, nicht mehr hier sein konnte. Ich war selbst erstaunt, dass ich nicht schrie, nicht weinte. Ich spürte eine Art Kraft in mir, die dies verhinderte und ihn wohl noch wütender werden ließ.

Erst als er selbst zu müde war, mich weiter zu schlagen, warf er mir den Bambusstock ins Gesicht und sagte erschöpft, mit krächzender, wutschnaubender Stimme: „Das nächste Mal bringe ich dich um!"

Mit meinem von Blutergüssen übersäten, geschwollenen Körper blieb ich zehn Tage liegen, ohne mich bewegen zu können. Ich pflegte meinen Hass, und Mutter pflegte mich, wie immer ohne ein Wort.

Lebewohl

> „Wenn die Welt da draußen dir nicht
> zuhören will, baue dir deine eigene und
> bete, dass niemand sie zerstört!" (Loan)

Sehr früh am Morgen waren beide älteren Brüder nach Saigon aufgebrochen. Wir spürten die ersten feuchtwarmen Windböen, Vorboten der Regenzeit, als mir meine Oma ankündigte, dass sie am nächsten Tag meine Zähne neu lackieren würde. Innerlich weigerte ich mich, eine Frau zu werden. Ich hasste meinen Körper und wünschte mir von den Ahnen, sie würden nicht zulassen, dass sich meine Gesichtszüge verfeinerten.

In den vergangenen Wochen hatte mich der Anblick meines verkrusteten, entstellten Körpers in meiner Absicht bestärkt, wegzugehen. Dieses Mal war ich mir sicher, dass es mir besser gelingen würde. Jedoch wollte ich nicht gehen, ohne mich von Mutter verabschiedet zu haben.

Ich fand sie im Garten an einem schattigen Platz unter den Obstbäumen, wo sie sich hingelegt hatte und vor sich hin döste. Ihre Gesichtszüge waren entspannt wie selten. Sie war einfach schön anzusehen. Ich legte meinen Kopf auf ihre Brust, und sie fing an, mit geschlossenen Augen meine Haare zu streicheln.

„Mutter, ich bin gekommen, um Lebewohl zu sagen. Ich möchte gehen, dieses Mal für immer ...“ Ohne ein Zittern sprach ich leise die Worte.

Sie setzte sich hin, ruhig, und sah mir tief in die Augen, wahrscheinlich in der Hoffnung, darin etwas wie eine Lüge zu entdecken. Meine Seele konnte diesen prüfenden Blick spüren. Ihre Worte unterbrachen diesen langen Moment.

„Wenn du die Stimmen deiner Zukunft hörst, folge ihnen. Ich habe immer gewusst, dass du dich nicht beugen wirst. In den vielen Momenten deiner Aufsässigkeit sah ich mich wieder, als ich jung war. Nur habe ich diesen Mut niemals aufbringen können, weil ich viel zu schwach bin. Ich kann dich gut verstehen. Du hast recht, gehe nicht denselben Weg wie ich. Sei wie ein freier Vogel, und fliege so weit du kannst! Ich werde jeden Tag unsere Ahnen bitten, dass sie dich beschützen, und wenn du dir eines Tages sicher bist, dass du es geschafft hast, gib mir ein Zeichen! Ich werde darauf warten. Und noch etwas zu deinem eigenen Schutz, Liebes, vergiss eines nicht: Ab jetzt musst du wie eine Waise leben, ohne Verwandte. Sage allen, die dich fragen werden, dass du keine Familie hast, damit niemand dich verfolgen kann. Dein Bruder ist nach Süden gegangen, also geh nach Norden."

Ich glaube, wir beide wollten einen kurzen Abschied, um nicht unter dem Gewicht dieses schweren Augenblicks zusammenzubrechen. Wir weinten nicht. Mutter legte sich wieder hin und schloss ihre Augen, damit ich kein von ihr verborgenes Gefühl darin lesen konnte, das meine Entscheidung vielleicht hätte ändern können.

Ich drehte mich um und nahm nur diese Erinnerung mit. Ihren wohlwollenden Blick in meinem Rücken spürte ich noch bis zur Abenddämmerung. Ich ging meiner Zukunft zu Fuß entgegen. Ich war noch nicht einmal zwölf Jahre alt.

Kapitel 2: Kampf, ohne Sieg und Niederlage

Auf der Hut

In dieser nassen Jahreszeit war überall Matsch und Schlamm. Die Fahrräder, Karren und Wagen, die an mir vorbeifuhren, kamen an manchen Stellen nur sehr mühsam voran. Zu Beginn meiner Flucht hatte ich beschlossen, möglichst nicht direkt auf der Straße zu laufen. Aus Angst vor vorbeikommenden japanischen Truppen, die mir etwas antun könnten, und als Vorsichtsmaßnahme, falls mein Bruder sich doch entschließen würde, mich zu suchen, benutzte ich immer Nebenwege, wenn es welche gab.

Ich ernährte mich von Obst, das überall wuchs, und schlief in Feldern. Ängstlich hoffte ich, auf kein giftiges Tier zu stoßen. Ich wusch mich, wie gewohnt, unter den kräftigen Regengüssen und trank lauwarmes Wasser aus Blättern, nicht ohne mich vorher vergewissert zu haben, ob sich hier Blutegel eingenistet hatten.

Nach zwei Tagen, als ich sah, dass in diesem Teil des Landes fast nur Familien mit ihren Gütern auf den Karren reisten, beschloss ich, mich ihnen anzuschließen. Fahren ist besser als Laufen. Ich bat also hier und da um eine Mitfahrgelegenheit und gab mich jedes Mal als Waise aus, wie Mutter es mir geraten hatte. Mit Erfolg: Man nahm mich fast immer mit.

Hinter Vinh bot mir ein Ehepaar mit drei jüngeren Kindern einen Platz auf ihrer Karre an. Sie stammten aus der Nähe der Kaiserstadt Hue und waren unterwegs nach Hanoi zu ihren Verwandten. Sie erzählten mir ihre üblen Erfahrungen mit den brutalen japanischen Feldgendarmen, „Kempetai“ genannt, die nach dem Ausplündern unserer Dörfer Richtung Süden gezogen waren, um dort noch mehr Unheil anzurichten. Die beiden waren Katholiken, und weil ich nicht wusste, was es bedeutete, Christ zu sein, erklärten sie mir kurz ihre Religion. Ihre kargen Nahrungsvorräte teilten sie wie selbstverständlich mit mir, und während wir die Karre aus etlichen Schlammlöchern ziehen mussten, um dem Büffel zu helfen, erzählten sie mir mehr von dem politischen Geschehen. Meine Vorstellung von der Lage, in der sich mein Land befand, war damals sehr oberflächlich. Ich ahnte nur, dass ich viel Glück brauchen würde, um heil weiterzukommen.

Nachts hielten wir immer nur kurz an, um zu schlafen, oft von schwer beladenen, unbeleuchteten Fahrrädern überholt. Ich lag neben den drei Kindern, die eng aneinandergeschmiegt zusammen schliefen. Der eisige Nebel versuchte, durch meine dünne Baumwollkleidung zu kriechen, und ich war froh, nicht alleine zu sein.

Mein Zuhause, das ich jetzt hinter mir gelassen hatte, erschien mir nur noch als eine unwirkliche, fast geisterhafte Erscheinung. Bewusst vermied ich, daran zu denken. Ich hatte Angst, traurig zu werden und umzudrehen.

Ein Versuch wert

Wir kamen durch zahlreiche kleine Dörfer. In einigen war fast kein Mensch zu sehen, andere dagegen waren voller Leben. Streunende Schweine, freilaufende Hühner und Enten mischten sich manchmal in die Menge. Als wir in einem Dorf südlich von Nam Dinh, unserem nächsten Reiseziel, ankamen, vernahmen wir Stimmen aus Lautsprechern, die zwei Männer auf dem Dorfplatz in ihren Händen hielten. Sie forderten die in kleinen Gruppen herumstehende Bevölkerung auf, sich der Widerstandsbewegung gegen die Franzosen und die neuen japanischen Besatzer anzuschließen, die schon wichtige strategische Punkte im Norden eingenommen hätten und dabei wären, den Süden weiter zu erobern. Die Männer sprachen mit leidenschaftlicher Stimme von der Unabhängigkeit und den Rechten des annamitischen Volkes, und als sie geendet hatten, um mit ihren Fahrrädern weiterzufahren, löste sich die Menschengruppe wieder auf. Nur einige wenige blieben stehen und diskutierten.

Wir kauften ein paar Vorräte und setzten unsere Reise fort. Da ich nicht genau wusste, in welcher Stadt ich zunächst bleiben wollte, bot mir das Ehepaar an, mich einfach zu adoptieren. In meinem Land reichte die mündliche Absichtserklärung eines Erwachsenen und das Einverständnis des Kindes, um von da an, ohne Papiere, vor der Familie und den Behörden offiziell als neues Familienmitglied anerkannt zu werden. Einen Moment lang zögerte ich. Ich war hin und hergerissen. Auch wenn ich mich innerlich arg nach familiärer Wärme sehnte und diese eben viele Kilometer so schön hatte kosten dürfen, lehnte ich das Angebot schließlich ab. Ich fühlte mich noch zu unsicher. So beschloss ich, die Leute am Marktplatz von Nam Dinh zu verlassen. Etwas traurig zogen sie weiter, jedoch nicht ohne mich vorher gesegnet zu haben. Diese Stadt hatte ich spontan ausgewählt, mit dem plötzlichen Hintergedanken, meine Tante zu besuchen. Sie wohnte gelegentlich hier, wenn sie gerade Arbeit gefunden hatte. Schließlich war ich weit genug von zu Hause weg, und ich spürte, dass ich in diesem Moment dringend etwas brauchte, das mich an meine Familie erinnerte. Mit pochendem Herzen begann ich, meine Umgebung näher zu erkunden. Ich suchte nach ihrer Hütte.

Auf dem Markt verkauften viele Bauern, die ich an ihrer blauen und schwarzen Baumwollkleidung erkannte, die unterschiedlichsten Waren, die von Süßkartoffeln über Flohsamenkraut bis zu wunderschön rot- und türkisfarbenen Kampfhähnen reichten. Eine Bäuerin fächerte einem großen Mutterschwein, das von einer langen Reise sichtlich erschöpft und still auf dem staubigen Boden lag, Wind mit ihrem kleinen Holzfächer zu, während ihm ein kleines Mädchen Wasser über den Rüssel goss. Neben der angebotenen Seide und dem Samt, meistens mit Gold und Silber bestickt, standen Greisinnen und priesen Schmuck an, als mein Herz plötzlich einen Satz machte. Der verführerische Duft von frischen Pho-Suppen aus den Garküchen stieg mir in die Nase. Ich erkannte diese Stelle! Hier, genau hier, wo elegante Frauen, in seidene Ao-Dai-Trachten gekleidet, eifrig Geflügel von Händlern kauften, die ihre Fahrräder mit lebenden, an den Füßen zusammengebundenen Enten und Hühner beladen hatten, hatte Vater mit mir damals einen kurzen Rast eingelegt, um eine Pho-Suppe zu essen.

Ermutigt eilte ich weiter, an den fliegenden Friseuren vorbei, und betete wiederholt zu meinem Vater, der nun im Kreis meiner Ahnen saß, er möge mir bitte helfen, mich in den Straßen von Nam Dinh zurechtzufinden, und meine Schritte zu seiner Schwester führen. Inzwischen war ich ganz fest entschlossen, diese Frau zu finden. Ich musste sie finden! Mit großer Erleichterung und knurrendem Magen, dankte ich meinen Ahnen: Gerade vor Anbruch der Dunkelheit, noch ganz außer Atem, erschöpft, aber erleichtert, stand ich nun vor der Hütte meiner Tante. Darinnen brannte das Licht einer Kerze. Ich rief laut ihren Namen durch die Tür.

Liebstes ABC

Sofort dachte ich, es war ein Fehler, hierherzukommen. Ihr Blick sagte mehr als tausend Worte. Überrascht, entsetzt und voller Abscheu musterte mich die Frau lange Minuten minutiös von oben bis unten, als würde sie mich nicht erkennen. Ich schämte mich langsam, in abgenutzten Lumpen dazustehen, das Gesicht genauso schmutzig wie meine Hände und Füße, die Nägel so schwarz wie mein verstrubbeltes Haar voller Knoten. Vor allem aber fühlte ich mich vor ihrem Schweigen ziemlich hilflos. Als ich ihr sagte, dass Vater gestorben sei, zuckte sie nur mit den Schultern und sagte mit kalter Stimme: „Schade."

Dabei nahm ich kurz den Geruch von Schum wahr, den die magere Frau wohl geschluckt hatte. Sie drehte sich dann einfach um, holte aus einer hinteren Kammer einen Stapel frischer Wäsche, den sie mir auf die Brust knallte, deutete mit dem Kinn auf eine Metallschüssel voller Wasser, die in einer Ecke stand, und sagte barsch: „Waschen!"

Sie stellte sonst keine Fragen, über keinen von uns, und dafür war ich ihr echt dankbar. Noch dankbarer war ich ihr jedoch dafür, dass ich nicht mehr, allerlei Gefahren ausgesetzt, unter freiem Himmel schlafen musste. Auch wenn ich inzwischen begriffen hatte, dass unter diesem dünnen Schilfdach keine Herzenswärme zu erwarten war, hatte ich immerhin das Gefühl, etwas Geborgenheit gefunden zu haben, nach der ich mich gerade so sehnte.

Gegen meine Dienste durfte ich die geliehene Kleidung behalten und bei meiner Tante bleiben. Sie erlaubte mir auch, mit in ihrem Bett zu schlafen. Sie lebte alleine und war kinderlos. Ich war ihr wohl kein Kindesersatz, eher das Mädchen für alles, von dem sie sich zudem wünschte, mit „Sie" angesprochen zu werden. Damit konnte ich leben.

In den Monaten, die nun folgten, lernte ich sie besser kennen. Sie lebte von Tag zu Tag und verdiente ihren Lebensunterhalt als Küchengehilfin in Lokalen in verschiedenen Städten oder auf Plantagen, die in den bergigen Gegenden angelegt worden waren.

Dass wir uns irgendwann einmal in einer Stadt für immer niederlassen würden, daran war zu diesem Zeitpunkt nicht zu denken. Wie Vagabunden zogen wir zusammen, zu Fuß oder mit der Eisenbahn, durch ganz Westtonkin.

Meine Tante verstand es sehr gut, meine Arbeitskraft an die verschiedensten Arbeitgeber zu vermieten, natürlich nicht, ohne den erarbeiteten Lohn in ihre eigene Tasche zu stecken. Ich musste vor Sonnenaufgang aufstehen, um in den Teeplantagen die reifen Blüten zu pflücken. Die kleinen, durch Blutegel verursachten violetten Beulen an meinen Waden machten mir dabei am meisten zu schaffen. Nach Feierabend brannten mir die Plantagenbesitzer diese mit einem Feuerzeug ab.

Etwa zwei Stunden vor Hanoi, mitten im Nichts, stoppte eines Tages die sich langsam vorwärts bewegende Menschenmenge aus Händlern und Familien, die wie wir unterwegs war. Neben zwei quer gestellten Wagen standen barfüßige, mit Gewehren bewaffnete Annamiten und hielten jeden an. Über der Schulter trugen sie einen mit Reis gefüllten Baumwollschlauch. Langärmelige Hemden hingen über ihren breiten Hosen.

„Vietminhs", sagten die verunsicherten Leute vor uns.

Als meine Tante und ich uns näherten, hörten wir, dass es sich um eine Alphabetisierungskampagne der Unabhängigkeitsbewegung von Ho-Chi-Minh handelte. Ein Mann hielt ein Schild mit Buchstaben in seinen Händen. Nur diejenigen, die fähig waren, die Buchstaben zu lesen, durften weiterreisen. Die anderen mussten auf die Wagen steigen, um an einen Ort gebracht zu werden, an dem man sie „ausbilden" würde. Meine Tante war plötzlich kreidebleich geworden. Ich sah Panik in ihren Augen: Sie konnte nicht lesen.

„Sagen Sie einfach A, B, C, D, und zeigen Sie auf die vier ersten Buchstaben", sagte ich ihr leise, „A, B, C, D ... A,

B, C, D!“ Wir kamen nun an die Reihe. Meine Tante log überzeugend: „Selbstverständlich kann ich lesen!“, sagte sie, ohne gefragt zu werden, und begann die Buchstaben langsam und laut vorzulesen: „A, B, C“ und noch lauter „D!“. Indessen schob der ungeduldige Mann sie schon weiter, um mich zu prüfen. Mich ließ er, mit einer gleichzeitig versteinerten und doch überraschten Miene, das gesamte Alphabet lesen. Ich wurde durchgelassen und genoss natürlich den verblüfften Gesichtsausdruck meiner Tante. Nicht umsonst hatte ich Lesen und Schreiben gelernt!

Eine schöne Stadt

Schließlich erreichten wir Hanoi. Da es in den Plantagen jetzt kaum mehr Arbeit gab, wollte sich meine Tante hier umschauen. Wir mieteten uns für einige Monate eine kleine Wohnung in einem alten Stadtviertel, in dem vor allem Einheimische lebten. In der Nähe des Botanischen Gartens und der Kasernen verkaufte ich nun früh am Morgen französisches Baguette, Croissants und einzelne Zigaretten. Meine Tante wusch derweilen gegen Bezahlung Wäsche, das Wasser holte sie von der nächsten Zapfstelle. Nachmittags, in unserer Wohnung, bügelte ich die inzwischen trockene Wäsche, die sie anschließend dem Eigentümer zurückbrachte.

In dieser Zeit sah ich kein einziges Mal etwas von meinem Lohn. Es war mir auch gleichgültig, denn meine Freiheit und die ausreichenden warmen Mahlzeiten genügten mir völlig. Manchmal, wenn meine Tante gut gelaunt war, durfte ich sie zu Theateraufführungen begleiten. Auch wenn das Hauptthema meistens unglückliche Liebe war, verfolgte ich die Handlung sehr ernst und aufmerksam, denn die Stücke hatten ganz neue Empfindungen in mir geweckt, kostbare Gefühle, die mir bisher verborgen geblieben waren. Es gab sie wohl, die große Liebe, um die es sich lohnte zu kämpfen, gar zu sterben! Es gab sie wohl, die unsichtbaren Ketten der Treue! Hier auf den Brettern gab sich die wahre Liebe mit einem Stück Acker und zwei Schweinen genauso wenig zufrieden, wie ich mich. Ob es im wahren Leben auch so sein konnte? Draußen in der Realität mochte ich davon träumen, dass ich mich eines Tages aus tiefstem Herzen verlieben würde und dass mein Angebeteter entgegen allen festgelegten Regeln meine Liebe erwidern würde.

Abends spülte ich oft Gläser in verschiedenen dunklen Lokalen, die meine Tante kannte und in denen sie bis spät in die Nacht, bei ihrem Glas Schum, eifrig Ba-Kuan spielte. Dieses Kartenspiel war ihre große Leidenschaft, und sie huldigte ihm sooft sie konnte und Zeit dazu hatte. Ich liebte Hanoi, es war eine wunderschöne Stadt. Ich machte sie mir zu Fuß oder an der quietschenden Straßenbahn hängend schnell zu eigen. In meiner wenigen freien Zeit spazierte ich gerne südlich der Altstadt am Ho Hoan Kiem, dem „See des wiedergegebenen Schwertes". Es war der See, an dem der Legende nach König Le Loi im 15. Jahrhundert einer riesigen Schildkröte das Schwert zurückgab, das er von ihr bekommen hatte, um mit ihm die Chinesen aus dem Land zu vertreiben. Die Oper, die

Kunstakademie, prächtige Paläste und gelbbraune französische Villen schmückten die Straßen und die breiten Alleen, in denen ausgewachsene Banyangbäume den Passanten einen willkommenen Schatten spendeten. Fein gekleidete Europäer, oft mit einer hübschen Annamitin im Arm oder auch mit zweien, ließen sich verliebt durch die eleganten Geschäftsstraßen in den Rikschas schieben. Von den vornehmen Hotelterrassen und Cafés erklang französische Musik aus Grammophonen. An solchen Tagen war das Leben einfach schön!

Ein dunkles Spiel

Es war schon spät. Vorn an der Bar saßen nur einige ausländische Soldaten, die, in Gedanken versunken, leere Gläser fixierten. Ich war fast fertig mit dem Spülen der Gläser. Aus dem hinteren Zimmer, in dem eine kleine Runde von Annamiten, Frauen und Männern, bei einer Partie Ba-Kuan saßen, hörte ich meine Tante schimpfen und fluchen. Anscheinend war das Glück an diesem Abend nicht auf ihrer Seite.

Sie öffnete die Tür einen Spalt, und ihr rotes, aufgeregtes Gesicht rief nach einer weiteren Kanne mit Schum. Als ich sie brachte, lachte die berauschte Gesellschaft laut, die Blicke auf mich gerichtet, und der widerliche Geruch von Alkohol und faulen Zähnen nahm mir fast den Atem.

War mein Vater auch so gewesen? Was würde wohl meine Mutter sagen, wenn sie mich jetzt sehen würde? Diese Gedanken taten mir weh, und als ich spürte, wie ich vor Scham rot wurde, verließ ich den Raum, gerade in dem Augenblick, als meine Tante ihre schöne Halskette aus Jade abnahm, um sie mit einem „Jetzt aber!“ auf den Tisch zu legen.

Ich schlief am nächsten Morgen noch tief, als meine Tante mich an der Schulter rüttelte, um mich hastig zu wecken.

„Du hast Arbeit heute Morgen, steh auf! Geh dich waschen, ich habe Wasser für dich warm gemacht. Dann ziehst du das an!“, sagte sie und gab mir ein wunderschönes Kleid mit kurzen Ärmeln aus rotem Samt und ein Paar silberne Sandaletten.

„Sie haben mir neue Kleidung gekauft?“, fragte ich überrascht und konnte mein Glück kaum fassen.

„Ja. So ist es.“ Sie begann nun sogar, mir bei meiner Morgenwäsche zu helfen. Nichts an meinem Körper ließ vermuten, dass ich ein fast dreizehnjähriges Mädchen war, außer zwei winzigen Brüsten, die wie kleine, grüne Früchte aussahen, die nicht genau wussten, ob sie überhaupt wachsen sollten, und einer prächtigen schwarzen Haarmähne, die mir bis zum Po reichte.

Ich zog das Kleid hastig an und schlüpfte in die Sandalen, die mir, wie auch das Kleid, perfekt passten. Sie hat genau die richtige Größe ausgesucht, dachte ich und betrachtete mich im Spiegel, den Samt streichelnd, der sich wunderbar weich anfühlte. Noch nie hatte ich so etwas Schönes angehabt! Geduldig und lange bürstete mir meine Tante das Haar.

„Heute lässt du sie offen“, sagte sie und strich mir dabei gekonnt eine rote Paste auf die Lippen, die meine fast fraulichen Züge etwas hervorhob. Ich war stolz und glücklich, dass endlich jemand meine viele Mühe so reich belohnte. Mit diesem Aussehen würde ich heute sicherlich jeden einzelnen Croissant verkaufen können! Zu gerne hätte ich sie umarmt, um mich für ihre Großzügigkeit zu bedanken, aber ihre dunklen Ringe unter den Augen erinnerten mich plötzlich an den gestrigen Abend. Deshalb tat ich es doch nicht.

Rettendes Geflüster

Eine Rikscha wartete schon auf uns, als meine Tante und ich die Tür hinter uns schlossen. Ohne ein einziges Wort fuhren wir zu einem mir unbekannten Stadtteil, sehr weit von unserer Wohnung entfernt, in der Nähe eines großen chinesischen Marktes. In einer belebten Geschäftsstraße hielten wir vor einem schönen Haus.

Ein kleiner, rundlicher Mann schien auf uns gewartet zu haben und lud uns freundlich durch die offen stehende Tür ein. Hinter den ersten Räumen links und rechts traten wir in einen Hinterhof, umschlossen von einem zweistöckigen Gebäude, um das sich im oberen Stock das Geländer eines hölzernen Balkons erstreckte. Ich musterte alles mit erstaunten Blicken. In so einem Haus hatte ich noch nie gearbeitet!

Im Hof wandte sich der Mann mir zu und bat mich, den Mund aufzumachen. Er betrachtete zuerst meine dunklen Zähne, meine Hände mit ihren kaputten Fingernägeln, meine Haare, um schließlich, mit einem Schritt zurück, meine ganze Erscheinung, wie mir schien, zu prüfen. Ich versuchte zu lächeln, ängstlich, dass ich vielleicht die neue Arbeit nicht bekommen würde. Er schien zufrieden und enthüllte seine goldenen Zähne zu einem breiten Lächeln.

„Du wartest hier", sagte meine Tante in einem unerwartet strengen Ton, der mich an den meines Vaters erinnerte, und der Mann hob einen schweren Vorhang, der eine Tür verdeckte. Er öffnete sie, und meine Tante und er verschwanden ohne ein weiteres Wort im Haus. Gehorsam und nervös wartete ich, den Blick zum Balkon gerichtet, und fragte mich, was wohl hinter den vielen Türen sein könnte, als ich auf leises Geflüster und Gekicher aus einer Ecke im ersten Stock aufmerksam wurde. Fünf oder sechs junge Mädchen, alle wie ich hübsch geschminkt und gekleidet, hatten sich oben postiert und schauten auf mich herab.

„Bist du neu?", fragte eine.

„Ja ...", antwortete ich, unsicher geworden, und flüsterte wie sie aus Angst, dabei ertappt zu werden. „Ich weiß aber noch nicht, welche Aufgabe der neue Herr mir geben wird." Einige kicherten weiter, bis eines der Mädchen ihnen befahl, still zu sein, und mir hastig zurief: „Hau von hier ab, Mädchen! Du bist in einem Bordell und wirst deinen Körper an alle Männer geben müssen! Keine von uns kann hier weg! Glaube mir! Hau schnell ab!"

Ich trat erschrocken zurück. Plötzlich kamen mir die Schweine vor Augen, die meiner Familie zu meiner Vermählung versprochen wurden und die vielleicht auch jetzt nur darauf warteten, aus dem Nachbarzimmer, in dem sich meine Tante befand, auszubrechen. Auf den Fußspitzen näherte ich mich dem dicken Vorhang.

„Sie sind sicher, dass sie noch Jungfrau ist?“, fragte die männliche Stimme.

„Ganz sicher, ganz sicher“, hörte ich eine höchst zufriedene Tante antworten. „Und jetzt her mit dem Geld! Diese verdammten Spielschulden ... Wirklich, es bricht mir das Herz, meine Nichte zu verkaufen, aber glauben Sie mir: Beim Ba-Kuan zu verlieren, ist noch viel schlimmer!“ Sie lachte, und ich hörte Münzen klingen.

Ich war wie betäubt. Erst als der Vorhang zur Seite geschoben wurde und eine fette, männliche Hand versuchte, meine Schulter zu packen, kam ich zu mir. Es war meine innere Stimme, die mir zuschrie: „Lauf! Lauf, so schnell du kannst!“

Eine offene Tür

Völlig verwirrt und geschockt über das, was mich erwarten würde, wenn ich in die Hände dieser Menschen geraten würde, rannte ich in meiner Panik hinaus auf die Straße, dabei jung und alt beiseite stoßend und rempelnd. Händler schrien mir laut schimpfend Flüche nach und sammelten dabei das auf den Boden gefallene Obst wieder auf. Ihre empörten Proteste übertönten das Geschrei meiner Tante und des Mannes. Ich rannte einfach weiter. Ich fühlte meinen Atem immer kürzer werden und bog, ohne es zu merken, in eine kleine Gasse ein.

Obwohl das Überraschungsmoment meiner Flucht mir einen kleinen Vorsprung verschafft hatte, verweigerten nun meine Beine plötzlich ihren Dienst. Wohin sollte ich mich überhaupt wenden? Ich zitterte am ganzen Körper und blieb wie angewurzelt stehen. Ich war verloren, und in jedem Moment würden die wütenden Gesichter meiner Verfolger um die Ecke kommen. Sicher würden sie mich mitnehmen.

Plötzlich öffnete sich ein Türspalt hinter mir.

„Komm rein, schnell!", rief eine Stimme. Ich sprang ohne zu zögern durch den Spalt, ohne mich zu fragen, wer da wohl sprach, und kaum hatte sich die Tür wieder geschlossen, hörte ich, wie schrille Stimmen sich näherten.

Ich war noch immer wie gelähmt. Mein vor Schweiß triefender Körper wollte mir nicht mehr gehorchen. Der alte Mann, der mir seine Tür im letzten Moment geöffnet hatte, gab mir ein Zeichen, still zu sein. Mit geschlossenen Augen rief ich meine Mutter zur Hilfe. Ich hatte Todesangst und bebte am ganzen Körper.

„Ruhig, Mädchen, ruhig. Hab keine Angst! Sie sind weg", sagte er nach einer Weile mit leiser Stimme. „Setz dich hin. Hier bist du sicher, es wird dir nichts passieren. Mein Name ist Huong", fuhr er fort, und wies freundlich auf einen geschnitzten Holzstuhl, in dem ich mit ganz wackligen Beinen und weichen Knien Platz nahm, während ich versuchte, meinen außer Kontrolle geratenen Atem zu beruhigen.

Herr Huong kochte uns wortlos grünen Tee und setzte sich dann mir gegenüber.

Ich beschloss, ihm die ganze Wahrheit zu erzählen. Warum ich von zu Hause weggelaufen war und auch das, was ich gerade erlebt hatte. Er ließ mich reden, ohne mich zu unterbrechen, und zündete sich nickend eine Pfeife an. Ich dankte ihm, dass er mich vor etwas, das ich bisher nur vom Hörensagen kannte, vor einem Leben im Bordell, gerettet hatte. „Wenn du willst, kannst du hier bleiben", sagte er. „Ich lebe allein. Du kannst für mich kochen, dich um den Haushalt kümmern und, da du lesen kannst, mir ab und zu vorlesen. Du bekommst zweimal im Jahr neue Kleidung. Ich werde dich natürlich auch bezahlen. Zehn Piaster im Monat."

Die Überraschung und die riesige Freude über dieses unerwartete und großzügige Angebot, das mir vollkommen unwirklich vorkam, standen mir sicher ins Gesicht geschrieben. Ich brachte kein Wort heraus und nickte bloß. Zu mehr war ich in diesem Augenblick nicht fähig.

Herr Huong erzählte mir nur wenig von sich. Er war Chinese und vor einigen Jahren als Soldat Tschiangkaischeks über Nordtonkin nach Annam gekommen, um sich später als Deserteur nach Hanoi abzusetzen und dort zu verstecken. Er hatte seine Familie in China gelassen, für immer. Was das für ihn bedeutete, konnte ich ihm nur zu gut nachempfinden. Da in der Stadt fast der gesamte Handel in chinesischen Händen lag, hatte er sich, wie viele andere, die nicht an Malaria gestorben waren, Beziehungen aufgebaut, um hier ungestört zu leben und Geschäfte zu machen.

Einen offenen Raum im ersten Stock suchten wir als meine Bleibe aus und richteten ihn ein. Ab jetzt hatte ich das Gefühl, einen Überblick über mein neues Zuhause zu haben. Das gefiel mir. Der Mann kaufte mir noch am selben Tag unauffällige Kleidung und verbot mir in der ersten Zeit hinauszugehen, eine Vorsichtsmaßnahme.

Nun lebte ich hier, in einem bequemen Haus, das Herz voller Dankbarkeit für einen Fremden, der mir mit fast großväterlicher Fürsorge nach und nach beibrachte, ein ganz normales Leben ohne Angst zu führen. Mit der Zeit lernte ich, ihm blind zu vertrauen und ihn wertzuschätzen. Ich spürte, dass dies auf Gegenseitigkeit beruhte. Umso eifriger und gewissenhaft, ja sogar mit großer Freude verrichtete ich meine täglichen Pflichten im Haushalt und in der Küche. Ich konnte mein Glück immer noch nicht fassen.

Wenn chinesischer Besuch kam, zog ich mich zurück, aber hörte von oben meist aufmerksam zu. Nach einigen Monaten verstand ich oberflächlich den Inhalt der Gespräche, die in seiner Muttersprache geführt wurden. In seiner Begleitung machte ich inzwischen Besorgungen in dem chinesischen Viertel der Stadt, bei denen er mich, immer lächelnd, auf Chinesisch zählen ließ.

Einige Male war er mit mir durch Hanoi gegangen, das er sehr gut kannte, und hatte mir unbekannte Viertel gezeigt, in denen sich die verschiedensten Gewerbe in einzelnen Straßen angeordnet hatten, etwa die Seiden-, Baumwoll-, Zinn- oder die Schmiedstraße.

Allerdings beschloss er, als es in der Stadt Anschläge gegen die Besatzer gab und plötzlich Sprengkörper explodierten, nicht mehr so oft auszugehen. Bei ihm zu Hause war es sicherer. Er hörte dem Lärm des Geschützfeuers, das von außerhalb kam und eine Reaktion auf die Anschläge war und wiederum neue Anschlagwellen hervorrief, im Gegensatz zu mir sehr gelassen zu.

Irgendwie erinnerte er mich oft an meinen Opa, weil er über ein großes Wissen verfügte, das er gerne mit mir teilte. Beim Lesen und Schreiben verbesserte er mich ständig, und in meiner freien Zeit begann ich leidenschaftlich, viele seiner Bücher zu verschlingen. Zum ersten Mal las ich unter einem gespannten Moskitonetz Bücher über unmögliche Liebesgeschichten, aufregende Sagen und Märchen, aber auch solche über die französische Geschichte, die ihn so sehr faszinierte.

Zu meinem Schutz hatte er sich auch vorgenommen, mich regelmäßig in die Kunst des Wing Tsun, eine chinesische Art der Selbstverteidigung, einzuweihen. War ihm danach, zeigte er mir Griffe zur Abwehr von Angreifern. Wir trainierten mithilfe eines einfachen Holzknüppels als Waffe. Ich lernte zum Beispiel, wie mir dieser als Verlängerung meiner Hand dienen konnte, um kontrolliert zuzuschlagen.

Von Tag zu Tag fühlte ich mich sicherer, selbstbewusster und stärker.

Andere Sitten

Herr Huong mochte die einfachen Speisen, die ich für ihn zubereitete. Ab und zu kam er jedoch zu mir in die Küche und korrigierte mich beim Kochen, indem er das Fleisch oder den Fisch, im Unterschied zu mir, schmackhaft würzte. Er scheute sich nicht einmal, die Zutaten kleinzuschneiden oder zu putzen, oder mir neue Rezepte beizubringen. Mich musste das überraschen, denn bis dahin kannte ich es nur so: Ein Mann hat in der Küche nichts zu suchen, er hat sich von einem Weib bekochen und bedienen zu lassen. Diese Tradition wurde in meinem Land aufrechterhalten. Unsere gemeinsamen „Kochstunden" waren gespickt mit vielen Geschichten und Anekdoten. Eines Tages, während unsere Fleischbrühe vor sich hin kochte, erzählte er mir, wie man in China mit Bambusfasern, ganz fein gemahlen, einen Feind an einem Magendurchbruch unauffällig sterben lassen konnte. Er staunte nicht schlecht, als ich ihm mein väterliches Wissen weitergab. Ich hatte nicht vergessen, wie Vater seine erlegten Tiger präparierte und ihnen vorher die Schnurrbarthaare abbrannte. Auch diese Haare konnten einen Magen durchbohren, sauber und ohne Spuren. Die Küche war jedenfalls oft mit Lachen gefüllt. Ich freute mich natürlich, wenn Herr Huong mir in der Küche Gesellschaft leistete. Und ich war ein bisschen stolz darauf, dass er meine Nähe zu mögen schien.

An einem Nachmittag erhielt er Besuch von einem bekannten Paar, mit dem er sich über die Kriegsstimmung unterhielt, von der allmählich das gesamte Land erfasst wurde. Viele Gebiete waren zwischen Vietminhs, Franzosen und Japaner hart umkämpft. Für die Bevölkerung war die Lage immer unsicherer geworden. Nach ausgiebigen Diskussionen, und um sich nicht von der trüben, bedrohlichen Stimmung niederreißen zu lassen, verabredeten sie sich zum Abendessen in einem chinesischen Restaurant.

„Die Kleine kann auch mitkommen, wenn sie möchte", sagte die Frau freundlich und bedankte sich für den Tee, den ich ihr serviert hatte. „Warum nicht, möchtest du mit?", fragte mich Herr Huong.

„Sehr gerne, vielen Dank", antwortete ich.

Wir trafen uns im chinesischen Viertel, wo sich ein weiteres, älteres Paar dazugesellte. Das kleine Lokal, das sie ausgesucht hatten, war verraucht und sehr voll, doch führte uns eine Angestellte sofort in ein kleines Separee, in dem wir an einem runden Tisch auf Stühlen sitzend unter uns waren.

Anscheinend waren alle Speisen schon vorbestellt. Wir aßen als Erstes gefüllte Wachteln, dann folgte eine Blutmuschelsuppe. Diese machte ihrem Namen alle Ehre: Als sich die Spitze meines Stäbchens in eine Muschel bohrte, spritzte helles Blut heraus! Neben der knusprigen Pekingente gab es sieben verschiedene Gerichte, alle sieben von dem Fleisch einer Schlange zubereitet. Ich entschied mich für Reis und Ente. „Das nächste Gericht ist nichts für dich", sagte mir Herr Huong fröhlich.

Drei Angestellte räumten den Tisch ab, bevor sie mit fünf aufgeregten Äffchen, die Köpfchen in Halseisen festgehalten und ihren Körper in einer Art Holzkäfig gezwängt, zurückkamen. Langsam verstand ich, wozu die kleinen runden Öffnungen an unserem Tisch dienten. Vor den Gastgebern und den anderen Anwesenden – nur bei mir nicht – wurde jeweils ein Äffchen in seinem Käfig unter der Tischöffnung angebracht, sodass dessen Schädeldecke aus der Öffnung ragte. Ich konnte nicht fassen, was ich dann sah. Mit einem sehr scharfen Messer wurden schnell die Schädeldecken der Tiere bei lebendigem Leib abgehoben, während die überraschten Tierchen immer noch schrien und zappelten. Nach einem prüfenden und zufriedenen Blick nahm jeder der Gäste einen kleinen silbernen Löffel und tauchte diesen in den Schädel seines Affen. Mit einer gekonnten Drehbewegung holten sie das kleine Gehirn heraus und ließen sich dieses genüsslich auf der Zunge zergehen, während die Tiere endlich zusammenbrachen.

„Wirklich köstlich!", sagte Herr Huong und alle nickten lächelnd und zustimmend.

An dem Abend konnte ich nichts mehr essen. Ich war schon froh, das Essen überhaupt in meinem Magen behalten zu können. Auch die Tiere vom Markt werden lebendig verkauft, um später von deiner Hand zu sterben, also ist nichts dabei, sagte ich mir. Und: Chinesen haben eben andere Sitten. Ich versuchte, das Geschehen als normal anzusehen. Die Tage danach fiel es mir allerdings schwer einzuschlafen, ohne daran zu denken.

Ein gieriges Gespenst

Schon ein Jahr war ich nun bei Herrn Huong, und dank seiner Beziehungen überbrückte er in dieser Zeit meisterhaft die Nahrungsmittelengpässe, die es immer öfter in der Stadt gab. Die Bauern des Landes wurden ausgebeutet und gezwungen, ihre gesamte Ernte in die Regionen zu bringen, die unter japanischer Kontrolle standen. Inzwischen hatte ich in der Nachbarschaft eine annamitische Freundin gewonnen, die mir in freien Stunden das Radfahren beibrachte. Hien war ein Jahr jünger als ich und in Hanoi im elterlichen Garten geboren. Mit leeren Flaschen ahmten wir das Tuten der großen Schiffe nach. Manchmal fuhren wir auf ihrem Rad vor eine Kaserne und warteten, bis ein Trompeter schweißgebadet zum Appell blasen musste, um dann feixend in seiner Sichtweite demonstrativ grüne Zitronen zu lutschen. Fast immer gelang es uns, den meist schnurrbärtigen Soldaten so durcheinanderzubringen, dass er nach seinem Solo laut angebrüllt wurde, weil er wegen des vielen Speichels im Mund fast keinen brauchbaren Ton herausbrachte und zu unserem Vergnügen die herrlichsten Misstöne von sich gab. Leider konnten wir uns nur ab und zu sehen, um miteinander herumzualbern, da es nicht erlaubt war, sich zu Hause zu treffen. Es musste auf der Straße geschehen. Umso kostbarer waren diese gemeinsamen, unbeschwerten Stunden für mich, die mich daran erinnerten, dass das Kind in mir noch am Leben war.

Eines Morgens klopfte es an unserer Tür. Herr Huong war mit einem Buch auf der Brust in seinem Stuhl eingedöst. Da es meine Aufgabe war, wenn ich mich im Erdgeschoss befand, öffnete ich die Tür.

Vor mir stand eine Gestalt, deren Anblick mir das Blut in den Adern gefrieren ließ und die mir die Farbe aus dem Gesicht trieb, noch bevor meine Lippen versuchten, einen kurzen, dumpfen Schrei zu unterdrücken. Genauso hatte ich mir ein Gespenst vorgestellt. Ich wich entsetzt zurück, ungläubig, mit weit aufgerissenen Augen, um meine Tante nähertreten zu lassen.

Der stiere Blick der Alkoholikerin krönte ihr hartes, faltiges, gealtertes Gesicht, und das genügte, mir innerhalb einer Sekunde den schrecklichen Tag des Verrats an mir wieder in mein Gedächtnis zurückzurufen. Ich war vor Entsetzen starr. Herr Huong war erwacht. Er stand langsam auf, trat zu uns und lud sie mit einer Handbewegung in unser Heim.

Als wäre ich nicht vorhanden, setzte sie sich zu meiner großen Empörung sofort in meinen Stuhl und nickte, als Herr Huong ihr eine Tasse Tee anbot, den ich zubereiten ging, während sie sich in der Wohnung umsah. Sie trank ihn heiß, und als sie fertig war, erzählte sie mit brüchiger Stimme von dem ganzen Unglück, das ich über sie gebracht hätte. Sie verlangte als Entschädigung Geld und nannte sofort eine Summe in Höhe meines Jahreslohns.

Ich konnte es nicht fassen. Herr Huong, der ihr bisher wortlos zugehört hatte, stand auf, holte das Geld aus seiner Truhe und gab es ihr, unter der Bedingung, mich für immer in Ruhe zu lassen und nie mehr in mein Leben zu treten. Als er das gesagt hatte, stand er auf, und sie folgte ihm, ohne mich auch nur eines Blickes zu würdigen, wortlos zur Tür und verschwand.

Als die Tür zufiel, erwachte ich aus meiner Starre und begann zu weinen, etwas, das ich schon seit Langem nicht mehr getan hatte.

„Weinst du wegen des Geldes?“, fragte mich Herr Huong und strich mir sanft über die Schulter. „Es war doch das Beste, was wir tun konnten, um sie für immer los zu werden“, fuhr er fort und versuchte, mir die Tränen abzuwischen.

„Nein, das ist es nicht“, antwortete ich schluchzend. „Ich weine, weil das Leben zu mir oft so ungerecht ist. Warum bin ich nur als Mädchen und nicht als Junge auf die Welt gekommen? Warum muss ich denn immer wieder alles verlieren, kaum habe ich mir etwas Glück verschafft?

Warum werde ich verfolgt? Ich habe doch nichts verbrochen!“ Mit meinem Ärmel wischte ich mir die Tränen ab.

Er setzte sich und sah mich an, wie er es noch niemals getan hatte, ernst und nachdenklich.

„Weiß du, Cúc, das Leben gibt und nimmt. Man sucht und findet. Man bekommt und verliert. Man lebt und stirbt. Glaube mir, etwas zu verlieren tut nur das erste Mal weh. Die Prüfungen im Leben werden dich härter und stärker machen. Gewiss, es ist nicht leicht. Auch du wirst bestimmt noch oft stolpern, aber ich bin mir sicher, du wirst immer wieder aufstehen und weitergehen. Denk an meine Worte.“

Er lächelte mich dann so freundlich an, dass ich nur noch zurücklächeln konnte.

Von ganzem Herzen

Ich hatte nun ein Jahr lang umsonst gearbeitet, um eine Schuld zu begleichen, die keine war, nur damit ich frei sein konnte. Nach diesem Erlebnis und auch aus Angst, dass meine Tante irgendwann erneut aufkreuzen würde, beschloss ich, nur noch ein halbes Jahr bei Herr Huong zu bleiben, um noch etwas Geld zu verdienen, damit ich nicht völlig mittellos weiterziehen musste. Er respektierte meine Entscheidung.

Im April 1944 war es so weit. Zwei Baumwollanzüge, eine bestickte, violette seidene Tracht, ein Paar Sandalen, die ich nicht anziehen mochte, weil barfuß zu gehen mir bequemer schien, mein erarbeitetes Geld sowie eine Haarbürste mit einem Griff aus glänzendem Schildpatt füllten mein Bündel - eine weite Tunika, die ich an einem Holzknüppel befestigt hatte. Mein langes, schwarzes Haar trug ich seit einiger Zeit zu einem schweren Knoten gebunden, um mir mehr Bedeutung Herrn Huong gegenüber zu verleihen.

Am Morgen meines Abschieds, ich hatte schon aufgeräumt und sein Mittagessen zubereitet, saßen wir noch still zusammen und tranken miteinander Tee. Er stand plötzlich auf, ging aus dem Zimmer und kam mit einer kleinen Schachtel in der Hand zurück, die er mir mit einem Lächeln überreichte.

„Auch ich möchte dir danken und alles Gute wünschen. Hier, für dich", sagte er leise.

Ich entfernte die Verpackung, öffnete die Schachtel und entdeckte ein Paar wunderschöne Goldohrringe, jeder mit einer großen, glänzenden weißen Perle besetzt. Sprachlos und gerührt nahm ich den kostbaren Schmuck heraus, das erste Geschenk meines Lebens. Mir fiel plötzlich ein, dass ich keine Ohrlöcher hatte.

„Ich kann dir gern deine Ohrläppchen durchstechen, wenn du willst. Ich habe alles da", sagte er, als könnte er meine Gedanken lesen, und ich sah in seinem Gesicht, dass er sich freute, mich überrascht zu haben.

Ich nickte und erlaubte ihm, mit Hilfe einer Holznadel schnell meine Ohrläppchen zu durchbohren. Meine Freude über das Geschenk ließ mich keinen Schmerz verspüren.

Im Spiegel sah ich nun das glückliche, lächelnde Gesicht eines vierzehnjährigen Mädchens, das sich langsam in eine junge Frau verwandelte und dessen feine Gesichtszüge durch den edlen Schmuck noch hübscher erschienen.

Leise schloss er die Tür hinter mir, und obwohl mein Herz einen Moment lang wie zugeschnürt war und ich wusste, dass ich ihn vermissen würde, freute ich mich darauf, Neues zu sehen und zu erleben.

Abstecher in eine Scheinwelt

Im Nordosten von Hanoi führte mich mein Weg zuerst nach Tu Son. Dort mietete ich mich in ein winziges Zimmer bei einer verwitweten Frau ein, und überlegte, wie ich etwas verdienen konnte. Ich machte einfach das, was ich bisher immer gemacht hatte und am besten konnte: Mit einem Lächeln verkaufen, doch dieses Mal auf eigene Rechnung! Schon bald klingelten die ersten Münzen in meinen Taschen. Tagsüber oder auch abends, neben einem Theater postiert, versorgte ich die Passanten mit

Zigaretten und Getränken. Diese Freiheit, niemandem Rechenschaft schuldig zu sein, selbstständig zu entscheiden, was ich wann und wie machen wollte, war für mich eine ganz neue Erfahrung, die ich in vollen Zügen genoss. Und das trotz einer an manchen Tagen bedrohlichen Stimmung. Immer wieder hörte ich, wie in der Ferne geschossen wurde, doch ich ignorierte es so gut ich konnte, wie es Herr Huong auch getan hätte.

Eine Kundin, die mir fast jeden Tag ein Soda abkaufte, sprach mich eines Tages an: „Du bist so ein hübsches Mädchen. Möchtest du nicht mit uns im Theater arbeiten und Lieder singen? Das ist sicher besser bezahlt, als hier Getränke zu verkaufen."

„Ich kann nur den Haushalt führen und Waren verkaufen. Ich habe noch nie gesungen", antwortete ich überrascht.

„Das kannst du lernen. Komme nach Feierabend ins Theater und frage nach mir. Ich heiße Hoa." Sie lächelte mich an, bezahlte ihr Soda und ging.

Am Abend ging ich zu ihr. Hoa war die Intendantin. Sie weihte mich in die Kunst des Ca Trù-Gesangs ein. Ich sollte Lieder singen, die auf der Basis von Gedichten und Balladen melancholisch vorgetragen wurden. Meine einzige Begleitung war eine Phách, eine kleine Bambustrommel, die ich selbst spielte, und eine Dan Day, eine dreiseitige Laute, die ein Mann neben mir spielte. Die Lieder handelten fast nur von unmöglicher Liebe, von Abschied und neuer Hoffnung.

Das, was Hoa von mir verlangte, erschien mir leicht. Sie gab mir zwei Wochen Zeit, um meine Texte mit den dazugehörigen Gesten zu lernen. Die ersten Melodien, die sie mir anfangs vorsummte, klangen vom ersten Ton an schon so glaubhaft, dass ich meinte, im Raum die Sehnsucht fassen zu können. Sie sang mir vor, und ich machte alles nach. Gleichzeitig brachte sie mir die begleitenden, expressiven Gesten auf der Trommel bei. Sie drückte mir ein paar dünne Blätter in die Hand, mein Gesangsheft, und bestellte mich dann täglich zum Proben. Ich war erstaunt, als ich entdeckte, dass ich singen konnte, doch ich wollte mir alle Mühe dieser Welt geben, um wirklich gut zu sein und Hoa nicht zu enttäuschen. Zwei Wochen lang, von morgens bis abends, ging ich zu den Proben und büffelte meine Texte, sobald ich wieder alleine war. Wie war ich dem Himmel dankbar, sie lesen zu können!

Dann kam der Abend meines ersten Auftritts: auf einer kleinen Bühne, in einer schönen, extra für mich ausgeliehenen Tracht, vor einem nicht voll besetzten Saal. Ich hatte an diesem Tag darauf geachtet, wie mir mehrfach von anderen Sängern empfohlen wurde, keinen säuerlichen Fruchtsaft zu trinken, um meine Stimmbänder zu schonen.

Hoa hatte mich zuvor geschminkt und mir beim Anziehen geholfen. Ich hätte vor Aufregung sterben können, doch sobald die ersten begleitenden Töne der Musik einsetzten, war mein Lampenfieber im Nu verschwunden. Ich fühlte mich sogar wohl und immer sicherer, je länger ich sang. Tief in meinem Inneren stellte ich mir vor, wie schön Liebe sein könnte und wie traurig ich wäre, wenn das Schicksal mich so treffen würde wie das Mädchen in meinem Lied. Während ich sang, führte mich meine

Sehnsucht unwillkürlich zu einem geliebten Menschen, für den ich in diesem Augenblick alles gegeben hätte, um ihn wiederzusehen, zu riechen und zu umarmen. Wie in Trance konnte ich nicht anders, als an meine Mutter zu denken, denn sie war die einzige Form der Liebe, die ich bisher kannte.

Meine Zuschauer waren berührt. Ich bekam Beifall. Hoa war zufrieden, und ich noch mehr, als mir meine Gage ausbezahlt wurde. Ich verdiente zum ersten Mal, in meinen Augen, viel Geld.

Die anderen Künstler, meist Amateure wie ich, waren auf der Suche nach Arbeit aus allen Ecken des Landes angereist. Es dauerte nicht lange, bis ich bemerkte, dass einige von ihnen, auch Hoa, an manchen Abenden ihren ganzen Verdienst ausgaben, um zusammen Opium zu rauchen. Sie waren alle nett zu mir und luden mich wiederholt ein, sie zu begleiten. So willigte ich eines Abends endlich ein.

In dem ausgesuchten Restaurant konnte man, wenn einem danach war, in den offenen, gepflegten Hinterräumen ohne Hemmungen Opium rauchen und den Tag vergessen. Auf bequemen, weichen Kissen lagen Gestalten, die nicht mehr genau wussten, ob sie noch von dieser Welt waren, und alles spielte für sie keine Rolle mehr, so getrübt waren ihre Sinne. Diese Menschen erinnerten mich an meine Tante, und Ekel stieg in mir hoch.

Für mich war das Ganze eine einzige Lüge, an der ich nicht teilhaben wollte. Es war mir, als wären die tiefen Empfindungen und Gefühle, die sie auf der Bühne sangen und spielten, plötzlich in einen sehr fernen Traum verwandelt, als existierten sie nicht, während ich daran glauben wollte! Für sie war die Wirklichkeit eine andere. Sie schienen die Hoffnung im Leben verloren zu haben, diese Hoffnung, die ich irgendwo in meinem Herzen spürte und die mich mein Leben seit Kurzem mit offenen Augen und ganz bewusst leben ließ. Tief in mir spürte ich, dass das Leben etwas anderes zu bieten hatte, etwas wie die Liebe zum Beispiel. Ich wollte dem Leben von Angesicht zu Angesicht begegnen, anstatt davor zu fliehen. Die Sehnsucht danach war zwar schon jetzt, wo ich sie noch gar nicht so lange spürte, viel zu groß, um in einer Opiumwolke zu verschwinden.

An diesem Ort hatte ich mich offenbar verirrt.

Ich beschloss, kaum drei Monate nach meinem ersten Auftritt, die Stadt zu verlassen, und ging, so wie ich gekommen war. Nach einem kurzen Abschied zog ich weiter, um eine Erfahrung reicher, gespannt auf das Leben, das mich erwartete, ja ganz hungrig danach.

Eine unangenehme Begegnung

Es war wieder Regenzeit, und ich beabsichtigte, weiter nach Norden zu gehen, ohne zu wissen, wohin genau. Mein Ziel, in Zukunft ein ruhiges Leben zu führen, weit weg von meinem verhassten Bruder, weit weg von starren Dorfregeln, behielt ich im Auge. Dort im Norden musste es einfach einen Platz für mich geben, an dem dieser einfache Wunsch in Erfüllung gehen konnte.

Nach wie vor gab ich mich als Waise, und es machte mir nichts mehr aus zu lügen. Das Gefühl, irgendwo erwartet zu werden oder willkommen zu sein, war mir inzwischen ganz fremd geworden. Einfache Bauern aus winzigen Dörfern, die ich durchquerte, gaben mir oft auf mein Bitten hin zu essen und zu trinken, obwohl sie selbst nicht viel hatten, und ich durfte bei ihnen übernachten. Hatte ich weniger Glück, verbrachte ich die Nacht unter freiem Himmel in einem Feld, egal wie nass es war. Ich nahm die Dinge an, wie sie kamen. So schien mir das Leben etwas leichter zu sein.

Eines Tages hatte ich mich wieder einmal einem alten Ehepaar angeschlossen, das ebenfalls zu Fuß ging. Wir befanden uns kurz vor der Stadt Bac Giang. Es war ein schwüler und heißer Tag. Vor uns tauchte plötzlich eine kleine, bewaffnete Gruppe von jungen Frauen und Männern auf. Ich erkannte in ihnen Kämpfer des Vietminh. Auch wenn sie ihre Waffen nicht auf uns richteten, versperrten sie uns demonstrativ den Weg, während sie uns erklärten, dass wir den Widerstand unterstützen müssten.

„Jedes Reiskorn an die Besatzer ist ein Tropfen Blut unseres Volkes!", sagte einer der Männer.

„Gebt uns etwas, um eurem Land zu helfen!", forderte eine Frau. Verängstigt und gehorsam holten die Alten Geld aus der Tasche. Auch gaben sie ihnen einige Klumpen Klebereis, ihren Vorrat für die Reise. Die durchdringenden Blicke richteten sich nun auf mich, ich bekam Angst. Zu meiner Überraschung bat der Alte für mich mit einer flehenden, etwas zittrigen Stimme: „Unsere Tochter hat nichts. Lasst sie bitte in Frieden. Wir sind schon alt, bitte!“ Ich betete, dass sie mein Bündel, in dem ich mein ganzes Geld verstaut hatte, nicht aufmachen würden. Jedoch kam es anders als erwartet.

Einer von ihnen, anscheinend der Anführer, streckte seine Hand nach meinem Kopf aus, und bevor ich überhaupt wusste, was er wollte, spürte ich einen heftigen Schmerz an meinem rechten Ohr.

„So was brauchen wir auch!“, sagte seine harte Stimme. Er betrachtete kurz meinen Ohrring, und seine Hand steckte das blutige Schmuckstück in die Tasche. Ich wartete erst gar nicht ab, bis er mir den zweiten Ohrring vom Ohrläppchen riss, sondern bemühte mich, so schnell ich konnte, ihn abzunehmen und ihm auszuhändigen.

Zufrieden ließen sie uns nun gehen und verschwanden wieder im Gebüsch .

„Danke“, sagte ich zu dem alten Mann, der jetzt leise schimpfte. Seine Frau schenkte mir ein Tuch, das ich mir bis zu unserer Trennung im nahen Bac Ninh fest auf meine blutende Wunde drückte.

„Das Leben gibt und nimmt ...“ Diese Worte fielen mir ein. Soeben war mir ein Geschenk genommen worden, und seltsamerweise verhinderten diese tröstenden Worte von Herrn Huong, dass ich traurig wurde.

Ein gelüftetes Geheimnis

In Bac Ninh fand ich sogleich, gegen niedrigen Lohn und eine Mahlzeit am Tag, Arbeit bei einer Familie mit fünf

Kindern. Ich wurde das Mädchen für alles. Die Familie wohnte in einem Haus unterhalb eines kleinen Hügels, nahe eines französischen Militärpostens.

Das bescheidene, ebenerdige Haus war aus Stein gebaut, jedoch ließ das beschädigte, gewölbte Blechdach ahnen, dass es wohl den Stürmen, die nicht selten durch das Land tobten, nicht lange standhalten würde.

In einem der zwei Nebenzimmer verbrachte ich die Nächte unter einem Moskitonetz, zusammen mit allen Kindern in einem riesigen Holzbett. Nur dünne Wände trennten uns vom Wohn- und Esszimmer und vom elterlichen Schlafzimmer.

Ich war erst seit ein paar Wochen bei der Familie und lag, müde von einem harten Tag, in tiefem Schlaf, als ich vom Gekicher der zwei größeren Mädchen wach wurde. Das Gesicht dicht an der Trennwand, die Nasen fast an die angebrachten Zeitungen, die als Tapetenersatz dienten, geklebt, schienen sie sich köstlich zu amüsieren. Leise, um keinen Lärm zu machen, stand ich auf und näherte mich der gleichen Wand. Jemand hatte mit einer dicken Nadel ein Loch in sie gebohrt. Mit warnendem Zeigefinger vor dem Mund ließen sie mich durch das kleine Loch sehen. Mein Mund öffnete sich bestimmt genauso groß wie meine Augen, die gerade zwei nackte Menschen im Nachbarzimmer entdeckt hatten, damit beschäftigt, sich beim sanften, warmen Licht einer großen Karbidlampe wortlos miteinander auf dem Bett zu vergnügen!

Es war das erste Mal, dass ich sah, was Mann und Frau beim Geschlechtsverkehr miteinander taten. Ich spürte, wie meine Wangen vor Verlegenheit und gleichzeitiger

Neugierde heiß wurden, wie mir mein Herz bis zum Hals pochte und mich eine unbekannte Erregung erfasste. Ich war froh, dass es dunkel war. Ich versuchte so gut es ging, mir nichts anmerken zu lassen, denn es wäre mir richtig peinlich gewesen, meine Unwissenheit und Naivität in diesem Gebiet zuzugeben. Ich zuckte nur mit den Schultern, lächelte und legte mich wieder hin. Einige Minuten später kamen auch die beiden wieder ins Bett und schliefen vor mir ein. Meine Gedanken blieben noch lange bei dem Liebesspiel, das ich gesehen hatte, und ich empfand noch immer die Erregung in meinem Körper und fragte mich, wie es wohl wäre, das zu erleben, was ich gesehen hatte.

Unbesiegbar

Im März 1945 wurde die Unabhängigkeit Vietnams ausgerufen und die Japaner erklärten unseren Kaiser Bảo Đại zum Staatschef. Abgemagerte Frauen mit ihren Kindern auf der Durchreise, die seit Tagen nichts gegessen hatten, berichteten von Massakern und zahlreichen internierten Gefangenen. Man spürte die bedrohliche Stimmung, die nun überall herrschte, immer mehr.

Ich war froh, in dieser Zeit eine Unterkunft zu besitzen, aber nur sehr schwer konnte ich mich an das Dröhnen des Artilleriefeuers und an die fernen Bombeneinschläge gewöhnen. Neben Kochen, Waschen und der Aufsicht der Kinder bestand meine Aufgabe auch darin, zu der etwa einen Kilometer entfernten Wasserstelle zu gehen, um täglich frisches Wasser in zwei Kanistern zu holen, manchmal zweimal am Tag.

Eines Morgens war ich sehr früh unterwegs. Leise summte ich ein Gedicht von Nguyễn Công Trứ, das ich im Theater gelernt hatte und das mir eingefallen war:

„Chữ tình là chữ chi chi,
Dẩu chi chi cũng chi chi với tình.
Sầu ai lấp cả vòm trời,
Biết chăng chăng biết hỡi người tình chung?
Nói:
Đa tình là dở,
Đã mắc vào đố gỡ cho ra!
Khéo quấy người một cái tinh ma,
Trói buộc kẻ hào hoa biết mấy!
Đã gọi người nằm thiên cổ dậy,
Lại đưa hồn lúc ngũ canh đi.
Nực cười thay lúc phân kỳ,
Trông chẳng nói, xiết bao nhiêu biệt lệ.
Tình huống ấy dẩu bút thần khôn vẽ,
Càng tài tình càng ngốc, càng si.
Cái tình là cái chi chi?"

„Was kostet die liebe?
Trotz Kosten ist sie kostbar.
Der ganze Himmel ist voll mit denen, die danach trauern, Wer verkörpert wohl die wahre Liebe?
Zu sagen:
Körperliche Liebe sei schlecht,
Aus ihrer Abhängigkeit kommt keiner heraus!

Selbst gescheite Menschen werden von ihr gequält,
Und sind von ihr gefangen!
Sogar entschlafene Seelen weckt sie,
Und begleitet sie im Traum.
Ironie statt Bestimmung,
Blicke statt Worte, Ausnahmen statt Grenzen.
Die Liebe inspiriert die Schreibfeder,
Je genialer, je närrischer.
Was kostet die Liebe?"

Während ich lief, fragte ich mich auch, wie es sein konnte, dass der Krieg Menschen dazu brachte, ihre Heimat verlassen zu wollen. Ich selbst konnte mir zu diesem Zeitpunkt noch nicht vorstellen, derartiges zu tun. Schließlich, so dachte ich mit einem gewissen Gefühl der Verbundenheit meinem Land gegenüber, war dieses groß genug, um jedem einen ruhigen Platz, weit entfernt von jeglichem Konflikt, zu bieten.

Ich konnte den Brunnen schon sehen, als ein gewaltiger Knall hinter mir mich fast umriss und mich aus meinen Träumen hochschrecken ließ. Als ich mich umdrehte, sah ich zum ersten Mal, inmitten verstreuter Kleiderfetzen, einen menschlichen Körper, der von oben bis unten in zwei Stücke zerteilt war.

Ein junger Mann, nur einige Meter hinter mir, war soeben auf eine Mine getreten. Der Anblick seiner Leiche war grauenvoll.

In diesem Moment fielen mir die Worte des Wahrsagers ein. Ja, der Tod hatte bereits bei mir angeklopft, aber er hatte sich heute ein anderes Opfer ausgesucht. Dieser

Gedanke gab mir eine Sekunde lang ein Gefühl der Unzerstörbarkeit. Ich hob meine Balancierstange, die mir bei der Explosion runtergefallen war, wieder auf und ging mit weichen Knien weiter zum Brunnen. Schnell füllte ich die Kanister, und erst als ich auf dem Rückweg die Leiche des Mannes hinter mir wusste, konnte ich durchatmen. Mit jedem Schritt sagte ich mir, das Geschehene ist nicht dir passiert.

Fliegende Töpfe

Am Stadtrand hielten immer öfter Karren, die jetzt hauptsächlich dazu dienten, die Leichen der Opfer aus der Umgebung zu großen Gruben abzutransportieren, in die die Toten ohne viel Federlesen geworfen und sofort mit Erde bedeckt wurden, sobald die Gruben voll waren. Menschen, meistens die Ärmsten der Armen, darunter viele verlassene Kinder, verhungerten. Ihre ausgemergelten Körper erinnerten an altes Holz.

Eines Tages kamen mir einige aufgeregte Leute entgegen, in jeder Hand Eimer, in denen sich dicke Aale wanden. Sie lachten glücklich, und ich wunderte mich sehr, woher sie dieses zu der Zeit rare Gut hatten. Schließlich hatten wir solche Kostbarkeiten schon lange nicht mehr in unserer täglichen Reisbrühe.

Als ich sie danach fragte, zeigten sie mir die Stelle, an der es nur so von diesen Tieren wimmelte. Diesen Ort kannte ich nur zu gut: Es war eine der großen Gruben, in denen die Leichen lagen. Mit flauem Magen betete ich zu meinen Ahnen, dass sie mich niemals hungern lassen mögen.

Die gefährlichen Situationen, in die ich geriet, wurden häufiger. Nur ein paar Wochen waren seit der Minenexplosion vergangen, als mir etwas Seltsames, fast Lächerliches passierte.

Ich war gerade dabei, vor unserem Haus die kleineren Kochtöpfe in einem großen Topf zu waschen. Ich war damit fast fertig, als mich vom oberen Teil des Hügels über uns ein pfeifendes Zischen, gefolgt von einem klopfenden Geräusch, aufblicken ließ.

Ein mir unbekanntes Ding kam von oben hüpfend die Straße herunter, prallte mehrmals auf, bevor es drehend seinen Lauf ein kleines Stück hinter meinem Rücken beendete. Da es aus Metall war, vermutete ich, nachdem sich der erste Schrecken gelegt hatte, dass sich die Leute so von ihren alten Kochtöpfen trennen wollten. Eine Unverschämtheit und Frechheit: Ich ärgerte mich sehr darüber, da das doch viel zu gefährlich war.

Mir erschien der unbekannte Gegenstand seltsam, und so ging ich zum Militärstützpunkt einige Schritte weiter, um jemanden zu rufen.

Dem fremden weißen Soldaten versuchte ich heftig gestikulierend zu erklären, dass ich einen fliegenden Topf gefunden hatte. Er schien mich nicht zu verstehen, doch nach kurzer Zeit holte er einen Vorgesetzten, der etwas Annamitisch sprach und dem ich kurz mein Anliegen erklärte.

Zusammen gingen wir nun zu dem Topf, der völlig ruhig und unschuldig im Straßenstaub lag. Sie warfen einen

Blick darauf, und ich sah, wie ihre schon blassen Gesichter noch blasser wurden. Beide sahen mich gleichzeitig entgeistert an und packten mich schnell unter den Armen, um sich und mich rennend so schnell wie möglich von diesem Ding wegzubringen. Der Kochtopf war eine Granate, die an diesem Tag nicht explodieren wollte.

Reich und so arm

Da die Lage für die Zivilisten immer brenzliger wurde, beschloss die Familie, mit allem, was sie tragen konnte, die Stadt nach Süden zu verlassen. Nach Süden wollte ich auf keinen Fall, also verließ ich sie und sah mich nach einer neuen Arbeitsstelle um.

Mein nächster Arbeitgeber war ein alter, reicher Chinese, dessen viel jüngere Frau portugiesischer und chinesischer Herkunft war. Sie führte im vorderen Teil des Hauses ein kleines Geschäft. Die drei Söhne waren fast erwachsen, lebten jedoch noch unverheiratet daheim. Der Familie mangelte es an nichts, fast kam es mir so vor, als ob das Leben völlig normal weitergehen würde.

Der Hausherr hatte sich in dem großzügig eingerichteten Haus rechtzeitig zwei kleine, verborgene Vorratskammern graben lassen, die mit den verschiedensten haltbaren Lebensmitteln angefüllt waren.

Außerdem konnte man im Hinterhof aus einem eigenen Brunnen frisches Wasser schöpfen, ein wahrer Luxus.

Von den vielen Hausangestellten war als einziger ein leicht gebückt gehender, alter Mann mit undurchdringlichem Gesichtsausdruck geblieben, dessen Zuständigkeit sich im Haus auf alle Bereiche erstreckte. Er hieß Son. Treu wie er war, diente er seit seiner Kindheit in dieser Familie, und ich verspürte den Stolz, wenn er davon erzählte. Unter seiner strengen Aufsicht lernte ich sehr viel. Wenn mir beim Kochen Fehler passierten (zum Glück war das selten), etwa wenn ich das Gemüse nicht richtig schnitt oder das Fleisch nicht genügend gar werden ließ, bestrafte er mich, indem er mit seinen Stäbchen fest auf meine Finger schlug, die er mir auszustrecken befahl. Diese kleinen Demütigungen nahm ich in Kauf, weil er mich ebenso lobte, wenn mir etwas gelang. Es war viel Neues, Schritt für Schritt, was ich lernte.

Unser Hausherr benahm sich mitunter eigenartig. Wenn ihm danach war, ließ er schmackhafte Speisen kochen, aber nicht um sie zu essen, sondern nur um sie anzuschauen. Eines Tages hatten wir auf seinen Wunsch hin einen wunderbaren Fisch zubereitet. Er verlangte drei Tage hintereinander, dass ich ihm den Fisch vorlegte, und schickte mich dann jedes Mal, sehr zufrieden, zurück in die Küche, wo wir ihn zwischen Eisblöcken aufbewahrten. In dieser Zeit aßen wir alle nur einfache Klebereisbällchen mit Sojasauce. Kurz bevor der Fisch schlecht wurde, erlaubte er allen, ihn aufzuessen, doch er aß immer noch nichts davon.

Als ich Son fragte, warum er sich so seltsam benahm, schüttelte er nur seinen Kopf und sagte: „Unser Herr ist vom Himmel bestraft. Er hat alles, was man begehrt, nur kann er es nicht genießen."

Das Verhalten unseres Hausherrn blieb für mich die ungewöhnlichste Erfahrung, die ich während meines Aufenthalts in dieser Familie machte. Jahre später fragte ich mich immer noch, wie es sein konnte, dass ein Mensch, der doch alles hatte, um glücklich zu sein, es nicht genießen konnte.

Der Tod auf vier Beinen

Meine Entlohnung war auch hier sehr gering, aber stets wurde ich satt und ich musste nicht unter freiem Himmel schlafen. Eine meiner Pflichten war es, auf dem Markt einzukaufen. Für diesen Zweck war mir eine bestimmte Summe Geld anvertraut. Allerdings beschloss ich, wenn ich die Lebensmittel günstiger erstand, weil ich länger gehandelt hatte, das eingesparte Geld für mich zu behalten. So glich sich alles wieder aus, und die Welt kam mir gerechter vor.

Auf dem Markt waren an diesem Morgen nur wenige Menschen unterwegs, darunter einige französische Soldaten mit ihren Gewehren. Meine Balancierstange mit ihren zwei Körben, einer gefüllt mit frischem Obst und Gemüse, der andere mit zwei lebenden, an den Füßen zusammengebundenen Hühnern, trug ich mit federnden Schritten.

Ich hatte meinen heutigen Einkauf beendet und war schon auf dem Weg nach Hause, als Schreie plötzlich die

Stimmen der Händler übertönten. „Lauft weg, schnell! Er ist verrückt! Geht ihm aus dem Weg!“, schrien mehrere aufgeregte Menschen durcheinander. Ich wusste nicht, wem diese Rufe galten, und erst als verängstigte Männer und Frauen an mir vorbeirannten und mich dabei fast zu Fall brachten, erkannte ich die Ursache der plötzlichen Panik: ein dunkler Hund.

Einige Meter vor mir war er stehen geblieben und richtete seinen stieren Blick jetzt auf mich. Er war nicht sehr groß, und das Geräusch seines Röchelns mischte sich in meinen Ohren mit meinem pochenden Herzen. Nur ein Moment blieb mir Zeit, auf seinen Speichel, der an seinen beiden Lefzen herabtropfte, aufmerksam zu werden und noch zu hören, wie eine Frau mir zurief: „Mädchen, lauf schnell weg! Er ist tollwütig!“ Ich wusste nicht, was tollwütig bedeutete, aber es verhieß nichts Gutes. Plötzlich sprang das Tier auf mich los. Überrascht von diesem Angriff fiel ich zu Boden und schrie entsetzt auf, als seine Reißzähne sich durch meine Baumwollhose in mein linkes Bein bohrten.

Ich spürte, wie seine Zähne mein Schienbein berührten, und es tat so weh, dass ich laut um Hilfe rief. Drei Männer kamen angerannt, mit Stöcken bewaffnet, und schlugen auf den Hund ein, bis er von mir abließ. Schon hatte das wütende Tier sein nächstes Opfer gefunden und einem der Männer ins Handgelenk gebissen. Dieser versuchte brüllend, ihn abzuschütteln, als ein Schuss fiel. Ein französischer Soldat hatte den Hund mit seinem Gewehr erschossen und uns von dieser Bestie befreit. „Wir müssen ihn sofort verbrennen", sagten die Männer, die sich um das tote Tier versammelt hatten.

„In der Stadt sind schon mehrere Menschen gebissen worden, auch drei Ausländer. Und jetzt diese beiden ...", sagte eine Frau.

Völlig konfus, mit Schmerzen, warf ich schnell mein Obst und die Hühner wieder in die Körbe. Ich wollte so schnell wie möglich nach Hause.

Die Gräser des Wahnsinns

Bevor ich nach meiner Wunde sah, flickte ich die Hose. Die vier tiefen Löcher an meinem Schienbein hatten kaum geblutet und die pochenden Schmerzen auch schon nachgelassen, sodass ich mich wie gewohnt an die Arbeit machte. Ich erwähnte den Vorfall nicht, aus Angst, eine Rüge zu bekommen.

Die ersten Tage verliefen einigermaßen normal. Ich versuchte, die Schmerzen weiterhin zu ignorieren. Erst beim Abendessen am dritten Tag, das wir wie immer, wenn kein Besuch da war, zusammen mit unserem Hausherrn und seiner Gattin einnahmen, hatte ich keinen Appetit. Ich fühlte mich unwohl, fast fiebrig. Zudem war mir leicht übel. Die Hausherrin schickte mich ruhig zu Bett und sagte, dies sei für ein Mädchen in meinem Alter normal. Vielleicht würde ich meine Periode, die für mich noch etwas Unbekanntes war, bekommen.

Nachts weckten mich plötzlich stechende Kopfschmerzen und ein starker Durst. Ich stand auf, konnte aber von dem Tee, den ich mir einschenkte, keinen einzigen Schluck trinken. Mein Hals schien wie zugeschnürt. Um niemanden zu wecken, besonders Son nicht, der wie ich in der Küche im Nebengebäude schlief, legte ich mich wieder hin, aber die ganze Nacht verbrachte ich durstig, unruhig und wälzte mich schlaflos immer hin und her.

Früh am Morgen war es Zeit aufzustehen, um das Frühstück vorzubereiten. Son stand schon in der Küche, als ich mit schmerzenden Gliedern wankend eintrat.

Wie immer begrüßte er mich und öffnete dabei die Jalousien, um das Tageslicht einzulassen, als ich einen Schrei ausstieß.

„Was hast du?“, fragte er erstaunt und besorgt.

„Das Licht tut mir in den Augen weh, und ich habe immer so viel Durst und kann nichts trinken. Die ganze Nacht schon“, antwortete ich und bedeckte meine Augen mit meinen Händen.

Son holte mir eine Schale mit frisch zubereitetem Tee, und als ich versuchte, zu schlucken, merkte ich, wie mein Hals sich noch mehr zusammenschnürte. Ich hatte das Gefühl, keine Luft mehr zu bekommen und erschrak deshalb so sehr, dass mir die Schale aus den Händen glitt und zu Boden fiel. Als Son sich bückte, um die Scherben aufzuheben, sagte ich zögerlich:

„Son, vor drei Tagen hat mich auf dem Markt ein Hund gebissen. Vielleicht bin ich deswegen krank. Es tut mir leid.“

„Ein Hund? Gebissen? Wo?“, fragte er plötzlich hellhörig.

Ich sah Schweiß auf seiner Stirn, als ich ihm meine Wunde zeigte.

„Das darf nicht wahr sein ... Bleib hier! Setz dich und warte auf mich!“, befahl er mir und rannte, so schnell sein Alter es ihm erlaubte, zum Nebengebäude. Nach ein paar Minuten kam er mit dem Hausherrn und seinen drei Söhnen zurück. Sie blieben zuerst vor der Küchentür stehen, und ich hörte, wie Son ihnen Anweisungen erteilte.

„Sie hat nicht mehr viel Zeit. Hier sind zehn Piaster. Du gehst sofort zum weißen Docteur. Er soll dir die notwendigen Spritzen mitgeben. Sie werden zwar nicht reichen, bringe sie mir aber trotzdem zuerst. Renne dann zum alten Heiler und besorge mir eine fertige Portion von seinen Gräsern des Wahnsinns. Gib ihm diese hundert Piaster, denn ab morgen wird er neunmal kommen müssen. Ihr helft mir, sie an das Bett zu fesseln. Achtet darauf, dass sie euch nicht kratzt und beißt, Tollwut ist ansteckend!“

Die Tür ging auf und zu. Nun kam Son zu mir und sah mich ruhig an. Die anderen drei blieben hinter ihm, mit langen Stricken in den Händen. Obwohl ich eine unbeschreibliche Angst spürte, vertraute ich ihm.

Während er mich zu meiner Holzliege führte, sprach er mit bewusst unaufgeregter Stimme:

„Kind, gleich werde ich dir eine Arznei geben, die dich gesund macht, aber zuerst müssen wir dich an das Bett binden.“ Kaum hatte er diesen Satz beendet, waren meine Füße schon festgebunden. Ich versuchte, mich hochzustemmen, um mich zu befreien, aber vier kräftige Hände drückten mich sofort zurück, so schnell, dass mein Hinterkopf mit einem dumpfen Knall gegen die Holzfläche der Liege prallte. Nun wurden auch meine Hände gefesselt.

Son sagte weiter zu mir: „Kind, fürchterliche Gestalten werden dir erscheinen, aber versuche dich daran zu erinnern, dass sie nicht existieren. Egal was passiert, sie existieren nicht! Erst wenn die Tollwut deinen Körper verlässt, werden auch diese Visionen verschwinden. Hast du mich verstanden?"

Unter meinen Wunden kribbelte es jetzt ganz komisch.

„Hast du mich verstanden?", wiederholte er. Ich nickte kurz, mehr aus Angst denn aus Vernunft.

Die Spritzen vom weißen Arzt waren inzwischen da. Son gab mir drei davon in meine Bauchdecke. Anschließend brachte der vom Rennen verschwitzte Sohn die zubereiteten Kräuter des Heilers in einem großen Glas. Son trat zu mir, das offene Glas mit einer dunklen, übel riechenden Masse in einer Hand und einem Trichter in der anderen.

Mit starkem Druck auf meine Backen öffnete man mir den Mund so weit, dass Son das Gebräu mit dem Trichter in meinen Hals gießen konnte. Meine Gegenwehr nutzte mir nichts. Ich spürte, wie die flüssige Masse in meinen Magen gelang. Ergeben schloss ich meine Augen. Alles war ruhig. Nun konnte mein Kampf, wieder gesund zu werden, beginnen.

Ich wusste nicht, wie viel Zeit vergangen war, als ich plötzlich anfing, in meinem Kopf ein leichtes Klopfen wahrzunehmen. Das Klopfen wurde zu einem Zischen. Ich öffnete meine Augen. Zu meinen Füßen bewegte sich etwas. Heftig erschrak ich, als ich erkannte, was es war.

Eine riesige Schlange wickelte sich um mich und versuchte, mich zu erwürgen, bevor sie ihren Rachen weit öffnete, um mich zu verschlingen. Dann hörte ich die Schreie erboster Affen, die mir mit ihren schrillen Stimmen in die Ohren brüllten. Gewaltige Tigermäuler öffneten sich vor mir. Ich wollte fliehen, aber ich war ja gefesselt, und das machte mich sehr wütend. Warum war ich gefesselt? Selbst die rasenden Schläge meines in Panik geratenen Herzens konnte ich hören. Ich war allein! Keiner war da, um mir zu helfen. Egal, ob ich die Augen öffnete oder zumachte, die immer schrecklicher werdenden Gestalten, die mich an den Rand des Wahnsinns trieben, entrissen mir immer neue, grauenerregende Schreie der Wut und des Entsetzens.

Erst nach Stunden verließen die Bilder meinen Kopf und den vom Toben erschöpften Körper. Als ich meine Augen öffnete, erblickte ich zuerst das besorgte Gesicht meiner Hausherrin, dann dasjenige Sons, der mir sanft die Stirn abwischte und mich zum ersten Mal lieb anlächelte. „Du hast es geschafft, Kind. Du bist wieder du“, hörte ich ihn noch sagen, bevor der tiefe Schlaf der Erschöpfung mich überwältigte.

Neun Tage lang trank ich das stinkende Gebräu, das ein alter Mann täglich vorbei brachte. Als Vorsichtsmaßnahme fesselte man mich jedes Mal, doch ein erneutes Delirium blieb aus.

Wie ich später erfuhr, starben zu dieser Zeit in Bac Ninh sieben Menschen an der Tollwut. Zwei Ausländer, Legionäre, die mit Annamitinen verheiratet waren, überlebten. Sie mussten durch eine ähnliche Hölle gehen, um wie ich mit meinen fünfzehn Jahren knapp dem sicheren Tod zu entgehen.

Veränderungen

In diesem Jahr wurde die Regenzeit mit ihren starken Niederschlägen von gewaltigen Stürmen begleitet, die viele Ernten und damit unzählige Existenzen vernichteten. Bei meinem Hausherrn gingen die gehorteten Nahrungsvorräte langsam zu Ende, und als sich eine Hungersnot im ganzen Norden des Landes ausbreitete, berichteten manche entkräftete Flüchtlinge, die auf Nahrungssuche in die Stadt kamen, dass sie verzweifelt zusehen mussten, wie japanische Truppen den restlichen Reis, den sie vor ihrem Abzug nicht mehr verbrauchen konnten, in die Fluten der Flüsse warfen. Zu dieser Zeit sah ich mehrere Berge Kinderskelette vor manchem Haus liegen.

Eine Atombombe war in Hiroshima gefallen, ein Ereignis, das die japanische Kapitulation und damit die Abdankung unseres Kaisers zur Folge hatte. Kurz darauf marschierten meist barfüßige, chinesische Soldaten in himmelblauen Uniformen von Norden her ein, um die Japaner zu ersetzen. Vergewaltigungen und Plünderungen, wenn es überhaupt noch etwas zu plündern gab, waren laut den Gerüchten an der Tagesordnung. Diese furchterregenden Berichte waren der Grund, warum meine Hausherrin, auf Befehl ihres Mannes, uns mit ihren Kindern und mit Son Richtung Süden verließ, bis bessere Zeiten eintreten würden. Für ihre Reise hatten sie einen Bus gemietet. In ihren Taschen war so viel Schmuck, Gold und Geld, wie ich noch nie in meinem Leben gesehen hatte. Alle anderen Wertsachen, die nicht mitgenommen werden konnten, hatten die Söhne sorgfältig im Brunnen versenkt.

Nur ich blieb alleine mit meinem Herrn, der sich die weite Reise wegen seines Alters nicht zutraute, in dem großen Haus zurück. Für ihn kam es auch deshalb nicht in Frage, sein Haus zu verlassen, da jemand, der in ein verlassenes Haus einzog, als neuer Besitzer galt. Und ich wollte mein gegebenes Versprechen, ihm weiterhin treu zu dienen, wie Son es bisher getan hatte, in Ehren halten - auch als Gegenleistung für die Arzneien, die er zur Bekämpfung meiner Tollwut gekauft hatte.

Ich kümmerte mich, so gut ich konnte, um den Haushalt, was für mich nun viel einfacher geworden war. Wir schlürften fast jeden Mittag zusammen Reissuppe, wozu wir meistens salzige, getrocknete Schweinefleischfasern, „Jschuk" genannt, aßen. Früh am Abend zog er sich zurück. Oft sagte er mir, dass diese schlimmen Zeiten bald vorbei sein würden; ohne viel darüber nachzudenken, glaubte ich ihm.

Im September bekam ich ohne Vorwarnung meine Regel. Da ich Unterhosen nicht kannte, ließ ich das dunkle Blut zur Erde fließen und wusch mich, sooft ich nur konnte. Nach drei Tagen war meine Periode zu Ende. Ich fühlte mich dadurch keineswegs fraulicher, und ich hasste noch immer meine Brüste, die wie zwei unterentwickelte grüne Zitronen aussahen.

Vietnam war mittlerweile erneut als unabhängig proklamiert worden, dieses Mal von einem Mann namens Ho-Chi-Minh. Als neuer Staatschef, dessen Auto in Hanoi von Fahrrädern eskortiert wurde, hatte er bereits im Frühjahr 1945 das Volk aufgerufen, die Reislager der Japaner zu stürmen, um die Hungersnot zu beseitigen und sich gegen die Besatzer zu wehren. Um seine Forderungen zu unterstreichen, wurden die ersten Großgrundbesitzer enteignet und ihr Land unter den Kleinbauern verteilt. Viele Männer, aber auch Frauen, die nichts weiter zu verlieren hatten als ihr nacktes Leben und das ihrer Kinder, entschieden sich für ihn und erklärten sich voller Überzeugung bereit, ihm zu folgen. Sie setzten ihre ganze Hoffnung in die Vietminh-Bewegung, symbolisiert durch die roten Fahnen mit dem gelben Stern, die nun fast überall im Norden zu sehen waren. Sie sollten an den Willen der Bevölkerung zur Änderung und Verbesserung ihrer Lage erinnern.

Sicher in Unsicherheit

Für mich wie auch für die gesamte einheimische Bevölkerung war es nun fast zur Gewohnheit geworden, unter den verschiedensten Besatzern und Regierungen zu leben, die ihre rücksichtslose Macht ausübten und unser Leben gerade wie es ihnen passte, einmal lebenswert, dann wieder zum Verzweifeln gestalteten. Mein Alltag bestand darin, zusammen mit meinem Herrn zurückgezogen zu leben und drohende Konflikte oder dazu führende Auseinandersetzungen zu meiden. Ich wusste, dass diese nur Leid mit sich brachten. Allerdings hatte ich bei meinen Anpassungsversuchen stets gemischte Gefühle, weil die herrschende Spannung wie eine Bedrohung sowohl über mir als auch über der Stadt schwebte; ich konnte nie genau wissen, wer etwas Gutes oder etwas Schlechtes vorhatte. Wie alle lebte ich in der Hoffnung, bald würden ruhigere Zeiten die Schatten der dauernden Unsicherheit verjagen.

Mein Hausherr vermied es auszugehen, und wenn ich mich an den kühlen Tagen des Jahresanfangs fröstelnd in der Stadt um Lebensmittel für uns bemühte, war ich es, die hoffend und zugleich bangend die neuesten Nachrichten erwartete.

Dünne, blasse Europäer mit weißen Käppis und hoch aufgeschossene afrikanische Soldaten, mit Augen, die mich nach wie vor mit Angst erfüllten, fuhren jetzt oft in Lastwagenkolonnen an den Fußgängern vorbei. Gleichzeitig zogen vietnamesische Soldaten mit grünen Tropenhelmen und rostbraunen Uniformen, mit Gewehren oder Bambusstöcken bewaffnet, durch die Stadt und hielten dabei die offizielle rote Fahne mit dem gelben Stern hoch.

Mir war das alles eigentlich egal, Hauptsache es gab für uns genug zum Essen und man ließ uns in Ruhe leben. So kehrte für einige Monate wieder eine Zeit der Entspannung ein. Tagsüber waren die geschäftstüchtigen Händler auf den Straßen zu hören, und nachts erklangen die neuen revolutionären Kampflieder aus der Ferne. Mächtige Flamboyantbäume erblühten in prächtigen, feuerroten

Farben. Wäre der alte Wahrsager von damals vor mir gesessen, hätte ich ihn zu gerne gefragt, ob dieses Rot für Glück oder für Blut stehe.

Ein Kaffee und ein Leben

In den jetzt fast menschenleeren Straßen von Bac Ninh lieferte man sich urplötzlich Kämpfe. Die nahen Explosionen und Schüsse, auf die als Antwort lautes Artilleriefeuer ertönte, machten mir Angst. Wenn Schüsse das Blechdach des Nebengebäudes trafen, zuckte jedes Mal mein Fächer, mit dem ich meinem Herrn im Wohnzimmer Luft zufächern musste.

Obwohl dieser äußerlich keinerlei Zeichen von Nervosität zeigte, hatte er sich, statt wie sonst ruhig sitzen zu bleiben, doch eine dicke Baumwollmatratze vom oberen Stockwerk geholt und diese hochkant vor ein Fenster geklemmt. Auf einem bestickten Kissen sitzend, hatte er dahinter Platz genommen und las in einem Buch.

„Geh mir eine Tasse Kaffee machen“, sagte er plötzlich zu mir.

„Aber Herr ... sie schießen draußen! Ich kann nicht, ich habe Angst!“, antwortete ich.

„Tu, was ich dir befehle“, sagte er streng und verärgert, mehr mit seinem Buch beschäftigt als mit meinem Seelenzustand.

Ich hatte noch nie so sehr gebangt wie jetzt. Geschosse aus Maschinengewehren prasselten wie Hagel auf unser Dach. Mit dem Gedanken, dass ich nun gleich sterben müsste, rannte ich zu unserer Küche hinüber, begleitet von diesen todbringenden Geräuschen. Ich zündete mit zitternden Händen ein kleines Feuer an, kochte etwas Wasser und versuchte, mich auf meine Aufgabe zu konzentrieren, um mit meiner Angst fertig zu werden. Es wollte mir nicht gelingen. Am ganzen Körper bebend, nahm ich den aufgebrühten Kaffee, und Tränen stiegen mir in die Augen, als ich mit der vollen Tasse nun langsam über den Hof gehen musste, anstatt wie vorher laufen zu können. „Herr, hier ist euer Kaffee", sagte ich erleichtert, heil im Wohnzimmer angekommen. Niemand antwortete mir. War er wieder hinaufgegangen? Plötzlich ließ ich die Tasse fallen. Die Matratzenmitte hatte sich rot verfärbt. Inmitten einer großen Blutlache fand ich meinen Herrn, den Oberkörper vorgeneigt, noch immer auf seinem Kissen sitzend. Er hatte eine Kugel im Rücken.

Ohne zu überlegen, was ich tat, rannte ich zur Haustür und riss sie auf. Wie hysterisch schrie ich auf der Straße um Hilfe. Ich bemerkte nicht, dass das Schießen aufgehört hatte und es nun wieder still war, als wäre nichts geschehen.

Französische Soldaten kamen auf mich zu. Sie brachten meinen Herrn weg, der noch schwach atmete. Ich sah ihn zum letzten Mal.

Ausgeliefert

„Ist nicht jeder Mensch ein ‚Überlebender des Lebens'?" (Loan)

Drei Nächte waren vergangen. Sie hatten mir einen Schlaf beschert, der mich nicht ein einziges Mal erholt erwachen ließ. Ganz alleine in diesem großen Haus, hatte ich immerzu Angst. Ich wagte mich nicht mehr nach draußen, nicht einmal in die Küche. Was sollte ich nur tun?

Ich weinte oft. Ich vermisste meine Mutter sehr. Ihre ruhige Hand, die mir sanft die Tränen weggewischt hätte, ihr Lächeln, das mir sagen würde: „Hab keine Angst, es wird alles wieder gut."

Bei Anbruch des vierten Tages trat ein heftiger Fußtritt die Haustür mit einem lauten Krachen auf. Französische Fremdenlegionäre drangen gewaltsam ein und durchsuchten das Haus, bevor sie mich nach draußen führten, ihre Waffen auf mich gerichtet. Sie hatten den Auftrag bekommen, die Stadt zu evakuieren.

Nicht weit vor dem Haus wartete ein großer Lastwagen, auf dem schon viele Frauen, Kinder und Greise Platz genommen hatten. Ich kletterte hinauf.

Das Bild der leeren Türöffnung war meine letzte Erinnerung, die Kleidung auf meiner Haut das einzige, was ich mitnahm.

Niemand erklärte uns irgendetwas. Und keiner von uns traute sich zu fragen. Wir fuhren den ganzen Tag über holprige Wege und Straßen Richtung Südosten. In den wenigen Pausen durften wir nicht aussteigen. Auf der

Fahrt hielten die Mütter ihre kleinen Kinder, wenn diese mal mussten, über das Geländer des Lastwagens. Babys weinten und schrien, bis sie vor Erschöpfung einschliefen.

Nachts blieb der Wagen stehen, jedoch befahl man uns, sitzen zu bleiben.

Wir urinierten in die Hände, um nicht zu verdursten. Zuerst tranken die Kinder, dann die Alten und dann, zum Schluss, wie immer, wir - die Frauen und Mädchen.

Am nächsten Morgen fuhren wir weiter, immer noch ohne Essen und Trinken, aber mit einer auf uns gerichteten Waffe. Ich hätte Schreie der Wut und des Zorns zum Himmel ausstoßen können, aber die Worte kamen nicht über meine Lippen, denn ich sah, wie noch viel verzweifeltere Menschen als ich ihre Tränen hinunterschluckten und schwiegen.

Wir ließen die Reisfelder hinter uns und erreichten die große Stadt Haiphong. Man befahl uns auszusteigen. Ohne Erklärung verschwanden die Soldaten mit ihren Lastwagen so schnell, wie sie gekommen waren, und wir standen da.

Warum hatten sie uns hierher gebracht? Was sollte aus uns werden?

Die mit mir ausgesetzten Menschen gingen langsam auseinander, ohne viele Worte. So ging auch ich weg, ziellos. Ich war fast siebzehn Jahre alt.

Ich dachte nach. Als erstes musste ich so schnell wie möglich Arbeit finden, denn nur mit Geld würde ich überleben können.

Haiphong war eine Stadt voller Trubel und mit vielen Gesichtern. Überall war Militär zu sehen. Katholische Nonnen gingen in Gruppen durch die Straßen der zerstörten Stadtteile, und die Ruinen erinnerten daran, dass wenige Monate zuvor die Stadt hart umkämpft war. Einige Dschunken mit der ganzen Familiensippe an Bord waren auf den weitverzweigten Wasserwegen bis zur Stadtmitte gefahren.

Der Verkehr war hier viel lebhafter als im Landesinneren. Menschen aller Hautfarben und Größen begegneten mir auf meinem Weg an den riesigen Docks entlang, wo große Dampfer nur darauf warteten, die Anker zu lichten. Buddhistische Mönche bettelten fast an jeder Ecke wortlos um Essen.

In einem Stadtviertel, ganz nahe am Hafen, begann ich, mich nach einer Stelle zu erkundigen. Darüber verging der Tag. Ich hatte mir immer nur Absagen eingehandelt, bis ich zu einer Ladentheke kam, an der neben frischen Getränken auch Brathähnchen verkauft wurden, rund um die Uhr. Die mollige Besitzerin, eine Frau aus Laos, war verwitwet und wohnte mit Schwester und Tochter im hinteren Teil ihres Geschäftes. Ihre Schwester arbeitete in einer Seidenspinnerei, und die Tochter hausierte mit einer Garküche auf der Straße, um ihren Lebensunterhalt zu verdienen. Sie willigte ein, mir Arbeit zu geben. Ich sollte mich nachts um den Verkauf der Brathähnchen kümmern, gegen Unterkunft und Essen.

Nachdem ich mich gewaschen hatte, gab sie mir eine gute Eiernudelsuppe mit Hähnchen, „Mi-Than“ genannt, die von mir, ausgehungert wie ich war, schnell verschlungen wurde. Noch in derselben Nacht sollte meine Arbeit beginnen. Beim Essen blickte ich auf ein Bild, es war das schmale Gesicht eines Mannes, das hinten an der Wand hing. Ich fragte teilnahmsvoll: „Ist das Ihr verstorbener Mann?“ Belustigt antwortete sie: „Nein, das ist Ho-Chi-Minh, unser neuer Staatschef.“

Zum ersten Mal sah ich den Mann, in den ein Großteil der Bevölkerung seine Hoffnung setzte, bald ein besseres Leben führen zu dürfen, ohne Besatzer.

Der falsche Weg

Ich passte mich dem neuen Arbeitsrhythmus am Anfang nur schwer an, denn obwohl ich nachts arbeitete, konnte ich am Tag kaum schlafen. Die Worte des Hellsehers ließen mir keine Ruhe. Ich würde im Ausland leben, hatte er gesagt. Und da seine Vorhersagen bezüglich des Todes, dem ich oft entkommen würde, bisher gestimmt hatten, spürte ich allmählich, dass dies meine Bestimmung sein musste. Das bedeutete, dass ich weiterziehen musste, um die Ruhe zu finden, die ich suchte.

Nur wenige Wochen waren vergangen, als ich diesem starken innerlichen Drang nachgab. Nur wohin? Weder Nam Dinh noch Hanoi, die mit der Eisenbahn leicht erreichbar waren, kamen in Betracht; dort hatte meine Tante zu frische Spuren hinterlassen. Weiter nach Süden kam wegen meines Bruders nicht infrage. So beschloss ich ein weiteres Mal, oben im Norden mein Glück zu versuchen.

Zu Fuß, auf Karren oder am Heck eines Busses hängend, folgte ich zuerst der Straße entlang der Halongbucht. Sie erschien mir traumhaft schön, eine wahre Augenweide. Auf den langen Sandstränden trockneten die Fischer ihren Fang. Andere waren in ihren mit Teer abgedichteten, abenteuerlichen Flößen draußen beim Fischen. Große Dschunken mit braunen Segeln steuerten behäbig zwischen den zahlreichen weißen Kalkfelsen, die malerisch aus dem Wasser ragten.

Einige Monate schuftete ich für einen Hungerlohn mit anderen Frauen im Kohlenrevier von Hongay. Kohle war einer der wichtigsten Rohstoffe Vietnams, neben anderen Bodenschätzen sowie Edelholz und Fischen. Nachdem ich einige Zeit beobachtet hatte, dass viele Leute in kleinen Schiffen zu den benachbarten Inseln pendelten, um dort ebenfalls Kohle abzubauen, allerdings für einen besseren Lohn, entschloss ich mich eines Tages, auf die Inseln zu fahren.

Frech und erfinderisch wie ich inzwischen geworden war, schmuggelte ich mich als Gepäckträgerin auf eines der Schiffe. Als ich während der Fahrt kontrolliert wurde, bat ich unter Weinen um Erbarmen, da ich kein Geld hatte und außerdem eine Waise war, jedoch unbedingt auf die Inseln musste. Mein Lächeln, das ich, nachdem ich mir die Tränen abgewischt hatte, ganz bewusst einsetzte, zeigte Wirkung, und der Kontrolleur ließ von mir ab.

Ich wurde leider schnell seekrank, und es war klar, dass ein tägliches Pendeln für mich nicht infrage kam. Ich blieb nur eine Nacht und wollte wieder als „offizieller blinder Passagier" zum Festland zurückkehren. Am nächsten Morgen ließ mich derselbe Kontrolleur, mit einem Lächeln auf den Lippen, mitfahren, ohne etwas von mir zu verlangen.

Ich zog weiter. Mein Weg führte mich bis hin nach Caobang, eine gebirgige und stark bewaldete Region ganz im Norden. Viele Menschen, die ich unterwegs traf, gaben mir etwas zu essen. Eines Tages unterhielt ich mich mit einer Familie aus dem Bergland und erzählte ihr von meinen Plänen auszuwandern. Alle lachten mich aus.

„Mädchen, hier bist du völlig falsch! Hier oben hast du nur noch Chinesen! Weißt du, was das heißt? Sogar über die Bucht zu segeln, ist viel zu gefährlich, die Gewässer wimmeln nur so von Piraten. Sie werden dich massakrieren. Wenn du auswandern willst, dann über den Süden." Es leuchtete mir ein. Sie hatten recht. Vielleicht hatte ich bisher meinen Platz auf Erden noch nicht gefunden, weil ich in die falsche Richtung losgezogen war.

Ich kehrte sofort um und ging nun Richtung Haiphong, das ich schließlich unter zugedeckten Käfigen mit Hühnern, die auf einem Lastwagen transportiert wurden, erreichte. Mich hatte dieser planlose Versuch, das Land zu verlassen, viele Monate gekostet, aber es war mir egal. Jetzt wusste ich wenigstens, wohin ich wollte.

Verkürztes Gebet

Es war im Januar 1947, als ich nach Haiphong zurückkehrte. Ungläubig entdeckte ich mit jedem Schritt die Trümmer einer zerstörten Stadt, über die Flugzeuge flogen. Familien kamen mir mit ihrem Hab und Gut, andere mit gar nichts in den Händen entgegen. Während die französischen Truppen, Fallschirmjäger und Kolonialsoldaten, offenbar in Alarmbereitschaft an uns vorbeifuhren, gefolgt von Panzern, bot sich meinen entsetzten Blicken ein Bild der Verwüstung.

Wo war die wunderschöne Stadt, die ich verlassen hatte? Von dem Hafenviertel war kaum noch etwas übrig. Es lag in Schutt und Asche. Menschen gruben in den Trümmern, suchten verstört nach etwas Brauchbarem. In der Stadtmitte, vor Häusern, die noch nicht völlig in sich zusammengefallen waren, wurden neben umgestürzten Bäumen Möbel zum Verkauf angeboten. Ein Geschäft schien ausgeplündert. Ich stolperte über einen toten Hund. Beißender Brandgeruch begleitete mich. Ob es noch Tote in den Ruinen gab? Die Zeit schien für mich stillzustehen, als ob ich mir diese Bilder für immer einprägen müsste. Dass der Krieg zwischen Frankreich und Vietnam seit ein paar Wochen dermaßen intensiv tobte, hatte ich nicht gewusst. Mir war nicht klar gewesen, was das Wort „Krieg“ wirklich bedeutet.

Eine alte Frau, deren Angehörige sich auf das Land geflüchtet hatten, gab mir eine Unterkunft, bis ich Arbeit finden würde. Traurig erzählte sie mir, wie ein Massaker auf das nächste gefolgt war. Ich hörte ihre monotone Stimme über Dinge sprechen, die Zorn und Wut in mir hochsteigen ließen. Als sie über Einzelheiten sprach, tat mir jedes ihrer Worte in der Seele weh. Jedes Bild der Zerstörung ersetzte die starre Vorstellung einer friedlichen Lösung der Konflikte in meinem Kopf, die ich bisher gehabt hatte. Langsam, wie ein Gift, drangen die Schilderungen dieser Frau in meine Sinne ein und zerstörten ein für allemal meine Illusionen. Ich war in der Realität angekommen: Wir befanden uns im Krieg, und ich war mitten drin, machtlos.

Diese Erkenntnis brachte mein Leben auf eine einfache Formel: leben oder sterben. Ich wusste in diesem Augenblick, dass es in meinen Gebeten an die Ahnen zu viel verlangt gewesen wäre, um „ein Leben in Frieden" zu bitten; so bat ich sie von diesem Tag an darum, „nur überleben" zu dürfen.

Ein bekanntes Gesicht

Am Abend teilte die Frau ihr Essen mit mir, Reis mit gesalzener Krabbenbrühe. Früh am nächsten Morgen, nach einem festen, erholsamen Schlaf, machte ich mich gleich auf, um Arbeit zu suchen. Dieses Mal war es nicht so leicht. Auch Stunden später hatte ich noch nichts gefunden. Ich war auch nicht die Einzige, die Arbeit suchte. Alte Frauen mit Garküchen hausierend, Familien mit ihren Kindern, Leute, die mit erstarrten Gesichtern vor ihren zerstörten Häusern saßen, Radfahrer, alle waren da, wie Darsteller in einem Theaterstück. Nur dass man die Kulisse dieses Mal geändert hatte.

Ich wollte schon aufgeben und wieder zurückgehen, als mir ein bekanntes Gesicht auf der Straße entgegenkam. Die schlanke Frau war aus Hanoi, dort hatte sie Stoffe verkauft, die Hoa für das Theater gebraucht hatte. Sie hatte mich damals oft freundlich bedient. Ihr Mann war Fotograf, er hatte in Hanoi das erste Bild von mir aufgenommen. Sie erkannte mich auch sofort, und freudig fielen wir uns in die Arme, überglücklich, einen bekannten Menschen in einer fremden Stadt zu treffen.

Sie hatte hier bei nahen Verwandten Zuflucht gefunden, als ihr Mann in den Krieg gezogen war; nun bot sie mir an, bei ihnen zu wohnen. Dem Schicksal dankend, ging ich mit ihr. Nur einige Straßen weiter, wir hatten das bombardierte Viertel aber hinter uns gelassen, waren wir da.

Das kleine, flache Haus wirkte einladend, und schnell wurde ich herzlich aufgenommen. Hier verkauften ihre Verwandten Limonade und Zigaretten an französische Soldaten, die abends oft in Zivil ausgingen. Ich durfte manchmal beim Verkauf helfen und konnte so meinen französischen Wortschatz aufbessern. Ansonsten verdiente ich mir ein paar Piaster, indem ich frisches Wasser mit einer Balancierstange auf meiner inzwischen kräftiger gewordenen Schulter in begüterte Häuser brachte.

Ein Schritt zu viel

Eines Morgens rief man mich. In einer Straße, unweit von uns, war Wasser bestellt worden. Mit gefüllten Kanistern brach ich dorthin auf und erblickte bald das gesuchte Haus, das die umgebenden Ruinen überragte. Es schien verlassen. In der Außenmauer waren große Löcher zu erkennen. Zwei Kinder spielten neben dem Eingang. Auf meine Frage, ob hier Wasser bestellt worden sei, wiesen sie mir den Weg nach oben, zur vierten Etage.

Ich ging hinein. Glassplitter lagen überall verstreut auf großen, heruntergefallenen Putzbrocken der Decke und auf zerschlagenen Möbeln. Auch innen befanden sich große Löcher in den Wänden, durch die man nach außen sehen konnte. Nur die Treppe war noch unbeschädigt. Ich nahm die Kanister von der Schulter und ging damit, schwer beladen, langsam hinauf. Im vierten Stock öffnete mir eine schmächtige Frau einen dünnen Bambusvorhang, der die Wohnungstür ersetzte. Ihr Mann wartete auf das Wasser, um zu duschen. Sie bedankte sich, gab mir das Geld und ließ mich alleine.

Im Hausflur bemerkte ich auf der offenen Gegenseite einen Balkon, der an die verlassenen Räume angrenzte.

„Was für eine tolle Aussicht über die Stadt muss man von hier oben haben", dachte ich kurz. Von Neugier gepackt, stellte ich die leeren Kanister auf den Boden und betrat langsam das nächstliegende Zimmer.

Die Balkontür ließ sich nur halb öffnen. Dann stand ich über einem kleinen Hof und betrachtete ungläubig das Bild, das sich mir bot. Noch nie hatte ich so etwas gesehen. Ein Panorama der Verwüstung dehnte sich innerhalb der sattgrünen Stadtlandschaft aus. Immer noch stiegen dunkle Rauchwolken in den Himmel. Eine tiefe Trauer überfiel mich. All das Schöne war rücksichtslos zerstört und lag in Trümmern, warum nur? Weshalb war ich überhaupt hier? Gab es wirklich keinen ruhigen Platz für mich auf dieser Welt, einen Ort, an dem ich so etwas nicht mehr sehen müsste?

Die Antwort auf diese Fragen folgte schnell. Der Balkon, auf dem ich stand, löste sich plötzlich und stürzte mit mir vier Stockwerke nach unten.

Als ich fiel, hörte mein erstarrtes Herz auf zu schlagen, es bestand für mich kein Zweifel, dass ich sterben würde.

Im Vorhof der Hölle

Ich krachte im Hof auf Holzkisten, gefüllt mit leeren Glasflaschen, die aufeinander gestapelt waren. Ich hörte das Geräusch des Aufpralls und das Brechen meiner Knochen deutlich. Auf den Schock folgten fürchterliche Schmerzen. Ich spürte, wie Gesicht und Glieder schlagartig anschwollen, während ich das entsetzte Geschrei der Menschen hörte, die sich mir näherten.

Hilflos lag mein zerschmetterter Körper da. Ich konnte weder sprechen, noch mich bewegen, nicht einmal die Augen öffnen. Aber ich hörte wie von Ferne, was über mich gesprochen wurde.

„Schau dir das an. Sie ist tot. Armes ...“, sagte eine Frau.

„Nein, sie atmet noch", verbesserte sie eine andere. Es war kurz still, bevor eine Männerstimme mit Bestimmtheit sagte: „Warten wir ab bis morgen früh. Wenn sie bis dahin noch atmet, bringen wir sie fort." Die Stimmen entfernten sich und die Menschen ließen mich liegen, so wie ich abgestürzt war, den ganzen Tag und die lange, nicht enden wollende Nacht.

Ich lag im Koma, wie in einem schwarzen Loch, erschöpft von den Schmerzen. Später erfuhr ich von einer Krankenschwester, dass man mich am nächsten Morgen, als ich immer noch nicht tot war, bewusstlos auf eine Holzkarre geladen hatte, die statt von einem Büffel von zwei Männern gezogen wurde. Es war Krieg, und kein Zugtier war aufzutreiben. Für mich, die Unbekannte, riskierten die beiden Männer ihr Leben. Sie liefen mit mir tapfer zwei Tage und eine Nacht und brachten mich in ein öffentliches Provinzkrankenhaus. Dann gingen sie wieder, so wie sie gekommen waren, ohne ihren Namen zu nennen. Einige Tage später wurde ich plötzlich durch einen starken, unangenehmen Geruch wach. Es war Äther, wie ich später erfuhr, und sofort erinnerten mich meine Schmerzen brutal an den Sturz.

Ich unternahm einen Versuch, mich zu bewegen, aber das ließ mich nur aufschreien. Eine sanfte, weibliche Stimme beruhigte mich und befeuchtete meine Lippen, bevor ich in einen tiefen Schlaf fiel.

Ich hatte drei Schädelbrüche davongetragen. Zahlreiche Rippen und ein Bein waren mehrfach gebrochen. Den Knöchel, der aus meinem Fleisch herausragte, als man mich brachte, hatte man wieder gerichtet, und die

Wunde war vernäht worden. Zusätzlich hatte ich eine schwere Verletzung am Steißbein. Meine schönen, langen Haare hatte man mir wegen des Verbandes abrasiert. Mein ganzer Körper war eingegipst. Nur ein heiles Bein war frei geblieben.

Weil es an Betten mangelte, wurde ich bald auf eine Trage auf den Boden gelegt. Da entdeckte ich, dass ich mich an einem Ort befand, der mir ein Schauspiel des Schreckens bot, an dem ich unfreiwillig teilnehmen musste.

Schwerkranke Menschen, ausgemergelte Kinder und durch Kriegshandlungen verstümmelte, noch atmende, kaum noch menschlich aussehende Körper, deren Stöhnen bald für mich zu einer gewohnten schwarzen Begleitmelodie wurde, umgaben mich. Es war schwül und heiß. Lästige Fliegen quälten mein verklebtes Gesicht. Ein einziger Ventilator brachte in regelmäßigen Abständen die stinkende Luft des Verfalls in meine Nase.

Hier warteten wir alle, wehrlos wie wir waren, auf den Tod. Ich war siebzehn Jahre alt und schon im Vorhof der Hölle angekommen.

Leidensgefährten

Es mangelte an allem: an hygienischer und medizinischer Ausrüstung, an Medikamenten, von Schmerzmitteln gar nicht zu reden. Die Schwestern waren fast genauso arm wie ihre Patienten, dennoch besaßen sie die Kraft, uns so liebevoll wie möglich zu pflegen, manchmal mit nichts außer ihrer Zuneigung. Geduldig säuberten sie täglich meine verschmutzte Trage, und ich schämte mich fast dafür, noch am Leben zu sein.

Es war ein ständiges Kommen und Gehen von Menschen, die hierhergebracht wurden, nicht um zu genesen, sondern um einen Platz zu haben, wo sie nicht alleine sterben mussten. Oft vernahm ich den letzten, leisen Atemzug oder ein hastiges Röcheln, bevor das ersehnte Aus kam. Und jedes Mal, wenn ich ungewollt Zeugin wurde solch intimer Augenblicke, fragte ich mich, warum ich noch lebte.

Während andere Menschen dort draußen kämpften, um zu überleben, wünschten sich die meisten von uns nur eines: sterben zu dürfen. Es war fast wie ein Heiratsantrag, den wir dem Tod machten. Doch was mich betraf, lehnte er ihn ab.

So verbrachte ich über ein Jahr in diesem faulen, makabren, von Ungeziefer aller Art wimmelnden Gefängnis, unter den lebenden Toten, und vegetierte vor mich hin, die Hoffnungslosigkeit als einzige Gefährtin.

Fräulein Bè

Mit einer Rasierklinge schnitt man mir regelmäßig das Haar, das aus dem Verband inzwischen herauswuchs. Dieser war fast zu einer Art zweiten Haut geworden. Dann wurde der Gips endlich entfernt, und mein Körper lag wieder frei.

Bei einer Größe von einem Meter fünfundvierzig wog ich zu dieser Zeit nur noch dreiunddreißig Kilo. Mein

Körper und meine Sprache gehorchten mir nicht mehr wirklich. Ich musste erst wieder sprechen und gehen lernen.

Als ich zum ersten Mal saß, erschien mir die Aufgabe, stehen zu müssen, unerreichbar. Aber an jenem Tag, als ich den ersten Schritt schaffte, gab mir dieses kleine Siegesgefühl wieder Kraft. Jeden Tag, nur für ein paar Minuten und unterstützt von einer Schwester, lernte ich die vergessenen Bewegungen, die irgendwann aus mir wieder einen gesunden Menschen machen würden.

In mancher Nacht träumte ich von meiner Vergangenheit. Ich sah mich rennend, die Taschen voll mit Geld, nachdem ich Karamelbonbons verkauft hatte. Andere Male sang ich auf der Bühne eines unbekannten Theaters. Aber oft wurden aus solchen Träumen beklemmende Albträume, in denen ich plötzlich den Halt verlor und nach unten fiel, gefolgt von Schreckensvisionen. Im freien Fall versuchte ich dann vergebens, mich irgendwo festzuklammern, bis ich aus dem Schlaf aufschreckte.

Neben mir lag eine alte Frau, die oft Besuch von ihrer Tochter aus Haiphong bekam. Fräulein Bè kümmerte sich vorbildlich um ihre Mutter, die sie allerdings kaum noch erkannte. Als die Mutter eines Tages schlief, sprach sie mich an und bot mir an, mit ihrer Hilfe ein paar Schritte zu gehen.

Wir unterhielten uns dabei so lange, bis ich müde wurde. Sie war Christin. Als ich ihr sagte, dass ich den Sinn meines Überlebens nicht verstand, antwortete sie mir: „Nur Gott im Himmel entscheidet, wann die Zeit für einen gekommen ist. Wenn du noch am Leben bist, bedeutet es wahrscheinlich, dass du eben weiterleben musst, um alles weiterzuerzählen."

Drei Monate später starb ihre Mutter, und trotzdem besuchte mich Fräulein Bè weiter und kümmerte sich um mich. Sie war für mich eine ausgestreckte Hand, die mir wieder Hoffnung schenkte.

Ein leiser Engel

Im März 1948 beschloss Fräulein Bè, mich bei sich aufzunehmen, damit ich unter besseren Bedingungen zu Kräften kommen konnte.

„Du kannst zu mir kommen. Du bist noch so geschwächt. Bei mir kannst du dich erholen und essen, bis du satt bist." Sie half mir, die mitgebrachte Kleidung anzuziehen. Mit kahlem Kopf wurde ich entlassen. Langsam fuhren wir mit einer Rikscha zu ihrer bescheidenen Wohnung in einem mir unbekannten Stadtteil von Haiphong. Inzwischen schien sich die Lage in den Städten für die Bevölkerung etwas normalisiert zu haben, aber Gerüchte von Hinterhalten und Kämpfen kamen uns immer wieder zu Ohren. An offiziellen Stellen wehte allerdings die französische Flagge neben der vietnamesischen, fast brüderlich, während unser Kaiser sich im Exil befand.

Drei Monate vergingen. Fräulein Bè lebte mit mir alleine. Es mangelte mir an nichts, und tapfer richtete sie alles für mich her, bevor sie zur Arbeit ging. Irgendwann bemerkte ich allerdings, wie sie in der Annahme, dass ich schlief, sehr schöne bestickte Wäsche sowie Schmuck einpackte. Ich ahnte, warum sie das tat. Eines Morgens, als sie erneut Schmuck aus ihrer Schatulle nahm, sammelte ich meine Kräfte und folgte ihr. In einer kleinen Gasse betrat sie ein Geschäft, in dem sie kurz blieb, bevor sie ohne ihre Tüte wieder herauskam. Kurz entschlossen trat ich ein. Ein älterer Herr begrüßte mich freundlich.

„Guten Tag. Ich habe gerade gesehen, dass Fräulein Bè bei Ihnen war. Hat sie etwas gekauft?“, fragte ich.

„Nein. Seit einigen Monaten bringt mir Fräulein Bè ihre Sachen und stellt sie in Kommission.“

„Was hat sie Ihnen alles gebracht? Darf ich es sehen?“

„Selbstverständlich“, sagte er noch freundlicher mit einem breiten Lächeln und zeigte mir wunderschön bestickte Ao-Dais, Tischwäsche, Silbergeschirr und alten Schmuck.

So war das also. Ich war eine Last, die sie ohne Klage bereit war zu tragen. Sie brauchte aber dieses Geld, um mich zu ernähren.

„Ich kann es jetzt nicht kaufen“, sagte ich bestimmt. „Aber würden Sie mir alles, was ihr gehört, beiseite legen, bis ich es bezahlen kann?“ Der Herr sagte mir das zu.

Als ich hinausging, fügte ich hinzu: „Und noch eine Bitte: Sagen Sie ihr nichts davon.“

In dem Moment war mir etwas klar geworden. Mit Fräulein Bès Hilfe fühlte ich, dass es in meinem Leben auch eine gute Seite gab. Mit dieser Erkenntnis, die sich in meinem Herzen verfestigte, entfaltete sich mein Glauben an den Herrscher des Himmels, der, da war ich mir sehr sicher, Fräulein Bè mir geschickt hatte.

Nicht sterben, sondern leben war meine Prüfung. Ein weiteres Mal war ich wiedergeboren worden.

Neue Kraft

Ein paar Tage später beschloss ich, dieser Zeit der Genesung ein Ende zu setzen. Auf meine Bitte, mir eine Arbeit zu suchen, kam Fräulein Bè kurz darauf mit dem Angebot, in einer französischen Kaserne zu arbeiten. Dort könnte ich saubermachen und in der Küche helfen, gegen dreimal so viel Geld, wie ich sonst für diese Arbeit verdienen würde.

Ab da arbeitete ich dort monatelang als unsichtbare Kraft und sammelte aus der Kantine die Essensreste, die wir uns abends teilten. So kamen wir gut über die Runden. Nach und nach hatte ich genug Geld verdient, sodass ich eines Tages alles zurückkaufen konnte, was in Kommission gegeben worden war.

Als sie ihre Sachen wiedersah, brach Fräulein Bè in Tränen aus. Wichtig war für jede von uns, das Gesicht nicht zu verlieren. Sie hatte sich niemals beschwert, nicht genug zu haben, oder mich nach etwas gefragt. Und es war meine freie Entscheidung gewesen, ihr das Ihre höflich zurückzugeben. So wurde unser beider Ehre nicht verletzt.

Allerdings spürte ich, dass es bald wieder Zeit wurde zu gehen, nicht nur, weil ich mit neunzehn Jahren mein eigenes Leben führen wollte, sondern auch, um in ihrem keinen zu großen Platz einzunehmen. Gesundheitlich fühlte ich mich wieder stark genug. Sobald ich ausreichend Geld für einen Neuanfang gespart hatte, bedankte und verabschiedete ich mich. Unsere Wege kreuzten sich nie wieder.

Ich mietete mir eine kleine Wohnung in der Nähe der Kaserne, in der ich weiterhin beschäftigt war, und freundete mich kurz danach mit zwei jungen Mädchen an, beide zwei Jahre jünger als ich. Sie verkauften Brot und Zigaretten in einem kleinen Kiosk in der Nähe.

Ngot, in Haiphong geboren, schlug sich als Waise durch. Sie hatte keine Verwandten mehr. Lien lebte in einer kleinen Wohnung mit ihrer fünfzehnjährigen Schwester, Anh, einer vollendeten Schönheit. Ihr Vater war gestorben, und die Mutter lebte mit zwei weiteren Schwestern in Tourane, weiter südlich am Meer.

Obwohl die Zeiten etwas ruhiger geworden waren, gab es in der Stadt immer noch viele Flüchtlinge, die mit ihren schweren Kisten auf einen Bus oder einen Zug warteten.

Wir drei hatten dieselbe Lebensdevise: „Der Krieg kann uns nichts, und wir sind alt genug, um über unser Leben selbst zu bestimmen!“

So beschlossen wir, zusammen ein kleines Lokal aufzumachen. Wir legten unsere gesamten Ersparnisse zusammen und mieteten ein kleines Gebäude unweit der Kaserne, mit Tischen, Stühlen und genügend Geschirr.

Ich kümmerte mich um die erforderlichen Genehmigungen der Behörden. Alles lief reibungslos, und ich begann, neue Energie zu schöpfen.

Eine Glanzzeit

Wir waren fest entschlossen, Geld zu verdienen, und so geschah es auch. Bis spät in die Nacht verkauften wir Zigaretten, Suppen, Brathähnchen, Limonade und kühles Bier, meist an die Soldaten. Inzwischen hatte ich auch gelernt, Beziehungen aufzubauen und diese zu pflegen. Durch meinen Charme und mein diplomatisches Geschick, die ich ganz bewusst einsetzte, lief unser Lokal hervorragend.

Regelmäßig lieferte man uns Waren und große Eisblöcke, die in der Stadt sonst schwer aufzutreiben waren, um die Getränke zu kühlen. In einer Ecke spielte ein Grammophon Musik aus meiner großen französischen Schallplattensammlung. Beides hatte ich Flüchtlingen für wenig Geld abgekauft. Die nostalgische Musik berührte die Herzen und brachte so die Kundschaft dazu, gern bei uns zu verweilen.

Eines Tages kaufte ich sogar ein Akkordeon, auf dem die Kunden zu später Stunde spielen durften, wenn ihnen danach war. Einer von ihnen hieß Jean, ein hübscher Franzose, der mit einem wunderschönen Mädchen chinesischer Herkunft, Sao A Mung, verlobt war. Beide besuchten uns oft, und bald waren wir befreundet.

Selbstständig und mit der Einwilligung meiner Partnerinnen verwaltete ich das Ganze. Den Gewinn und die vielen Trinkgelder teilten wir gerecht, Streit und Neid gab es nicht.

Bald hatte ich so viel Geld, dass ich es mir leisten konnte, in einer eigenen, komfortablen Hütte etwas abseits zu wohnen, in der zwei Hausmädchen für mich arbeiteten. Die eine pflegte meine Wäsche und putzte, und die andere fütterte nachmittags die Hühner und Schweine, bevor sie den Einkauf erledigte und kochte. Täglich holte mich morgens eine Fahrrad-Rikscha ab, fuhr mich zur Arbeit und brachte mich abends wieder zurück.

Ich leistete mir, neben der mit Gold und Silber bestickten Kleidung, sogar echten Schmuck, den ich ganz nach Lust und Laune wechselte. Unter meiner Ao-Dai jedoch trug ich immer das kleine Kreuz von Fräulein Bè, das sie mir zum Abschied geschenkt hatte.

Sehr schnell gewöhnte ich mich daran, wohlhabend und erfolgreich zu sein. Zwischendurch fand ich noch Zeit, Liebesromane zu lesen oder mich bei einem Fotografen ablichten zu lassen. Dies wurde eine große Leidenschaft von mir. Für nichts in der Welt wäre ich jetzt auf die Idee gekommen, mein Land zu verlassen. Kein Bericht über Kämpfe oder Überfälle weiter im Norden hätte meine Meinung ändern können.

Blumen der Unschuld

Es störte mich nicht, den Ruf einer alten Jungfer zu haben. Für mich zählte nur, frei zu sein und arbeiten zu können. Ich hatte alles, was ich wollte, und jedes Mal, wenn ein Mann sich als Verehrer entpuppte, wurde er von mir höflich abgewiesen.

Eines Morgens, als ich sehr früh das Lokal betrat, entdeckte ich ein Meer von Chrysanthemen, meine Lieblingsblumen, über alle Tische und die Theke verteilt. Ngot und Lien kamen schnell aus der Küche heraus, als sie mich hörten, und gaben mir ein goldenes Kuvert. Dabei lächelten beide verschmitzt.

„Was soll das?", fragte ich ahnungslos.

„Die sind heute früh für dich gebracht worden", sagte Ngot und verbeugte sich ehrfürchtig vor mir.

„Und das Kuvert sollen wir dir geben", fügte Lien hinzu, aufgeregter als ich. Ich öffnete das Kuvert mit leicht zittriger Hand. Darin befand sich eine Karte mit einem Text in goldenen Buchstaben. Ich las laut: „Verehrtes Fräulein, gestatten Sie mir, Ihnen diese Blumen zu schenken, obwohl Sie wissen müssen, dass keine Blume auf dieser Welt Ihre Schönheit jemals übertreffen wird. Ein treuer Verehrer." Es stand kein Name dabei. Ich spürte, wie ich errötete, und steckte die Karte zurück in das Kuvert.

„Was für ein Verehrer! Er ist sicherlich reich und völlig verrückt nach dir, wenn er so etwas tut", sagte Lien, während Ngot nickte.

„Das kannst du wohl sagen. Verrückt ist er. Wir werden sehen. Kommt schon, die Arbeit ruft!" antwortete ich, meine Verlegenheit überspielend. Alle drei gingen wir in die Küche, um die Gerichte vorzubereiten. Der Tag verging sehr schnell, und müde kehrte ich heim. Doch obwohl die Nacht schon längst hereingebrochen war, lag ich immer noch wach auf meinem Bett und fixierte den großen Ventilator an der Decke, der mit seinen kreisenden Bewegungen den Stoff meines Moskitonetzes aufbauschte.

Ich hatte die Karte auf meinen Nachttisch gestellt. Ein Unbekannter hatte mich heute verwirrt. Mit geschlossenen Augen versuchte ich, mich an der Seite eines jungen Mannes vorzustellen, jedoch öffnete ich sie ganz schnell wieder, als dieser sich in einen Alten verwandelte, auf der Suche nach einer jungen Mätresse.

In dieser Nacht schlief ich schlecht, und es ärgerte mich, wertvolle Zeit an solche unnötigen Liebesträume zu verschwenden.

Die Farbe des Herzens

Tagelang wurde unser Lokal von kostbaren Blumen überschwemmt, ohne dass sich jemand dazu bekannte. Mein Versuch, den Lieferanten mit Geld zu bestechen, um zu erfahren, wer der mysteriöse Auftraggeber war, schlug fehl. Wortlos und mit gesenktem Kopf ging der Bote jedes Mal hinaus. So gewöhnte ich mich einfach daran, mit Blumen beschenkt zu werden, doch fing ich bald an, diese an Nachbarn und Kunden zu verschenken.

Freilich ertappte ich mich jeden Tag dabei, mich ein bisschen schöner als sonst machen zu wollen. Ich sorgte dafür, dass mein Hausmädchen mein langes Haar besonders sorgfältig bürstete und meine Kleidung perfekt saß.

An einem Morgen hatte ich mich für eine samtige violette Ao-Dai, mit goldenen Drachen bestickt, entschieden. Als ich das Lokal betrat, sah ich keine frischen Blumen, und meine gute Laune trübte sich sofort. Enttäuscht ging ich in die Küche. Strahlender als sonst eilte Ngot zu mir, dicht gefolgt von Lien. In ihren Händen trug sie eine fein geschnitzte Schatulle, die sie mir vorsichtig aushändigte. Weil diese so wertvoll aussah, hatten die beiden sie in der Küche aufbewahrt.

An der Schatulle war eine violette Chrysantheme mit einem roten Band befestigt. Bei diesem Anblick klopfte mein Herz heftig in meiner Brust. Es war für mich ein Zeichen des Himmels, weil diese Blume dieselbe Farbe hatte wie die Kleidung, die ich an diesem Tag trug! Man wollte mir sagen: „Wir haben deine Gebete erhört. Diesen Mann haben wir für dich bestimmt!"

„Mach schon! Öffne sie", sagten Ngot und Lien gleichzeitig. Langsam hob ich den Deckel und hielt den Atem an, als eine prachtvolle Goldkette mit kunstvoll geschliffenen Amethysten ans Licht kam. Eine Karte mit der gleichen goldenen Schrift lag dabei.

„Verehrtes Fräulein! Bitte nehmen Sie dieses Geschenk als Zeichen meiner unendlichen Liebe zu Ihnen. Legen Sie sich diese Kette um, und kommen Sie bitte heraus auf die Straße. Dort warte ich auf Sie."

„Was soll ich tun? Er ist da draußen!", schrie ich auf, fassungslos. Meine Hände zitterten zu sehr, um die Kette schließen zu können. Schließlich machte das Ngot für mich, bevor sie mich zuerst aus der Küche und dann aus dem Lokal schob. Ich wusste, dass Ngot und Lien sich natürlich am Fenster postierten, um keine Einzelheit zu verpassen. Da stand ich also, am Straßenrand. Hoffentlich wussten die Ahnen, was sie taten! Von Sekunde zu Sekunde spürte ich, wie meine Knie immer weicher wurden. Scheu ließ ich meinen Blick erst nach links, dann nach rechts schweifen, ohne jemanden zu entdecken. Als ich dann langsam zur gegenüberliegenden Seite blickte, sah ich einen Mann in einem weißen Anzug, ruhig auf einem Stuhl sitzend, der mich betrachtete. Ich entdeckte seinen Blick voller Zärtlichkeit, fast vertraut, und bewunderte die Gelassenheit, mit der er nun aufstand, um mich zu begrüßen. Er war groß. Er war schön. Er war reich.

Er berührte sacht die Halskette, die offenbar etwas verrutscht war, bevor er sanft meine Hand zu seinem Mund führte. Seine sinnlichen Lippen faszinierten mich und ließen mich frösteln und gleichzeitig entflammen. Das Glücksgefühl, das mich in diesem Augenblick schweben ließ, war für mich neu. Ohne ein Wort und ohne ihn weiter zu berühren, aus Angst, diesen magischen Moment zu zerstören, ging ich mit dem Mann meines Lebens spazieren.

Liebeszauber

Hung sprach wenig von sich. Ich erfuhr nur, dass er aus einer wohlhabenden Familie aus dem Süden stammte und hier in der Stadt die Geschäftsbeziehungen seines Vaters wahrnahm. Er war zehn Jahre älter als ich und ein wahrer Romantiker.

Mit ihm hatte ich schon bald das Gefühl, dass der Krieg, der immer wieder im Norden aufflammte und wieder erlosch, uns niemals erreichen konnte. Zwar war unser Kaiser nach Vietnam zurückgekehrt, trotzdem spürte man die herrschende Spannung zwischen den Parteien, die sich weiterhin bekämpften. Unser mächtiger Nachbar, China, war kommunistisch geworden und nannte sich seit einiger Zeit Volksrepublik.

Hung schrieb mir Gedichte und überschüttete mich weiter mit kostbaren Geschenken und Blumen. Seine Nase streichelte zärtlich die meine. Dies war bei uns die Art, sich zu küssen, und blieb die einzige Berührung, die wir uns gönnten.

In den ersten Wochen hatte er respektiert, dass ich mit meinen zwanzig Jahren immer noch Jungfrau war. Doch auch mich verlangte es immer mehr nach ihm, er rief in mir Empfindungen hervor, die ich bisher nicht gekannt hatte. Als er mir dann, völlig von seiner Liebe zu mir gefangen genommen, einen Heiratsantrag machte, war ich bereit, eine Frau, seine Frau zu werden.

So ließ ich ihn Herr meines Körpers und meiner Gefühle werden. Mit ihm zusammen entdeckte ich die Freude der Liebe. Auf hektische Arbeitstage folgten leidenschaftliche Nächte in meiner Hütte, und obwohl ich kaum schlief, beflügelte mich unsere Liebe und spendete mir viel Kraft. Ganz oft, früh am Morgen, wenn die Rikscha mich wie gewohnt zur Arbeit brachte, schlief Hung noch.

Er hatte mich seiner Schwester vorgestellt, die auf der anderen Seite der Stadt wohnte. Ich sei seine Verlobte, hatte er ihr gesagt. Obwohl sie mich ziemlich kühl empfing, fand ich sie trotzdem nett. Aber es war mir auch gleichgültig. Nur Hung zählte! In seinen Armen fand ich jedes Mal die Geborgenheit, die ich suchte, und wenn mich an manchen Tagen besorgniserregende Nachrichten im Lokal erreichten, beruhigten mich seine Worte. Liebevoll ließ Hung keinen Zweifel aufkommen, dass wir ein glückliches Leben führen würden. Und weil ich zu wissen glaubte, dass nur ein erfolgreicher Mann solche kostbaren Geschenke machen konnte, wurde meine Gewissheit bekräftigt, dass es ein Leben in Sicherheit und Wohlstand sein würde. Erfolg brachte Reichtum mit sich und bedeutete Stärke.

Drei Monate waren seitdem vergangen, und bald würde ich Hungs Eltern kennenlernen. Ngot und Lien nannten mich ständig einen Glückspilz und seufzten sehnsüchtig dabei. Fieberhaft machten wir uns an die letzten Hochzeitsvorbereitungen. Ich war stolz, bald den Mann zu heiraten, den ich liebte und mir selbst ausgesucht hatte.

Die Wolken der Schande

Eines Morgens war ich gerade in die Rikscha eingestiegen, als ich auf die Handzeichen eines alten Herrn am Straßenrand aufmerksam wurde. Ich erkannte in ihm meinen Nachbarn, der nur einige Meter entfernt von mir hinter einer großen Bambushecke wohnte. Ich ließ den Fahrer anhalten und stieg aus, um mit ihm zu sprechen.

Wortlos, aber höflich bat er mich, bis zur Treppe seines Eingangs zu kommen. Ich trat näher und lächelte ihn freundlich an. Als ich ihn fragte, worum es ging, bemerkte ich plötzlich, dass sein Gesichtsausdruck sich veränderte. Sein Blick schien betrübt zu werden, und er vermied es, mich anzusehen. Er faltete seine Hände, verbeugte sich vor mir und sagte: „Fräulein, ich flehe Sie an! Verzeihen Sie mir, wenn ich Sie heute damit belästigen muss, aber ich glaube, dass es zu meiner Pflicht gehört, Sie über unangenehme Geschehnisse zu informieren und zu warnen. Bitte, verzeihen Sie mir!"

„Ich bitte Sie", antwortete ich überrascht. „Sagen Sie mir einfach, worum es geht."

„Es sind Gerüchte in der Stadt über Monsieur ..."

„Monsieur?" Ich spürte, wie mein Herz anfing, schneller zu schlagen. „Ja. Es handelt sich wohl um Monsieur ... Die Gerüchte sagen, dass der Reichtum seiner Familie aus unredlichen Geschäften stammt. Tempel sind geplündert worden und ... Aber eigentlich ist es nicht das, worüber ich mit Ihnen sprechen möchte." Er dämpfte seine Stimme. Ich wusste, dass mein Gesicht sich rot verfärbt hatte. Jetzt starrte ich auf seinen Mund, der Worte sprach, Worte, die mein Herz für immer brechen sollten.

„Monsieur ist Ihnen untreu, Fräulein."

„Das ist nicht möglich!", sagte ich und holte tief Luft. „Sie wissen nicht, was Sie sagen! Wir werden heiraten ..."

„Fräulein, ich beobachte Sie Tag für Tag. Ich bin ein alter Mann, der weiß, dass Sie ehrlich und fleißig sind. In der Stadt haben Sie den Ruf einer sehr bestimmten und freundlichen jungen Frau. Aber jeden Morgen, wenn Sie Ihre Hütte verlassen und Monsieur noch bei Ihnen ist, glaube ich, Geräusche zu hören, die nicht sein dürften. Ich rate Ihnen, Fräulein, kommen Sie in etwa einer Stunde zurück und überzeugen Sie sich selbst. Es tut mir leid."

Er schenkte mir einen Blick voller Mitleid, bevor er mit hängenden Schultern in seine Hütte ging.

Ich stand da und konnte immer noch nicht begreifen, was ich gerade gehört hatte. Benommen ging ich zurück zu meiner Rikscha und hieß den Fahrer, loszufahren, bis ich ihn nach einigen Hundert Metern bat, mich heute früh ein wenig herumzufahren. Innerlich verdammte ich diesen eifersüchtigen alten Mann, der wahrscheinlich auf mein Glück neidisch war. Aus mir noch unbekannten Gründen wollte er meine Freude am Leben zerstören.

Tief in widerstrebende Gedanken versunken, bemerkte ich nicht, dass meine Rikscha längst angehalten hatte und der Fahrer mich ansprach: „Fräulein ... Fräulein?" Ich zuckte zusammen. „Jetzt wohin?", fragte er. Ruhig, fast wie in Trance, antwortete ich kurz: „Bringen Sie mich zurück nach Hause."

In der Nähe meiner Hütte ließ ich den Fahrer anhalten und stieg aus. Ich bezahlte und entließ ihn für diesen Tag. Obwohl ich so leise wie eine schleichende Schlange ging, dröhnte jeder Schritt in mir. Es tat mir leid, Hung so zu misstrauen. Fast hasste ich mich dafür. Aber ich wollte es wissen.

Ich zog meine Sandalen aus und legte sie vor die Haustür, bevor ich diese öffnete. Ich ging hinein. Kein Laut war zu hören. Doch plötzlich kamen Stimmen und Gekicher aus dem Schlafzimmer. Aus meinem, aus unserem Schlafzimmer. Ich hielt die Luft an, bevor ich, das Herz voller Anspannung, leise und langsam die Tür öffnete.

Hung und mein Hausmädchen lagen nackt, ineinander fest umschlungen, die erregten Stimmen voller Verlangen, die Hände gierig nach Haut, die Körper fiebrig, auf der Suche nach Erlösung, in meinem Bett. In unserem Bett!

Ich sah ihnen zu, unfähig mich zu bewegen. Jeder seiner Stöße drang in meinen Kopf, in mein Herz, in meine Seele. Jeden ihrer Lustschreie spürte ich wie eine Messerklinge, die mich verletzte, mich umbrachte, mich vernichtete. Wieder und immer wieder. Meine Träume, meine Hoffnung, mein Leben waren auf einmal zerstört und lagen wie die Trümmer dieser Stadt vor meinen Füßen.

Wut stieg plötzlich in mir hoch, und ich reagierte wie eine Furie. Ich packte eine Tischlampe. Inzwischen hatten sich die beiden abrupt getrennt, erschrocken sahen sie mich an.

„Liebes! Es ist nicht das, was du glaubst! Ich wollte nicht, aber sie ...", fing Hung an, mit aufgerissenen Augen.

„Verschwinde! Schlange! Verräter! Ich will dich nie wieder sehen", schrie ich und warf ihm die Lampe an den Kopf. Er griff mit errötetem Gesicht nach seiner Hose und rannte, ohne ein Wort, nackt aus dem Haus.

Mein Gesicht war vor Wut entstellt, die ich nicht mehr kontrollieren konnte. Ich begann, mit meinen Fäusten auf das verstörte nackte Mädchen einzuschlagen, als ob dies mir helfen würde, ihr den Geruch des Mannes, den sie mir gestohlen hatte, wieder zu entreißen. Schreiend schlug ich sie mit der vollen Kraft meiner Verzweiflung, ohne auf ihr Flehen einzugehen.

Als meine Fäuste vom Schlagen schmerzten, zog ich sie an den Haaren in die Küche. Sie war fast bewusstlos und wehrte sich nicht. Ich zerdrückte scharfe Chilis in den Händen und schmierte diesen Brei in ihren Mund und zwischen ihre Beine. Dann schleifte ich das blutende, nackte Mädchen an den Haaren durch meine Straße und schrie allen zu, dass sie mich verraten und entehrt hätte. Einige Nachbarn und Passanten klatschten und beschimpften sie laut. Ich ließ sie los und kehrte zurück in meine Hütte, den Kopf erhoben, den Hals gestreckt. Jedoch zählte ich innerlich jeden meiner Schritte, wissend, dass alle mich beobachteten. Auf keinen Fall durfte ich vor ihnen Schwäche zeigen. Meine Würde stand auf dem Spiel.

Die Spur der Liebe

Als sich die Haustür endlich hinter mir schloss, kauerte ich erschöpft auf dem Boden. Ich fühlte mich verraten, betrogen und unendlich gedemütigt. Nach und nach wurde mir das ganze Ausmaß der Zerstörung klar. Naiv und gutgläubig hatte ich meine Jungfräulichkeit entgegen den gesellschaftlichen Regeln vor der Eheschließung einem Mann geschenkt. Da die Jungfräulichkeit zu dieser Zeit der einzige Wert einer Frau war, bedeutete es nun für mich, dass ich in meinem Land niemals standesgemäß heiraten würde. Wer kaufte schon gebrauchte, beschmutzte Ware? Ich hatte keinen Wert mehr und würde in der annamitischen Gesellschaft niemals Ansehen genießen. Ich war nun einer Hure gleich.

Blind vor Liebe war ich dieses Risiko eingegangen. Jetzt war es zu spät, ich hatte das Spiel verloren. Mein Leben war ein einziges Desaster!

Ich wagte mich nicht zum Schlafzimmer, dort hallten die Lustschreie dieser Verräter immer noch nach. Ich blieb stundenlang so sitzen, ohne mich zu regen, leer, am Boden zerstört, totunglücklich, und ging nicht zur Arbeit.

Kurz vor Mittag öffnete Ngot, außer Atem und ohne zu klopfen, meine Tür. Sie fand mich in meiner Ecke, den Blick ins Leere gerichtet. Ich war nicht fähig zu weinen.

„Wir haben erfahren, was passiert ist", sagte sie leise zu mir und strich mir sanft über die Haare. „Die ganze Stadt spricht davon! Du hast wirklich kein Glück. Aber wie du dein Gesicht gewahrt hast, das allein zählt! Man sagt, du hast sie noch schlimmer verprügelt als ein Mann es getan hätte!"

Ich antwortete nicht. Es gab nichts zu sagen. „Ich bleibe jetzt bei dir, auch heute Nacht, wenn du willst. Lien kümmert sich mit Anh um das Geschäft. Ich habe Angst, dich alleine zu lassen", fuhr sie fort und sah mich besorgt an.

Sie stand auf und ging in die Küche, um uns einen Jasmintee zuzubereiten. Sie füllte den Kessel mit Wasser aus einem Krug und fügte lächelnd hinzu: „Wir werden uns um dich kümmern, mache dir keine Sorgen!"

Mit trauriger Stimme antwortete ich: „Ihr werdet euch um uns kümmern müssen." Sie sah mich an, ohne zu begreifen, was ich ihr damit sagen wollte.

„Um uns? Aber ..." Ich senkte den Kopf und nickte. Meine Tränen fingen an zu fließen.

„Ich wollte euch überraschen. Ich erwarte ein Kind."

Sie stellte schnell den kalten Wasserkessel auf den Tisch, als ob sie sich plötzlich verbrannt hätte, und kam zu mir, um mich fest zu umarmen. „Himmel ... Himmel, hilf uns!", sagte sie leise und fing auch an zu weinen.

Ein Geschenk

Einen langen Tag und eine lange Nacht lag ich mit Wehen in der Hütte von Ngot, bis endlich Mitte August 1950, bei Sonnenaufgang, ein kleines Mädchen, mein Mädchen, das Licht der Welt erblickte. Der Anblick meines gesunden Kindes erfüllte mich mit unwahrscheinlichem Glück und Stolz.

Ngot und Lien waren abwechselnd in die Hebammenrolle geschlüpft. Lien hatte schon ihrer Mutter bei Geburten geholfen, so wusste sie genau, was zu tun war. Als sie mir mein Baby gab, saugte ich ihm die Nase aus und spuckte das Unreine aus. Eine große Silbermünze hatten die beiden schon auf der Nabelschnur befestigt. Dann war das Kind eingeschlafen.

Am Anfang meiner Schwangerschaft hatte mich oft eine tiefe Traurigkeit befallen. Ich erkannte damals, dass Liebeskummer, ähnlich wie Krieg, Schritt für Schritt fähig war, einen Menschen langsam zu zerstören. Jedoch war ich nie allein gewesen. Meine zwei treuen Freundinnen hielten ihr Wort und standen mir unermüdlich zur Seite. Ich stürzte mich mit ihnen in meine Arbeit, die mir half, mich bald besser zu fühlen.

Den Säugling auf dem Arm sagte ich ihnen voller Überzeugung: „Wisst ihr, wenn der Krieg meine Haut nicht bekommen hat, wird es die Liebe ganz sicher auch nicht schaffen!" Deshalb, in Erinnerung an diese Worte, nannte ich meine Tochter „Loan", „Phoenix". Sie sollte das Zeichen meiner Wiedergeburt, das Symbol meiner Kraft im Leben sein. Ab jetzt sollte sie mir tagtäglich zeigen, dass es möglich ist, aus dem Nichts aufzuerstehen, aus der Leere Fülle zu erzeugen. Loan war mir ein kostbares Geschenk.

Ein Spiel mit dem Aberglauben

Mit geschnürtem Bauch ging ich schon am Tag nach der Entbindung zur Arbeit. Ich hatte Loan in einem breiten Baumwollband auf meinen Rücken gebunden, sodass ich sie, wenn sie hungrig war, nur nach vorne zu drehen brauchte, um sie zu stillen. Sie faszinierte alle, und es erstaunte mich selbst, diesem kleinen Wunder das Leben geschenkt zu haben. Ich konnte und wollte mich keine Minute von ihr trennen.

Die Geschäfte liefen gut. Lächelnd verkauften wir Getränke, die wir bewusst mit viel Eis streckten, das wir so gut es ging in einem alten Holzkühlschrank lagerten.

Erst einige Tage waren vergangen, als eines Nachmittags ein vom Laufen erhitzter Junge plötzlich in unser Lokal stürmte. Es war der Junge, der uns ab und zu das Blockeis lieferte.

„Fräulein! Fräulein!“ Schnell kam ich aus der Küche, Loan auf dem Rücken, als er aufgeregt rief: „Fräulein! Ihre Hütte brennt! Kommen Sie schnell!“

Lien stand zuerst ungläubig da und schlug vor lauter Schreck ihre Hände über dem Kopf zusammen.

„Es bringt Unglück! Es bringt der Kleinen Unglück!“, sagte sie mit panischer Stimme.

„Red keinen Unsinn“, sagte Ngot, etwas ruhiger. Ich merkte aber, dass sie es nur mir zuliebe sagte. Ich wusste nämlich, was die beiden damit meinten. Nach der Geburt eines Kindes sollte man sich einige Tage lang davor hüten, irgendein Wort auszusprechen, das mit einem Unglück in Zusammenhang steht, da sonst das Neugeborene selbst von einem solchen heimgesucht wird.

Es blieb aber keine Zeit, um weiter darüber nachzudenken. Ich löste das Band und übergab die Kleine rasch Ngot, bevor ich mit dem Jungen nach Hause rannte, da keine Rikscha in der Nähe war.

Von meinem Zuhause war nichts übrig als ein Haufen rauchender Asche. Die Nachbarn hatten gemeinsam verhindert, dass das Feuer sich ausbreitete und noch mehr Schaden anrichtete. Alle waren tief betroffen und drückten mir ihr Mitgefühl aus.

Machtlos stand ich da. Wieder hatte ich alles verloren, was ich besaß. Doch waren wir, mein Kind und ich, noch am Leben. Nur das war in dem Moment wichtig. Dieses Unglück machte mir erneut den wahren Wert des Lebens deutlich, und so ging ich gestärkt daraus hervor.

Bevor ich zur Arbeit zurückkehrte, bedankte ich mich ruhig bei den Anwesenden. Und da ich den oder die

Brandstifter nicht weit von uns vermutete, sagte ich gefasst, aber laut genug: „Es ist nicht schlimm. Man kann immer von vorne anfangen!"

Nach kurzen Ermittlungen und dank Zeugenaussagen fand man tatsächlich den Schuldigen beziehungsweise die Schuldige. Die Frau, die fast meine Schwägerin geworden wäre, wurde beobachtet, als sie sich mit einer Petroleumlampe meiner Hütte näherte und sich dann mit leeren Händen entfernte. Als man sie verhörte, legte sie sofort ein Geständnis ab. Sie wollte nicht allein aus Rache gehandelt haben, eher vertraute sie auf die Folgen unseres heimatlichen Aberglaubens. Nachdem sie in Erfahrung gebracht hatte, dass ich ein Kind geboren hatte, sollte nun diesem ein Unglück zustoßen.

Die Frau steckte man ins Gefängnis. Die Erleichterung darüber konnte jedoch das flaue Gefühl, das nach ihrer Aussage aufkam, nicht ganz aus meinem Kopf verbannen.

Bonjour und Adieu

Ngot schlug mir vor, in ihre Hütte zu ziehen, da sie allein lebte. Wie Lien war sie noch nie eine tiefe Beziehung eingegangen. Ich vermutete, dass beide von meinen Erfahrungen abgeschreckt wurden. Gern nahm ich das Angebot an. Nach wie vor trennte ich mich nie von Loan, in der Zeit, in der ich arbeitete, schlief sie bei uns in der Küche.

Wir führten unser Geschäft in der von Ho-Chi-Minh ausgerufenen Volksdemokratischen Republik weiter.

Bald darauf begann jedoch eine Zeit, in der sich sowohl im Süden wie auch im hohen Norden der Krieg zwischen seinen Anhängern und den Franzosen durch immer heftigere, vernichtende Kämpfe ausbreitete. Dieser Krieg war wie das Meer, das seine Wellen regelmäßig an einen Strand rollen ließ. Wir lebten zwischen den Fronten, in der Hoffnung, dass die Konflikte bald aufhören würden und der ersehnte Frieden uns endlich eine Chance auf eine gute Zukunft geben würde.

Da in unserem Lokal meistens Angehörige der französischen Streitkräfte verkehrten, sah ich viele junge und ältere anonyme Gesichter, die auf der Reise in ihren Tod waren. Meine Französischkenntnisse waren inzwischen gut genug, sodass ich fähig war, mich verständlich zu machen und zudem verstehen konnte, was die Besucher beim Essen und Trinken erzählten.

Neben Fallschirmjägern saßen Fremdenlegionäre aus vielen Ländern bei uns und tranken ein letztes Glas, bevor sie in den Kampf zogen. Deutsche, Elsässer, Bretonen, Basken, Korsen, Pieds Noirs, Schwarze, Marokkaner, Ungarn und Belgier waren nur einige von denen, die angespannt darauf warteten, was der nächste Tag bringen mochte. Die meisten sprachen laut, und oft konnten sie es kaum erwarten zu kämpfen. Andere wiederum waren ruhig und machten den Eindruck, nicht genau zu wissen, warum sie überhaupt hier waren. Mancher Soldat der Kolonialarmee lächelte mit einem glückbringenden Metrofahrschein in der Tasche, sicher, diesen eines Tages im Heimatland wieder benutzen zu können. Legionäre stießen eine Gewehrkugel gegen ihr Glas und küssten sie dann zärtlich, bevor sie in die Tasche verschwand. Während ich die Hand des einen von meinem Hintern nahm, immer mit einem Lächeln, und sie höflich aber fest genug auf den Tisch knallte, bevor ich kassierte, schenkte ich einem anderen kostenlos nach, weil er plötzlich wie ein kleines Kind zu weinen anfing, aus Liebeskummer oder Heimweh.

Ich hatte mich längst daran gewöhnt, im Angesicht all dieser Menschen und Schicksale nichts zu empfinden, und damit abgefunden, dass aus einem „Bonjour" ein „Adieu" wurde.

C'est la vie...

Eines Abends kam eine Gruppe Fremdenlegionäre mit dem Spruch „Lasst uns jetzt zu unseren kleinen Frauen gehen, die in Seide furzen!" in das Lokal und bestellte sich eine Runde Cognac-Soda. Einer von ihnen, der nicht besonders gut aussah, lächelte verlegen wegen dieses Spruches. Er hieß Philippe und kam aus der Bretagne. Sie kamen immer in Trupps, um ein Glas oder auch mehrere zu trinken, sodass unsere Kasse kräftig klingelte. Manchmal kam einer in Begleitung eines einheimischen Mädchens, auf dessen Gesicht der Traum einer gemeinsamen Zukunft mit dem Mann geschrieben war. Oft hörte ich ihr Versprechen, für immer aufeinander zu warten. Oft tröstete ich diese jungen Paare, die spürten, dass der Abend in unserem Lokal der letzte gemeinsame sein würde.

Bald darauf fragte ich seine Kameraden, ob Philippe versetzt worden sei, weil er schon seit einiger Zeit nicht mehr dabei war. Ich erfuhr, dass er im Krankenhaus der Kaserne mit einer Durchfallerkrankung lag. Ohne mir etwas dabei zu denken, weil er sich mir gegenüber stets sehr nett und anständig verhalten hatte und ich ihn wegen seiner guten Laune vermisste, ging ich in die Kaserne und brachte ihm frische Früchte, dazu eine leckere Mahlzeit und eine Flasche Rotwein vorbei. Überrascht und sehr gerührt bedankte er sich herzlich.

Als er nach einigen Wochen gesund war, kam er wieder zu uns. Er erzählte mir an der Theke, wie er unsere Art bewundere, den Menschen so zu akzeptieren, wie er sei, ob schön oder hässlich, ob reich oder arm, ob gesund oder krank. Dann sprach er über die Macht der Liebe, an die er glaubte. Und dann erklärte er mir unerwartet seine Liebe.

Er sprach von Heirat und von einem ruhigen Leben an seiner Seite, wenn alles vorüber sei. Als ich loslachte, weil ich an die Liebe nicht mehr glaubte, ahnte ich nicht, dass sein Herz dadurch brechen würde. Er sagte nur, ich solle es mir noch einmal überlegen, bevor er mit hängendem Kopf hinausging.

Es war Anfang 1951, als Philippe eines Morgens in unser Lokal kam, allein.

„Ich werde mich freiwillig nach Cao-bang melden, es sei denn, du hast es dir überlegt“, sagte er ruhig und ernst. Ich wusste, dass seine Gefühle mehr als nur Zuneigung waren, aber im Gegensatz zu ihm füllte nichts als Leere mein Herz.

Zu diesem Zeitpunkt war ich höchstens fähig, Mitleid für einen Mann zu empfinden, so wie für diese jungen Burschen, die im Lokal manchmal plötzlich losheulten. Gefühle der Zugehörigkeit oder die Sehnsucht nach körperlicher Nähe waren mir fremd geworden. Immer noch spürte mein Herz den tiefen, bitteren Schmerz, den mir die Liebe einst zugefügt hatte. Seither fühlte alles sich, was Männer betraf, wie ein Stein an, kalt, regungslos und ohne Leben. Aus meiner damaligen Enttäuschung war das Gefühl entstanden, nie mehr lieben zu können. Und aus purem Interesse einen Mann zu heiraten, lag mir ganz fern. So schwieg ich. „Dort werde ich vielleicht sterben", fuhr er fort.

„Vergiss mich", antwortete ich ihm kühl.

„Dann ... den Tod in meinem Herzen, verlasse ich dich." Er sah mich bleich und mit Tränen in den Augen an.

Bevor ich mich umdrehte, um in die Küche zu gehen, sagte ich nur: „C'est la vie ..."

Reue

Die Erinnerung an den Anschlag auf mein Zuhause machte mir immer noch zu schaffen, damit verbunden die Angst, dass mein Kind vielleicht in Gefahr war. Warum wählte das Schicksal immer mich? In solchen Momenten drückte ich Loan fest an mich. Sie ganz langsam wachsen zu sehen, ganz nah bei mir, tröstete mich. Jedoch fing ich an, über unsere Zukunft nachzudenken. Wie würde die meines Kindes aussehen, wenn ich selbst nicht einmal wusste, was mir am nächsten Morgen bevorstand? Wie schon lange nicht mehr war ich seit Wochen richtig niedergeschlagen, und weder die tägliche Arbeit im Lokal noch die tröstenden Worte meiner Freundinnen konnten mich wirklich aufmuntern.

Nach und nach, als meine trüben Gedanken mich auch nachts heimsuchten, gestand ich mir die Ursache ein. Seit Philippes Abschied war mir erst richtig bewusst geworden, dass ich egoistisch gehandelt hatte, indem ich nur an mich anstatt an die Zukunft meines Kindes gedacht hatte. Wie leichtsinnig war das von mir gewesen! Abgesehen von dem furchtbaren Schmerz, den ich einer liebenswerten Person wie ihm zugefügt hatte, quälte mich die Erkenntnis, nicht mehr fähig zu sein, die tiefen Gefühle eines Menschen erwidern zu können.

Für mich war das Elend der Flüchtlingskolonnen, die immer größer wurden, eine tägliche Realität. Schließlich erreichte mich die Nachricht von schweren Kämpfen in Cao-bang und Langson, die mich tief bis ins Mark traf. Meine Gedanken kreisten jetzt nur noch um Philippe und lasteten wie tausend Steine auf meiner Seele, meinem Gewissen. War ich ein schlechter Mensch?

Im Norden gelang es nicht einmal der Regenzeit, das Blut der vielen Opfer im schlammigen Boden versickern zu lassen. Vielleicht war Philippe eines der Opfer. Und ich hatte ihn mit meiner Antwort auf seine aufrichtige Liebeserklärung in den Tod getrieben. Wie falsch und herzlos von mir! Die Tatsache, dass ich einen lieben Menschen sehr wahrscheinlich in den sicheren Tod geschickt hatte, gab mir den Rest und ließ mich noch mehr am Leben verzweifeln.

Mit meiner Entscheidung musste ich leben, aber es war nun an der Zeit, diesen Fehler zu korrigieren. Ich hatte etwas gutzumachen!

Die Erlösung dieser meiner Sünde kam in Form einer Bekannten. Nguyen-Thi-Nga, die mit einem Franzosen verlobt war, hatte mir mehrfach angeboten, mit ihr in der französischen Kaserne zu arbeiten. In der Apotheke suchte man Aushilfen. Ich hatte bisher immer abgewinkt, doch dieses Mal, als sie mich wieder besuchte und fragte, erklärte ich mich bereit, mitzuarbeiten.

Kurzerhand wurde ich am 19. Juli 1951 als „Kuli" eingestellt und bekam von den vietnamesischen Behörden meine erste Carte d'identité.

Da ich nicht wusste, wann genau ich geboren wurde, und um keinen Fehler zu machen und spontan antworten zu können, sollte man mich dies später bei einer Kontrolle fragen, gab ich den 10.10.1929 an. Meine zehn Finger konnte ich mir gut merken ...

In der Apotheke wog und verpackte ich tagsüber Medikamente, die dann in die Kampfgebiete verschickt wurden. Ngot und Lien bemutterten in der Zeit meiner Abwesenheit Loan. Ich durfte so oft weg, wie es nötig war, um die Kleine zu stillen. Nach Feierabend kehrte ich in die Bar zurück, um dort zu essen und weiterzuarbeiten. Am nächsten Tag stand ich wieder früh auf, um so viele Medikamente wie möglich einzupacken. Und mit jedem Päckchen spürte meine bedrückte Seele etwas Erleichterung.

Wieder stand das Jahr unter dem Zeichen des mächtigen Drachens. Unter diesem Tierzeichen hatte ich mich 1940, zwölf Jahre zuvor, entschlossen, für immer von zu Hause wegzugehen. Seit dieser Zeit lebte ich ein Leben für mich, und jetzt für meine Tochter.

Im Grunde meines Herzens hoffte ich doch immer noch, irgendwann glücklich und in Frieden zu leben. Während ich diesen Sehnsüchten nachhing, streichelte ich den einzigen Schmuck, den ich trug: das kleine Kreuz von Fräulein Bè.

Ich hatte mich noch keiner Glaubensrichtung angeschlossen, wahrscheinlich weil ich die, von denen ich bisher erfahren hatte, nur flüchtig kannte. Vielleicht auch, weil ich nicht gebildet war. Aber ich wusste, was zählte: der Himmel und meine Ahnen. Darauf konnte und wollte ich mich verlassen.

Eines Nachts, Anfang März, hatte ich einen seltsamen Traum. Das Jesuskind lag in einer Wiege und verlangte von mir, ihm etwas zu trinken zu geben, da es durstig sei. Als ich es ansah, spürte ich schlafend mein Herz schlagen, als wäre ich wach. Im Traum holte ich Milch, die ich ihm langsam, wie eine Mutter ihrem Kind, einflößte. Ich wachte auf und fand es komisch, vom Kind des Gottes der Weißen geträumt zu haben. Bewusst streckte ich die Hand nach Loan, die ruhig neben mir schlief. Ich nahm sie zu mir und schlief mit ihr in den Armen wieder ein.

Mitte März weckte Loan mich plötzlich nachts auf. Sie war sehr unruhig und weinte laut. Ich stand sofort auf, nahm sie in die Arme und versuchte, sie zu beruhigen, indem ich ihr meine Lieder leise vorsang, während draußen kalter Regen auf die Dächer herabstürzte, als wolle er alle Sünden fortspülen.

Ngot war ebenfalls durch ihr Weinen wach geworden.

„Das sind bestimmt ihre Zähne“, sagte sie. Ich wiegte das Kind weiter in den Schlaf. Ngot legte sich wieder hin. Ich schaukelte Loan sanft und setzte mich mit ihr auf einen Stuhl, und langsam beruhigte sie sich.

Es hatte später aufgehört, zu regnen. Ich konnte bereits die ersten Sonnenstrahlen sehen. Es war ein Freitag!

Plötzlich und ohne Grund fing Loan wieder an, heftig zu schreien an. Jetzt war ich beunruhigt. Mein Kind war noch nie krank gewesen, was hatte es? Ngot war ebenfalls aufgestanden und ging jetzt ins Nebenzimmer, um Räucherstäbchen anzuzünden und für die Gesundheit des Kindes zu beten. Ich hörte ihr Murmeln.

Nur Minuten waren vergangen, als ich vor Schreck erbebte. Vor mir, aus der weißen Wand, sah ich drei Männer heraustreten. Ich erkannte an ihren blassen Gesichtern und der langen Kleidung europäische Mönche. Ihre maskenhaften Gesichter starrten mich an. Ich war sprachlos vor Entsetzen und schweißgebadet.

Der Mann in der Mitte streckte langsam seine Hand in unsere Richtung. Mein Kopf konnte seine Gedanken lesen.

Er sagte: „Fürchte dich nicht. Wir sind gekommen, um dein Kind zu holen.“ Als ob Loan dies gehört hätte, ließ sie nur noch einen letzten, klagenden Schrei über ihre Lippen entweichen, bevor sie mit ihrer kleinen Hand krampfhaft versuchte, sich an meinen Haaren festzuhalten, so fest, dass sie mir wehtat. Dann hörte sie auf zu atmen.

Die Erscheinungen waren verschwunden. Bei sich hatten sie die Seele meines Kindes, das gerade in meinen Armen gestorben war. Bald wäre Loan neunzehn Monate alt geworden.

Ein von Ngot herbeigerufener Arzt konnte nur noch ihren Tod feststellen, vermutlich durch eine bakterielle Infektion verursacht. Derartige tödliche Erkrankungen und Epidemien aller Art waren hier keine Seltenheit und waren für den Arzt an der Tagesordnung. Doch mir, der Mutter, brach es das Herz.

Der Himmel hatte mir soeben das Letzte genommen, was ich liebte.

Kapitel 3: Wege des Schicksals

Der Phoenix lebt

Die feierliche Begräbniszeremonie, durch die ein Verstorbener zu den Ahnen erhoben wird, ist bei uns sehr wichtig. Die Menschen glauben, dass die Seele des Toten ohne sie in die Hölle kommt.

Ein Stück weiße Seide wird dem Sterbenden als „weiße Seele“ auf die Brust gelegt, damit die scheidende Seele sich darin beim letzten Atemzug verfangen kann. Räucherwerk wird im Haus angezündet, um die Leichenwache zu halten, meist von herbeigerufenen Priestern. Vor der Haustür werden anschließend Kupfermünzen verstreut, um die bösen Geister in sie zu locken. Wenn der Leichnam mit Weihwasser gewaschen und von den Angehörigen angekleidet ist, steckt man ihm als letzte Mahlzeit Geld und Reiskörner in seinen Mund.

Danach wird der Verstorbene in einen möglichst reich ausgestatteten Sarg gelegt, auf dem man zahlreiche glückbringende Amulette befestigt hat, bevor dieser auf einen großen, in den Farben Rot und Gold bemalten Katafalk gestellt wird, ähnlich einer kleinen Pagode. Kahlköpfige Klageweiber können zu diesem Anlass gemietet werden, die mit ihren Wehklagen den Tränen freien Lauf lassen. Die Angehörigen, ganz in weiß, der Farbe der Trauer, gekleidet, können sich ebenfalls den Kopf scheren lassen.

Dann wird der Sarg auf den Friedhof gebracht. An der Spitze des Trauerzugs marschieren zwei Männer mit Fackeln und Banner, auf denen Rang und Stand des Verstorbenen verkündet wird. Es folgen Menschen, die Gegenstände aus Gold- und Silberpapier verteilen, um die bösen Geister zufriedenzustellen.

Dahinter wird die rot lackierte Gedenktafel mit der Darstellung des Verstorbenen in seinem neuen Stand als Ahne getragen, sowie ein kleiner Altar und Erinnerungsstücke oder Gegenstände, die dem Toten teuer waren, als er noch lebte. Von Musikanten umgeben kommen am Ende der Leichenwagen und die trauernden Angehörigen.

Am Grab angekommen, wird die „weiße Seele" dreimal laut davon in Kenntnis gesetzt, dass der Tote nun begraben wird.

So geschieht es. Anschließend findet die Gedenktafel ihren Platz auf dem Ahnenaltar.

Ich wollte von all dem nichts wissen. Keine noch so große Zeremonie hätte ausdrücken können, wie kostbar mir meine Tochter war oder wie sehr ich sie geliebt hatte. Ich brauchte weder einen Altar, denn ich trug meine Ahnen in mir und ich wusste ihre schützende Hand über mir, dem Waisenkind. Noch brauchte ich ein Klageweib, weil ich selbst weinen konnte.

Jedoch hielt ich weiß gekleidet drei Tage lang Wache bei Loan.

Ngot und Lien hatten Blumen gebracht und sie um ihren kleinen Körper verstreut. Ich bat Ngot, mir meine langen Haare abzuschneiden. Unter Tränen folgte sie meinem Wunsch. Loan hatte meine Haare geliebt, und sie waren das Einzige, außer meiner Liebe, das ich ihr auf ihre große Reise noch mitgeben konnte.

Da mir drei weiße Mönche erschienen waren, brachte ich sie am Sonntagmorgen, in weiße Seide gehüllt, zu einem katholischen Priester. Bevor ich den Geistlichen darum bat, Loan nach seinem Glauben zu bestatten, sagte ich: „Der Himmel ist gerecht: Ein junger Mann starb wegen meiner Abneigung. So begleiche ich jetzt meine Schuld mit meinem eigenen Blut."

Der Priester sah mich schweigend an und erkannte meine Trauer. Dann erfüllte er meine Bitte.

Ich gab persönliche Gründe an und kündigte zum 31. März 1952 meine Arbeitsstelle. „Ab jetzt", sagte ich meinen Freundinnen, „möchte ich von niemandem mehr, auch nicht von Euch, „Cúc" genannt werden, sondern nur „Loan", denn sie war und bleibt mein Leben. Ich habe sie nicht umsonst „Phoenix" genannt."

Kurz darauf beschloss ich, diese Stadt zu verlassen, die mir so viel Unglück gebracht hatte. Ich nahm nur eine Kassette mit Schmuck, Geld und etwas Kleidung mit und verabschiedete mich von Ngot, Lien und Anh, die am Boden zerstört waren, mich gehen zu sehen.

„Ich kann nicht mehr hier bleiben", sagte ich ihnen. „Sonst werde ich vor Kummer vergehen. Nehmt euch alles, was mir gehört. Ich will es nicht mehr. Ich danke euch von Herzen."

Ich stieg in den Bus, der mich nach Gia-Lam, eine Stadt im Osten Hanois, bringen sollte, weit weg von meiner schweren Vergangenheit, der ich entfliehen wollte.

Als der Bus langsam losfuhr, riefen sie mir wie aus einem Mund zu: „Du hast recht, Loan: Ein Phoenix stirbt nie!"

Hoas Größe

Die französische Armee hatte längst in Gia-Lam Stellung bezogen. Ich wohnte an der Straße, die von Haiphong nach Hanoi führte, in einer von vielen winzigen Hütten. Gleich dahinter begannen weite Sümpfe, die einen idealen Lebensraum für Krokodile und Ochsenfrösche boten, deren lautes Quaken die gewohnte Geräuschkulisse übertönte, sobald die Abenddämmerung kam. Ich wollte mir diesmal eine Bar einrichten, so mietete ich mir in der Stadt einen kleinen Raum und besorgte ein paar Möbel. Dann stellte ich zwei junge Frauen ein, um für mich zu arbeiten. Der martialische Fluglärm, der von Jagdbombern und Dakotas vom nahen Flugplatz kam, mischte sich oft mit den lockenden Rufen der Essensverkäufer. Wie alle hier lebte ich von Tag zu Tag. Eine lange Brücke, die den Namen Paul-Doumers trug, überspannte den breiten Roten Fluss und verband Gia-Lam mit Hanoi. Über sie führte auch der Bahnverkehr nach Haiphong. In regelmäßigen Abständen waren auf ihr große, schwarze Kolonialsoldaten postiert, die in Shorts die Brücke bewachten. Durch Büffelgespanne, Rikschas, Radfahrer und Passanten war sie oftmals völlig verstopft.

An meinen freien Tagen überquerte ich mit der Rikscha den Fluss und verbrachte meine Zeit in Hanoi. Der symbolische Akt, meine Identität abzulegen, hatte mir geholfen, langsam wieder Kraft zu schöpfen. Den Vater von Loan nicht zu heiraten, war eine folgenschwere Entscheidung gewesen. Ich hatte gegen die gesellschaftlichen Regeln verstoßen und meine Reputation zerstört. Doch ich spürte, dass es falsch gewesen wäre, mein selbstbestimmtes Leben als Frau aufzugeben. Loans Verlust war nur eine weitere Prüfung, die ich bestehen musste. Und als würde meine Tochter danach verlangen, dass ich gerade aufgrund dieser meiner aufsässigen Prinzipien ein neues Leben anfing, versuchte ich dies nun so gut ich konnte. Ich war fest entschlossen, bald wieder auf die Füße zu kommen, in einer fremden Stadt, mit einem neuen Namen.

Einige Schritte von meinem Lokal entfernt lernte ich eines Abends ein junges Mädchen kennen, das ich schon mehrmals allein hier hatte stehen sehen und das mir deshalb aufgefallen war. Sie war vierzehn Jahre alt und hieß Hoa.

Ich sprach sie an. Sie sah mich verlegen an und schaute sich vorsichtig um, ob jemand uns zuhörte. Leise sagte sie mir, sie sei eine Prostituierte und warte auf Freier.

Dann schilderte sie mir ihre Geschichte. Es war für ihre Familie und sie die einzige Möglichkeit, zu überleben. Ihr Vater war in den Kampf für die Freiheit seines Volkes gezogen; seit Jahren hatten sie keine Nachricht mehr von ihm erhalten. So blieb ihre Mutter mit ihren drei Kindern, dazu ein gelähmter Opa, mittellos zurück. Mit zwölf Jahren verkaufte Hoa zum ersten Mal ihren Körper für ein paar Hundert Piaster an einen Mann, damit ihre

Familie etwas zum Essen hatte. Niemand zwang sie dazu, doch die schreckliche Not ihrer Angehörigen in diesem verfluchten Krieg ließ ihr keine andere Wahl.

Es bewegte mich tief zu hören, wozu ein Mensch aus Liebe zu den Seinen fähig war. Für mich bedeutete Hoas Opfer einen Beweis wahrer innerer Größe.

Ein geheimnisvolles Zimmer

Freundlich, fast herzlich, hatte mich mein neuer Vermieter empfangen. Er lebte mit seiner Familie in der Hütte neben mir und stellte keine Fragen. Eines Tages fiel mir auf, dass meine Papiere noch zu Hause lagen, weshalb ich schnell umkehrte. Niemand wusste, was ein neuer Tag bringen mochte, da war es besser, alles Wichtige bei sich zu haben. Fast zu Hause angekommen, sah ich meinen Vermieter in meine Hütte treten, eine Kalbshälfte über die Schulter gelegt. Erstaunt wartete ich einige Minuten vor dem Eingang. Wo wollte er das Fleisch lagern? Es gab dafür keinen Platz.

Als er nach einer Weile immer noch nicht herauskam, ging ich hinein. Mitten in dem einzigen Zimmer der Hütte stand er ruhig und lächelte mich freundlich an: „Fräulein Loan, ich wollte eben prüfen, ob bei Ihnen in der Hütte alles sauber ist“, sagte er etwas zu hastig für mein Empfinden.

Ruhig und mit einem besonders freundlichen Lächeln antwortete ich ihm höflich: „Ich bitte Sie. Prüfen Sie, prüfen Sie. Ich hoffe, es ist Ihnen sauber genug. Ich will nur schnell meine Handtasche holen, die ich vergessen habe.“ Ohne auf eine Antwort zu warten, begab ich mich zum Nachttisch. Natürlich bemerkte ich, dass nicht die geringste Spur von dem riesigen Fleischstück vorhanden war. Ich ließ mir aber nichts anmerken, nahm die Tasche und grüßte ihn noch einmal. Er schien mit seiner Überprüfung zufrieden zu sein, nickte auf meinen Gruß hin und folgte mir zum Ausgang.

Nach Feierabend vergewisserte ich mich, dass meine Tür abgeschlossen war und die Karbidlampe auf Sparflamme brannte. Der Vorfall hatte mir keine Ruhe gelassen. Ich wollte herausfinden, was mit der Kalbshälfte passiert war. Ich begann also die Wände abzutasten. Nichts! Da entdeckte ich, dass der Teppich unter meinem Bett an einer Ecke eine Falte hatte. Vorsichtig und so leise wie möglich zog ich das leichte Bambusbett zusammen mit dem Teppich zur Seite. Tatsächlich: Da war eine Falltür.

Ungläubig öffnete ich diese um einige Zentimeter und entdeckte einen unterirdischen Gang. Meine Hütte war also unterhöhlt, und es befand sich ein Tunnel darunter! Erschrocken und aus Furcht, dass gleich jemand aus diesem Tunnel heraufkommen könnte, schloss ich hastig die Falltür, um wieder leise den Teppich mit dem Bett zurück an Ort und Stelle zu schieben. Das hatte mir gerade noch gefehlt. Mein Zimmer war der Eingang zu einem unterirdischen Tunnelsystem, über welches mein Vermieter vermutlich Leute des Vietminh mit Lebensmitteln versorgte! Zuerst war ich erschüttert, bis ich schließlich feststellte, dass es mir am Ende doch egal war. Ich wollte meine Ruhe haben, wollte nur in Frieden leben.

Das Leben nahm seinen Lauf. Bewusst übersah ich mit der Zeit die Bananenbäume hinter meiner Hütte, die sich manchmal abrupt schüttelten, wenn ich meine Wäsche an die Leine hing, und überhörte die sprechenden, zweibeinigen „Maulwürfe“, die sich da unten in ihren Löchern unterhielten, unweit meiner Füße, weil sie plötzlich auf festere Wurzeln gestoßen waren.

Zwei Monate waren seit meiner Ankunft vergangen. Ich hatte keinen Grund zur Sorge. Was mich betraf, mangelte es mir an nichts. Wenn man genügend Geld hatte, konnte man hier ziemlich entspannt leben. Menschen, die in der Hocke saßen, weil es für sie bequemer war, als auf einem Stuhl zu sitzen, suchten sich in ruhigen Stunden vor ihren Hütten gegenseitig die Köpfe nach Läusen ab. Andere ließen sich gegen Bezahlung ihren Schopf nach grauen Haaren absuchen und schliefen zufrieden dabei ein. Die Ärmsten der Armen hingegen standen stundenlang am Straßenrand und tauschten lange prächtige Haarschöpfe gegen ein wenig Geld oder Essen. Diese Mähnen kauften sich meistens Frauen, die damit ihr dünnes Haar füllen oder eine extravagantere Frisur tragen wollten. Wichtig war nur, auf die Herkunft der Haare zu achten, denn es kam vor, dass die Haare von toten Frauen stammten.

Eines Morgens bemerkte ich, dass ich beobachtet wurde. Ein junger Mann mit Brille war mir aufgefallen, weil er mir von zu Hause bis zur Arbeit gefolgt war. Jetzt stand er unweit meiner Bar und tat so, als ob er lesen würde.

Ich war beunruhigt. War ich durch die Machenschaften meines Vermieters aufgefallen? Wusste ich zu viel? Oder war es wegen meiner Kontakte zu Ausländern?

Nachmittags konnte ich es nicht mehr aushalten. Der Mann stand immer noch da. Da mir das Ganze unheimlich zu werden begann, beschloss ich, die Straße zu überqueren, um ihn direkt zu fragen.

„Verzeihung. Sie beobachten mich schon den ganzen Tag. Kann ich Ihnen helfen?“, fragte ich äußerlich völlig gelassen. Überrascht von meiner Offenheit, nahm er seine Brille ab, sah zu Boden und antwortete verlegen: „Ich selbst muss um Verzeihung bitten, Fräulein ... Sind Sie Fräulein Cúc?“

Als ich nicht antwortete, fuhr er fort: „Mein Herr hat mich damit beauftragt, Sie zu suchen. Er wünscht ein Gespräch, um sich für das, was er Ihnen angetan hat, zu entschuldigen. Er möchte Sie zurückhaben ... als seine Frau.“ Er blickte immer noch ehrfürchtig nach unten.

Wie konnte die Erinnerung an Hung mich innerhalb von einer Sekunde so sehr aufwühlen? Ich musste tief Luft holen. Ja, auch ich hätte gern mein Leben mit ihm verbracht. Aus tiefstem Herzen hatte ich ihm meine Ehre geschenkt. Jetzt gab es nur noch Schmerz, wenn ich an ihn dachte. Als ich wieder genügend Kraft und innere Ruhe gefunden und mich gefasst hatte, antwortete ich: „Sagen Sie Ihrem Herrn, dass ich bereit bin, ihn wieder aufzunehmen. Allerdings unter der Bedingung, dass er den Mut dazu findet, sich eine Backe aus seinem Gesicht zu schneiden, als Entschädigung für das Leid, das er mir tief in meinem Leib zugefügt hat. Ansonsten wünsche ich, ihn nie wiederzusehen."

Der Bote nickte hastig und ging, dankbar, seinem Herrn eine Antwort bringen zu können.

Der Bund der Freundschaft

> „Wenn du am Ende deines Lebens auf nur eine Hand, auf einen einzigen Freund zählen kannst, dann warst du glücklich!" (Loan)

Im Lokal erlebte ich die mir wohlbekannte Routine, Soldaten verschiedener Nationen zu bedienen, aber auch ihnen zuzuhören. Für mein Lächeln und ein wenig Freundlichkeit bekam ich ihre Lebensgeschichten anvertraut.

Oft klopfte ich auf die Schulter eines Klagenden, der sich verloren wusste. Viele Male nickte ich einem großen, sehnsüchtigen Kind zu, das Träume besaß, die sich in seinem Leben nicht mehr erfüllen würden.

Es ging nicht um Geld. Ich hatte längst herausgefunden, dass Geld nur eine Illusion des Glücks war. Hier ging es um den Menschen mit all seinen Gefühlen und Sehnsüchten, um den Menschen mit seinen Stärken und Schwächen.

Ich hatte aber ebenso gelernt, mit Schlägereien umzugehen. Mancher frisch angekommene Soldat, der damit protzte, im Koreakrieg gewesen zu sein, brauchte keinen Alkohol, um jemanden aus der Kolonialarmee oder Fremdenlegion zu provozieren. Ein Wort zu viel reichte schon aus, um innerhalb einer Minute zerschlagenes Mobiliar übrigzulassen. In diesen Fällen behielt ich immer die Nerven. Nach der Rauferei listete ich alle Schäden auf und begab mich am nächsten Tag in die Kaserne, in der ein Vorgesetzter der Raufbolde immer bereit war, den Schaden mit Geld zu ersetzen, meistens mit einer Entschuldigung, nachdem er sich notiert hatte, wer von seinen Jungs nun im nächsten Monat weniger Sold bekommen würde.

An einem regnerischen Tag im Juli war ich eifrig damit beschäftigt, Bier auszuschenken, als ich beobachtete, wie eine Rikscha vor der Bar anhielt. Mir verschlug es die Sprache, als ich sah, wer mit seinem Gepäck ausstieg: Ngot, Lien und Anh standen plötzlich vor mir, ein Lächeln auf ihren Gesichtern.

„Wir haben alles verkauft, um dir zu folgen! Und nun sind wir hier!“, riefen sie erregt durcheinander und stießen helle, spitze Schreie der Freude aus.

Wir fielen uns in die Arme, nicht ohne dass meine Kunden, lachend und scherzhaft protestierend, auch sofort von uns umarmt werden wollten. Es war unglaublich. Mein Herz war voller Glück! Ich hatte doch nicht alles verloren: Ich hatte treue Freundinnen, Freundinnen fürs Leben.

Anh

So schnell wie möglich zogen wir in eine große Hütte, in der wir alle vier genug Platz hatten. Sie lag etwas abseits und war von einem großen Sumpf umgeben. Die hintere Wand unserer Schlafräume befand sich nahe an einer Außenwand eines kleinen buddhistischen Tempels, in dem junge Mönche lebten.

Jetzt war ich doch sehr erleichtert, niemanden mehr unter meinem Bett zu wissen. Wir wechselten auch den Standort meines Lokals und suchten uns neue Räume in einer belebteren Umgebung. Wie früher führten wir ab da in angenehmer Eintracht unser blühendes Geschäft.

Ngot und Lien waren so geblieben, wie ich sie kannte, aber Anh, die mit ihren neunzehn Jahren noch schöner geworden war, hatte sich sehr verändert. Ich erfuhr, was sie in den letzten Monaten durchgemacht hatte.

Erst wurde sie von ihrem Mann wegen einer in seinen Augen noch hübscheren Frau verlassen. Anschließend ließ diese einen Anschlag auf sie ausüben. Am helllichten Tag war ein Unbekannter auf offener Straße auf Anh zugestürmt und hatte versucht, ihr das Gesicht mit Säure zu verätzen. Sie hatte dabei Glück im Unglück gehabt, er hatte nur ihren Hals verletzt. Auch aus Furcht vor weiteren Angriffen hatte sie sich deshalb entschlossen, gemeinsam mit Ngot und Lien zu mir zu ziehen. Und das war noch nicht alles: Anh war im dritten Monat schwanger.

Ich spürte, wie sehr sie darunter litt, weder Ngot noch Lien konnten ihr dabei helfen. Ich versuchte, an sie heranzukommen, um sie aufzumuntern.

Wir führten ein Gespräch, in dem sie mir ausschließlich zuhörte, ohne etwas zu sagen. Ich bat sie, nicht alles so schwerzunehmen, auch wenn sie ein Kind erwarte. Schließlich hätte ich es auch geschafft, wieder auf die

Füße zu kommen. Die Ehre, sagte ich, sei doch nicht alles. Ich selbst sei auch glücklich, und ihr Kind würde ihr sicher viel Freude bringen. Außerdem habe sie auch noch uns!

Anh blickte auf. Nach einer Weile sagte sie leise: „Ich danke dir. Du bist so gut zu mir. Ich liebe dich wie meine eigene Schwester. Aber mein Leben ist sinnlos ohne ihn. Egal, was kommen mag." Sie stand langsam auf und ging hinaus. Hilflos und traurig kehrte ich zu den anderen zurück. Ich konnte das alles nur zu gut nachfühlen!

Zwei Tage später fand Lien sie in ihrem Schlafzimmer. Dort, ohne einen Laut, hatte sich Anh ein Messer zuerst in den Bauch gestochen, bevor sie sich mit einem zweiten Stich ins Herz von dem Leben befreit hatte, das sie nicht mehr wollte.

Eine unruhige Nacht

An einem Tag im November 1953, es war kurz vor Mitternacht, war ich mit Ngot und Lien zusammen auf dem Weg nach Hause, als plötzlich Schüsse fielen und Männerstimmen laut schrien, ein paar Straßen von uns entfernt. Erschrocken begannen wir, schneller zu gehen. Wir waren schon kurz vor unserer Hütte.

Plötzlich kamen französische Soldaten wie aus dem Nichts hervor und versperrten uns den Weg, ihre Waffen auf uns gerichtet. Sie verfolgten eine Gruppe Vietminhkämpfer, die kurz zuvor entdeckt worden war.

Als sie erkannten, dass wir nur drei Frauen waren, die sie gestellt hatten, ließen sie uns durch und zogen nervös weiter.

Zu Hause verschlossen wir die Tür fest hinter uns. Doch kaum zehn Minuten später ließ ein kräftiger Fußtritt die Haustür wieder aufspringen. Soldaten drangen mit erhobenen Waffen zu uns herein. Wir blieben sitzen, völlig verängstigt. Während einer seine Waffe auf uns gerichtet hielt, durchsuchten zwei andere unsere Räume.

Mit einem mürrischen „Verzeihung, meine Damen!" traten die Männer nach ihrer erfolglosen Suche wieder hinaus in die Nacht.

Als ich versuchte, die Tür provisorisch wieder zu schließen, weil das Schloss jetzt defekt war, sah ich, wie alle anderen Hütten auf die gleiche Weise durchsucht wurden. Zur Beruhigung kochten wir uns Tee, doch als wir plötzlich zahlreiche Schüsse aus der Richtung des Sumpfes hörten, ließen wir fast unsere Tassen fallen.

„Wir haben ihn bestimmt erwischt!", schrie jemand. „Lass ihn ersaufen!", fügte ein anderer hinzu. Eine ganze Weile dauerte es noch, bis die Soldaten sich entfernten. Keiner von uns hatte geahnt, dass der Sumpf hinter uns ein Rückzugsort der Vietminh war! Diese konnten bei Gefahr sich stundenlang unter Wasser verstecken, indem sie durch Bambusrohre atmeten.

Später, mitten in der Nacht, hörten wir hastige Schritte hinter unserer Hütte und vernahmen vietnamesische Stimmen, die von dem buddhistischen Tempel kamen. Der Tempel war das einzige Gebäude, das nicht durchsucht worden war, da es als heilig galt. Die ganze Nacht über hörten wir die Stimmen hinter der Wand, die uns zittern ließen. Wenn man herausfand, dass die Mönche den Gesuchten Asyl gewährt hatten, mussten wir alle mit Repressalien rechnen.

Eine Reise über den Wolken

Solche abenteuerlichen Erlebnisse hinderten uns keineswegs daran, unseren Geschäften nachzugehen. Das Leben ging einfach weiter. Immer mehr französische Soldaten blieben nur kurze Zeit in Gia-Lam, bevor sie nach Dien Bien Phu geschickt wurden. Dort sollten sie eine ihrer Festungen, die in einem Tal lag, gegen die Truppen der Vietminh verteidigen.

Ein Mann aus der Fremdenlegion gab mir gegen eine Flasche Cognac einen jungen, braunen Bären, den seine Truppe im Dschungel gefangen hatte. Ich versprach, mich um das zahme Tier zu kümmern. An einer langen Kette gefesselt, verbrachte es dann seine Tage im hinteren Teil des Hofes unserer Bar und fraß die Essensreste aus unserer Küche. Beim Abschied riet der Legionär mir, aus der Stadt wegzuziehen, da die Lage bald eskalieren könnte. Ich nahm seine Warnung auf die leichte Schulter. Es gab keinen Grund, sich Sorgen zu machen. Ich war schon so lange unterwegs und fast immer war irgendwo gekämpft worden.

Ich kannte nichts anderes. Warum sollte ich mir gerade jetzt den Kopf darüber zerbrechen?

Kurz darauf war ich an einem regnerischen Tag auf dem Weg zum Markt, als es zu gewittern anfing. Lauter Donner kündigte einen Sturm an. Plötzlich wurde vor mir, auf offener Straße, ein Passant von einem Blitz getroffen und regelrecht geköpft.

Wollte mir der Himmel dadurch zeigen, wie nahe Tod und Leben beieinander liegen? Bedeutete es: „Du sollst von hier weggehen“ oder „Du wirst immer Glück haben“? Ich konnte es nicht deuten. So blieb mir nur, und das für immer, eine fürchterliche Angst vor Gewittern.

Im Januar 1954 bekam Lien unerwartet ein Telegramm aus Tourane. Ihre Mutter lag im Sterben und verlangte nach ihr. Gleich am nächsten Tag halfen wir ihr, ihren kleinen Koffer zu packen, und begleiteten sie in einer Rikscha zum nächsten Bahnhof. Ihr Zug fuhr über den Wolkenpass. So würde sie schnell bei ihrer Mutter sein, hoffentlich noch rechtzeitig!

Wir streichelten ihr blasses Gesicht und wünschten ihr alles Gute. Dann war sie weg. Sie würde uns fehlen. Wir gingen bedrückt nach Hause, da es noch zu früh war, um jetzt schon in die Bar arbeiten zu gehen. Kurz bevor wir daheim waren, entdeckte Ngot plötzlich eine Eule auf unserem Dach. Ein schlechtes Zeichen! Sie fiel sofort auf die Knie und fing an zu beten, um das Böse zu vertreiben. Mit einem flauen Magen gingen wir ins Haus und zündeten tagelang Räucherstäbchen an, um mithilfe unserer guten Geister die bösen zu bekämpfen.

Dieses seltsame, latente Gefühl, dass bald etwas Schlimmes geschehen würde, war nach zwei Wochen fast vergessen und kam erst wieder hoch, als am dritten Februar, unserem Neujahrstag, erneut ein Telegramm bei uns eintraf. Es war wieder an Lien gerichtet. Hastig lasen wir, was darin stand:

„Liebe Schwester - Mutter liegt im Sterben - Verlangt nach dir - Wo bleibst du - Komme so schnell wie möglich!“

Ngot und ich sahen uns erschrocken an und ließen alles liegen, bevor wir Hals über Kopf in eine Rikscha einstiegen, um zum Bahnhof zu fahren. Dort angekommen, erkundigten wir uns bei einem Beamten nach dem Zug, den Lien genommen hatte. Als wäre es keine große Sache, antwortete er fast gleichgültig: „Ja, vor zwei Wochen ist der Zug in die Luft geflogen. Sabotage. “Er ließ uns einfach stehen, schockiert und unendlich traurig, wie wir waren.

Lien hatte ihre Reise über den Wolken angetreten. Von dort aus konnte sie nun auf uns herabsehen ...

Ein Ton zu viel

Niedergeschlagen fuhren wir zurück in die Bar. Alle, die Lien kannten, ob Bekannte von den benachbarten Geschäften oder Kunden, waren bestürzt. Wenn das Jahr des Pferdes so anfing, dachte ich, wie würde es wohl enden?

Ihr zu Ehren verbrannten wir Räucherstäbchen im Lokal und richteten einen Obstkorb mit Blumen an. Ngot und ich arbeiteten wie immer an diesem Tag. Es war für uns das Beste, um zu vergessen. In der Küche wischten wir uns die Tränen ab, draußen an der Theke lachten wir mit den anderen.

Schon am frühen Abend wurde das Lokal schnell voll, zuerst mit Fallschirmjägern und ihren Mädchen, dann, zu später Stunde, mit Legionären und Kolonialsoldaten. Sie waren, wie immer, getrennt gekommen und saßen unter sich. Alle erzählten und lachten laut, es herrschte eine ausgelassene Stimmung. Gemeinsam waren sie hier, um zu vergessen, aber heute wollten sie einfach feiern. Das taten sie auch, bis plötzlich ein angetrunkener Kolonialsoldat anfing, ein Lied über die Niederlage der Fremdenlegion in Tonkin anzustimmen. Schnell verstummten die lachenden Stimmen. Kaum hatte er mit dem Lied begonnen, sprangen die Legionäre auf und stürzten sich wie Furien auf die anderen. Die Mädchen rannten gleich weg. Und ich erlebte die größte Schlägerei, die ich jemals gesehen hatte.

Ngot und ich warteten in der Küche, bis es vorbei war, als plötzlich bewaffnete, vietnamesische Ordnungshüter von einem Lastwagen sprangen und das Lokal stürmten. Sie hatten den Auftrag, eine Razzia durchzuführen und alle Leute ohne Papiere mitzunehmen.

Sie kontrollierten jeden Einzelnen. Ohne sich zu beschweren, zeigten die Einheimischen ihre Papiere. Dann kamen Ngot und ich an die Reihe. Wir waren die Einzigen, die keinen Ausweis bei sich hatten, was wir erst jetzt bemerkten. In der Hektik des Morgens hatten wir unsere Handtaschen zu Hause vergessen. Es war das erste Mal, doch es war einmal zu viel.

Während die mit Waffen bedrohten Kunden gezwungen waren, ruhig sitzen oder stehen zu bleiben, versuchten wir zu erklären, dass sich die Papiere in unseren Handtaschen zu Hause befanden. Wir flehten die Männer an, uns diese holen zu lassen oder jemanden zu uns nach Hause zu schicken, der sie holen konnte.

„Ihr Nutten! Mitkommen!", schrie einer unbewegt. Ein anderer kam auf uns zu und sagte, mit einem perversen Lächeln auf den Lippen, das mich frösteln ließ: „Wir werden das im Posten klären."

Und bevor wir überhaupt registrierten, was mit uns passierte, saßen wir schon auf der Pritsche des Lasters, der, was wir noch nicht ahnten, durch die Nacht in Richtung Hölle fuhr.

Eine dunkle Nacht

Wir erreichten ein kleines, dunkles Gebäude, umgeben von einer mannshohen Mauer, die Krone mit Stacheldraht bewehrt. Mit flauem Magen stiegen wir ab und mussten den Männern zu einer großen Tür folgen.

Als wir hineingingen, weckten unsere Begleiter einen Mann, der am Eingang auf seinem Stuhl eingenickt war. Das dunkle Licht einer matten Deckenleuchte verlieh dem Raum eine düstere Atmosphäre.

Ngot hörte nicht auf zu zittern, ich dagegen wartete angespannt darauf, was passieren würde.

Der Mann vom Eingang sagte barsch zu uns, dass es jetzt um diese Uhrzeit nichts mehr zu klären gäbe. Angeblich war die zuständige Person zu dieser späten Stunde nicht mehr da. Wir müssten daher die Nacht hier verbringen.

Immer noch unter Waffengewalt brachten uns zwei Männer ein Stockwerk höher. Vor uns entfernte einer von ihnen die Eisenstange, die eine schwere Metalltür abriegelte, und der andere stieß uns ohne ein Wort hinein in die Finsternis. Mit einem dumpfen Knall schloss sich die Tür hinter uns.

Nur langsam gewöhnten sich unsere Augen an die Dunkelheit, und wir fingen an, die Umrisse unserer Bleibe zu erkennen. Ich konnte es nicht fassen, dass unsere Lage sich derart verhängnisvoll verändert hatte. Der Posten, in dem wir uns nun befanden, war eine kleine, stinkende, mit Menschen überfüllte Gefängniszelle der politischen Sonderpolizei. Unglaublich viele Menschen, Frauen und Männer jeden Alters, waren in den vier mal vier Meter großen Raum eingepfercht. Neben dem widerlichen Gestank von Urin und Kot roch es auch nach altem Blut. Diesen Geruch erkannte ich sofort, ich hatte ihn lange genug im Krankenhaus ertragen müssen.

Wir waren so zusammengequetscht, dass man nur in der Hocke sitzen konnte oder aber stehen musste. Einige der Gefangenen schliefen aneinander gelehnt im Stehen. Die Luft war stickig. Es gab nur ein einziges, winziges Fenster, an einer Ecke oben, durch welches man erahnen sollte, ob es draußen Tag oder Nacht war.

Einige der Menschen gaben ab und zu ein kurzes Stöhnen von sich, bevor sie wieder apathisch einnickten oder zumindest so taten. Ngot fing an, leise zu weinen, und hörte nicht mehr auf damit. Sie hatte genau so viel Angst wie ich. Jetzt bebte auch ich am ganzen Körper, und mein Mund wagte nicht, die Frage zu stellen, die mir auf den Lippen brannte: „Was werden sie mit uns tun?"

Man ließ uns in unserer Angst schmoren, stundenlang, bis uns die ersten Sonnenstrahlen durch das kleine Fenster erreichten und wir die ersten Schritte im Flur hörten.

Die Eisenstange wurde entfernt. Ein Mann erschien an der offenen Tür und sagte barsch: „Die Neuen, hierher!" Damit meinte er Ngot und mich.

Menschen wie du und ich

Wir wurden getrennt. Während Ngot mit ihrem Begleiter in ein Nachbarzimmer abbog, folgte ich dem Mann vor mir, der mich in ein leeres Zimmer brachte, in dem nur ein Stuhl stand. Hier gab es kein Fenster, und nur eine schwache Glühbirne an der Decke spendete etwas Licht. Man befahl mir, mich hinzusetzen.

Zwei vietnamesische Männer in olivengrünen Uniformen stellten sich vor mich und fingen an, mich mit Anklagen zu traktieren.

„Gib zu: Du arbeitest für den Vietminh! Wenn du uns alles beichtest, werden wir uns gnädig zeigen", sagte der Erste mit öliger Stimme.

„Ich arbeite nur für mich und nicht für den Vietminh", antwortete ich völlig überrascht.

„Aber du sprichst französisch. Du verstehst doch alles, was die Soldaten sagen und verrätst es den Vietminh!", schrie mir der zweite Mann ins Ohr.

„Ich habe in einer französischen Kaserne gearbeitet, als Putzfrau und Kuli. Dort habe ich einige Worte gelernt, und auch von den Soldaten in der Bar. Deswegen kann ich ein bisschen Französisch."

„In unserem Land brauchen die Frauen nicht für Ausländer zu arbeiten. Wir Männer sind hier, um sie zu ernähren und sie zu versorgen!", fuhr er mich schreiend an. Ich blieb stumm und konnte dabei nicht verhindern, an meinen Vater, an meinen Bruder, an Hung und an Anhs Ehemann zu denken und daran, wie „gut" doch eben diese Männer gewesen waren. „Was haben die Soldaten vor, die dein Bier trinken kommen?", fragte der erste Mann, so sanft wie zuvor.

„Ich weiß überhaupt nicht, was Sie meinen. Lassen Sie mich bitte nach Hause gehen. Ich schwöre Ihnen, ich sage Ihnen die Wahrheit! Lassen Sie mich mit einem Ihrer Soldaten meine Papiere holen, Sie werden sehen, dass ich die Wahrheit sage." Inzwischen atmete ich schwer. Plötzlich tauchte aus einer dunklen Ecke des Zimmers ein dritter Mann auf, den ich gar nicht bemerkt hatte. Er trug Zivilkleidung. Seine Gesichtszüge waren die eines Eurasiers. Er setzte sich vor mich auf den Boden und zog mir langsam die rechte Sandale aus. Jetzt streichelte er meinen Fuß, langsam, fast zart.

„Sprich", sagte er flüsternd, „und wir werden dich gehen lassen. Versprochen!"

„Ich bestreite mein Leben auf ehrliche Weise. Ich habe mit dem Ganzen hier überhaupt nichts zu tun", antwortete ich. Es war wohl die falsche Antwort.

Ehe ich mich versah, quetschte er meinen Fuß so fest, dass ich vor Schmerz schrie. Ich spürte, wie Hände meine beiden Schultern nach unten drückten, um zu verhindern, dass ich aufstand, während der andere mir fest die Beine zusammenpresste. Der Eurasier hatte etwas aus seiner Hosentasche geholt, eine Zange. Mit dieser riss er mir mit einem Ruck den Nagel meiner rechten großen Zehe heraus und hielt ihn mir vor die Augen. Der Schmerz war nicht auszuhalten, doch es war der Schock, weswegen ich mich sofort übergeben musste.

„Du dreckige Nutte!", schrie der Eurasier, der aufgestanden war und sich die Spritzer meines Erbrochenen mit einem Taschentuch abwischte. „Morgen bist du dran! Überlege es dir noch einmal! An deiner Stelle würde ich die Wahrheit sagen. Bringt sie zurück in den Käfig", befahl er. Auf dem Weg zurück in die abscheuliche Zelle, die den Geruch des Todes trug, konnte ich dumpfe Schläge und die Schreie der „Landesverräter" aus den Nachbarzimmern hören. Ich war mir sicher, hier sterben zu müssen. Mein Fuß schmerzte wahnsinnig und blutete. Einige Minuten nach mir wurden Ngot und eine andere Gefangene wieder zurückgebracht. Ngot hatte aufgeplatzte Lippen und ein geschwollenes Auge. Sie kam zu mir und sah sich entsetzt meinen Fuß an. Wir nahmen uns in die Arme.

Sie weinte und sagte: „Wir werden sterben! Wir werden sterben! Sie werden uns umbringen!"

„Ja“, fügte ein Mann resigniert hinzu. „Aber vorher werden sie euch noch grausam foltern! Es ist besser, alles zu gestehen, auch wenn ihr nichts getan habt. Dann schicken sie euch zwar in ein Lager, aber ihr seid noch am Leben.“

Eine ältere Frau flüsterte uns zu: „Sie werden euch wahrscheinlich mit Strom foltern. Klemmt euch einen Perlmuttknopf zwischen die Zähne, dann wird es nicht so schmerzhaft sein.“

Ngot und ich nickten wortlos. Hektisch suchten wir unsere Tuniken ab und konnten jeweils einen Knopf abmachen.

Wieder einmal erkannte ich, wozu Menschen fähig waren und wie grausam sie sein konnten. Menschen, die abends ganz friedlich neben uns lebten, nachdem sie tagsüber andere zu Tode gequält hatten. Menschen wie du und ich ...

Einblick in die Hölle

Am nächsten Tag blieb die Tür unserer Zelle geschlossen, doch manchmal hörten wir die lachenden Stimmen unserer Peiniger auf dem Flur. Über die Hälfte der Gefangenen stand aufrecht, die anderen lagen am Boden, entkräftet. Einige hatten in der Nacht vor Erschöpfung und Leid aufgehört zu atmen.

„Sie müssen die Toten herausholen“, sagte plötzlich ein Mann, der es auch bemerkt hatte. „Rufen wir sie!“

„Bloß nicht!“, schrie ich auf. „Wenn wir sie rufen, werden sie uns wieder foltern! Lassen wir die Toten hier ...“ Andere stimmten mir zu. Unsere Gruppe bewegte sich, und drei Tote wurden in der Ecke gestapelt.

Makabererweise dienten sie denjenigen als Bank, die selbst nicht mehr lange zu leben hatten.

Unsere Lippen waren ausgetrocknet, wir konnten nicht einmal mehr urinieren. Unsere Köpfe waren leer. Ich hielt bewusst meine Augen geschlossen, in der Hoffnung, dass ein angenehmer Gedanke mich besuchen würde, aber der Geruch der Folter kitzelte meine Nase und erinnerte mich daran, wo ich mich befand.

Endlich kam die Nacht, die uns, neben der Dunkelheit, wieder zwei Tote brachte. Bei Morgengrauen hörten wir harte Schritte im Flur, die sich uns näherten. Sofort steckten Ngot und ich den Perlmuttknopf unter unsere Zungen. Ich hatte das Gefühl, dass wir heute wieder an der Reihe waren. Ich hasste es, recht zu haben. Schon öffnete man die Tür.

„Du! Du und du!“, schrie der Mann und zeigte auf eine schwangere Frau, Ngot und mich. Wieder wurde ich allein zu einem Raum gebracht. Meine Haut war nass, und es kam mir vor, als ob ich meinen Körper nicht mehr spürte. Man zwang mich, meinen Oberkörper freizumachen und mich auf die Liege inmitten des Zimmers zu legen. Elektroden wurden an meine Brustwarzen angeschlossen.

Wie viel Zeit bei dem Verhör verging, weiß ich nicht. Ich war völlig darauf konzentriert, meinen Knopf zwischen den Zähnen zu halten, um die ungeheuren Schmerzen der Stromstöße besser zu ertragen. Einmal biss ich so fest zu, dass mein Knopf zerbrach. Ich verschluckte mich heftig. Als mein Hustenanfall vorüber war, hieß mich mein Peiniger aufzustehen. Er drückte dabei seinen Fuß mit voller Kraft auf meine wunde Zehe. Ich wünschte mir, etwas aussagen zu können, aber ich hatte nichts zu gestehen.

„Wann hört es endlich auf?", dachte ich. Am liebsten wollte ich sterben. Als mein Geist plötzlich in ein schwarzes, tiefes Loch fiel, glaubte ich, es sei so weit. Die Dunkelheit würde mich von meinem einzigen Verbrechen befreien: am Leben zu sein.

Die Kraft des Willens

Stunden später öffnete ich wieder meine Augen. Mein Kopf lag auf Ngots Schoß. Man hatte mich zurückgebracht. Nicht die Schmerzen meines misshandelten Körpers ließen die Tränen in mir aufsteigen, sondern die Feststellung, noch nicht tot zu sein.

Ngot beobachtete mein Gesicht, um eine Bewegung, vielleicht ein Zeichen, das sie trösten könnte, zu erkennen. Ich war erschöpft und am Ende meiner Kraft, wie alle hier.

Ich richtete mich unter Mühen auf. Ngot hatte mir meine Tunika wieder angezogen. Mich umgaben nur leere, ausgelaugte Menschen. Und eines wusste ich jetzt sicher: Ich würde bei der nächsten Folter nachgeben, bloß um dieser schrecklichen Pein zu entgehen! Es musste also etwas geschehen. Ich suchte plötzlich nach etwas, etwas aus Metall oder Ähnlichem. Hastig tastete ich Ngots Körper ab und hörte sie dabei aufschreien: Sie hatten ihr den ganzen Rücken blutig gepeitscht.

In meiner Hosentasche entdeckte ich eine Münze. Mein Vater fiel mir ein, wie er seine Pfeilspitzen hergestellt hatte. Ohne Ngot eine Erklärung zu geben, begann ich vor ihrem erstaunten Blick, das Geldstück auf den Boden zu reiben, denn in mir spürte ich wieder die Kraft der Hoffnung. Ich hatte nichts mehr zu verlieren, nur noch alles zu gewinnen!

Ich rieb die Münze so lange, bis sie scharf wie eine Rasierklinge wurde. Dann bat ich Ngot, sich an die Wand zu lehnen und mich, trotz ihrer Schmerzen, auf ihre Schulter klettern zu lassen. Mit der scharfen Schneide zerschnitt ich fast ohne Mühe die Glasscheibe. Schwüle, doch angenehme Luft drang herein. Ich konnte bis hinter die große Außenmauer auf die Straße sehen.

Meine Mitgefangenen spürten ebenfalls die Brise. Stundenweise verbrachte ich den Abend auf ihren Schultern und wartete auf ein Wunder. Nichts geschah. Als die Nacht für uns viel zu schnell hereinbrach, setzten wir uns erschöpft nieder. Doch wir schlossen kein Auge. Die Freiheit war in Sichtweite, obwohl mir klar war, dass es unser Todesurteil wäre, falls mein Versuch misslingen würde.

Als ein Hahn krähte, kletterte ich wieder auf die Schulter von Ngot und wartete, bis sich draußen endlich etwas bewegen würde. Die Zeit verging. Plötzlich sah ich auf der Straße, außerhalb der Mauer, einen Trupp Fremdenlegionäre marschieren. Ich schrie mir mit dem Französisch, das ich konnte, die Seele aus dem Leib: „Erbarmen! Erbarmen! Hilfe! Wir „Con Gai“ (Mädchen) hier gefangen! Nicht Essen! Nicht Trinken! Viel Weh! Hilfe! Soldaten! Papiere zu Hause! Hilfe!“

Die Legionäre hielten tatsächlich an und entdeckten mich. Ein Soldat hob einen anderen hoch, damit er über die Mauer sehen konnte. Dieser fing an, mich rufend auszufragen. Er wollte wissen, wie viele Gefangene bei mir waren. Ich antwortete dreißig, weil ich nicht mehr wusste, was zwanzig hieß.

„Wir kommen gleich!“, schrie er mir zu, und die Soldaten entfernten sich wieder in die Richtung, aus der sie gekommen waren. Es konnte sich jetzt nur noch um Minuten handeln. Ob man uns befreien würde?

Ngot lag zitternd in meinen Armen. Ich betete inbrünstig zum Himmel und zu allen Ahnen, die ich kannte oder auch nicht ...

Kurz darauf hörten wir Männerstimmen, Rufe und hastige Schritte, die vom Flur kamen und sich näherten. Unsere Herzen blieben fast stehen. Unsere Blicke richteten sich nur noch auf diese Metalltür, die jetzt jemand von außen zu öffnen versuchte. Erst als die entsetzte Stimme eines französischen Soldaten „Nom de Dieu!“ (Verdammt!) rief, begriffen wir: Endlich war unsere Rettung da!

Papiere oder krepiere!

Zahlreiche Fremdenlegionäre waren gewaltsam in das Gebäude eingedrungen und hielten nun ihre Waffen auf unsere Wächter und Peiniger gerichtet. Alle Gefangenen wurden in den Flur gebracht. Die ganz erschöpften legten sich gleich wieder auf den kalten Boden, Ngot und ich standen aufrecht.

Der Befehlshaber der Legionäre, ein Hauptmann, war ein sehr großer, stark gebauter Mann mit pechschwarzem Haar und hartem Kinn. Ein Vietnamese, der zu ihnen gehörte, übersetzte.

„Warum sind diese Menschen hier gefangen?", fragte der Offizier.

„Es sind Verräter, Kollaborateure", antwortete der Zivilist, der mich gefoltert hatte. Es klang ganz gelassen, als ob es selbstverständlich wäre. „Und die zwei hier?", fragte der Offizier weiter, mit seinem Finger auf Ngot und mich zeigend.

„Sie haben keinen Ausweis. Auch Kollaborateure, bestimmt!", sagte der Mann, und ich merkte, wie er seinen Speichel hinunterschluckte. Ihm war nicht ganz wohl, wie mir schien. Der Hauptmann überlegte kurz. „Haben Sie Papiere?", richtete er sich nun mit ruhiger Stimme an uns. Es war klar, dass er nur in diesem Fall sein Einschreiten rechtfertigen konnte.

Ngot hatte es die Sprache verschlagen. Sie zitterte nur noch.

„Wir haben unsere Papiere zu Hause vergessen. In unseren Handtaschen...", stammelte ich schnell.

Seine Frage an die übrigen Gefangenen, ob diese auch Papiere besäßen, wurde von allen verneint. Sie wurden ohne Zögern sofort wieder in die düstere Zelle hineingeschoben. Niemand sagte etwas oder versuchte auch nur, Widerstand zu leisten. Diese Menschen fügten sich ihrem Schicksal und hatten anscheinend mit ihrem Leben schon abgeschlossen. Die Eisentür schlug hinter ihnen zu.

„Einer meiner Männer wird sofort ihre Handtaschen hierher bringen, meine Damen", sagte der Offizier und fixierte uns dabei.

Über eine Stunde verging, bis der Bote mit erhitztem Gesicht endlich zurückkam, beide Handtaschen in der Hand.

„Hier, bitte sehr. Ich habe die Papiere gefunden", sagte er ganz außer Atem. Schnell wurden die „Formalitäten" erledigt. Mein Peiniger warf nur einen kurzen Blick auf unsere Ausweise und murmelte leise: „Es war wohl ein Irrtum ..." Er sagte das, ohne sich bei uns zu entschuldigen und ohne uns eines Blickes zu würdigen. Aber wir waren frei!

Im Jeep des Hauptmanns, der darauf bestanden hatte, uns zu begleiten, wurden wir heimgebracht. Mit großer Erleichterung erblickten wir endlich unser Zuhause.

Die Schuld

Wir bedankten uns herzlich bei den Männern. Der Offizier begleitete mich noch bis zur Tür und wartete, bis

Ngot hineingegangen war, um mich dann mit seiner breiten Hand an der Schulter zu fassen. Mit der anderen Hand hob er sachte mein Kinn an: „Ich habe dir deine Haut gerettet, meine Kleine. Du schuldest mir was ..." Besitzergreifend ließ er seine Hand über mein noch stinkendes, verklebtes Haar gleiten.

„Ja, ich bedanke mich bei Ihnen, von ganzem Herzen, Monsieur", antwortete ich unsicher und verbeugte mich.

„Heute Abend möchte ich hier vorbeikommen. Es wäre nett, wenn eine von euch beiden auf mich warten würde. Verstehst du?", fuhr er fort. Ich nickte, ohne ihm eine Antwort zu geben, und er ließ mich gehen. Schnell schloss ich die Tür hinter mir.

„Ich glaube es nicht, Loan! Wir sind frei! Du hast es geschafft", sagte Ngot und hüpfte vor Freude im Kreis. „Aber, was ist los mit dir? Was hast du?", fragte sie mich dann, als sie sah, wie ich regungslos, bleich im Gesicht, da stand.

„Du musst mich heute Abend alleine lassen", sagte ich und versuchte dabei, meine Stimme so ruhig wie möglich klingen zu lassen. „Du übernachtest heute im Lokal. Hast du verstanden? Bitte! Und gehorche mir!", beendete ich streng meinen Satz und ließ mich auf das Bett fallen, die Augen geschlossen, verzweifelt. Immer noch war kein Ende des Albtraums in Sicht.

Ngot sagte nichts, fragte nichts. Sie wusch sich und zog frische Kleidung an. Sie ging leise und blieb noch an der Tür stehen, mit einem Blick voller Zweifel und Ungewissheit, vielleicht etwas Falsches getan zu haben. Ich sagte, ein schwaches, unglückliches Lächeln auf meinen

Lippen: „Nur für heute Nacht, Ngot. Morgen wird alles besser sein." Die Tür ging zu. Ich konnte keine Träne weinen. Ich war diejenige, die vor der Folter Angst bekommen hatte! Die Idee mit der Scheibe war von mir! Und wer hatte dort nach Hilfe geschrien? So stand ich jetzt in der Schuld dieses Mannes. Und wie es sich gehörte, musste man seine Schulden bezahlen!

Ngot war noch Jungfrau, das wusste ich, ich hingegen war eine entehrte Frau. So bereitete ich mich darauf vor, die Schuld mit der in diesem Moment einzig gültigen Währung zu bezahlen, mit meinem Körper. Langsam und sorgfältig wusch ich mich, stundenlang, so gut ich konnte, und achtete dabei auf meinen schmerzenden Fuß, der jetzt in einen leichten Verband gewickelt war. Auf meine zarte Haut und mein gebürstetes Haar trug ich eine Rosenessenz auf. Ich zog eine schöne, dunkelrote Ao-dai aus dickem Samt an, in dem Wunsch, so dem Mann zu gefallen, der uns das Leben gerettet hatte.

Dann war ich fertig und wartete. Meine Herzschläge mischten sich mit dem Ticken des großen Weckers, der auf meinem Nachttisch stand.

Als eine breite, männliche Hand unsere Tür öffnete, schien mein Herz stillzustehen.

Nur die Nacht war Zeugin meiner Unterwerfung. Seinen Körper auf meinem zwang ich mich, glücklich zu sein, mit dem Gedanken, dabei die Ehre meiner besten Freundin gerettet zu haben.

Vor Morgengrauen stand er auf. Ich rührte mich nicht und tat so, als ob ich noch schlafen würde, um nicht bei ihm neue Lust zu wecken. Auch nicht, als er meine Haare streichelte.

Die Tür ging zu. Sie ließ diesen Mann für mich eine Erinnerung werden, eine Erinnerung ohne Hass, deren einzige Spur jedoch, das wusste ich, bald in meinem Bauch Gestalt annehmen würde.

Viel Glück!

Obwohl Ngot ahnte, was passiert war, stellte sie keine Fragen, wofür ich ihr dankbar war. Ich wunderte mich selbst, dass ich noch Lebensmut besaß. Oft überkam mich die Verzweiflung, wenn ich die Geschehnisse in meinem Leben Revue passieren ließ. Nur eines der Tausend Ereignisse hätte gereicht, mich dazu zu bringen, diesem Leben ein Ende zu setzen. Jedoch fand ich in solchen Momenten genügend Gründe, dies nicht zu tun. Hatte Herr Huong mir nicht einmal gesagt: „Auch du wirst bestimmt noch oft stolpern, aber ich bin mir sicher, du wirst immer wieder aufstehen und weitergehen.“ Hatte mir Fräulein Bè damals nicht klargemacht, dass ich am Leben bleiben müsse, um alles weiterzuerzählen? Mir wurde bewusst, wie mir immer im richtigen Moment die richtigen Menschen geschickt wurden, um mein Schicksal zu bewältigen. So konnte ich einfach nicht aufhören, an das Gute im Leben zu glauben. Das tröstete mein gequältes Herz.

Kleine Gruppen von Frauen aus dem Delta machten oft auf dem Weg nach Hanoi Halt in Gia-Lam und versorgten die Bevölkerung und die Geschäfte mit ihren Waren.

Tagelang liefen sie barfuß herum, einen Que-non auf dem langen, schwarzen Haar, das über ein braunes Hemd fiel, über ihren dunklen Hosen trugen sie einen hellblauen Stoffgürtel. Die mit Obst und Gemüse gefüllten Körbe an den Balancierstangen gingen auf und ab, im gleichmäßigen Rhythmus ihrer wiegenden Schritte. Ich hatte mich damit abgefunden, ein Kind in mir zu tragen, und meine beginnende Schwangerschaft steigerte meine Schönheit und ließ meine Haut glänzen. Auch unsere Geschäfte liefen sehr gut.

Dann kam es, wie es kommen musste. Ngot verliebte sich in einen jungen französischen Soldaten. Er schien sie ebenfalls sehr zu lieben, und beide himmelten sich an. Sie verlobten sich schnell. Es freute mich unheimlich, sie glücklich zu sehen. Hoffentlich würde dieser Mann gut auf sie aufpassen, wie ich es bisher getan hatte! Innerlich war ich erleichtert, dass Ngot einen neuen Beschützer gefunden hatte; die wenige Kraft, die mir noch blieb, würde ich so besser meinem Kind widmen können.

Mit glänzenden Augen verkündete sie mir eines Abends, dass sie beide nach Süden gehen wollten. Beim Abschied weinte Ngot für uns beide. Sie hatte sich für ihre große Liebe entschieden, und das konnte ich sehr gut verstehen. Es war ungewiss, ob wir uns jemals wiedersehen würden. Auf der Pritsche eines Militärlastwagens, im Arm ihres Liebsten, fuhr sie weg. Ich winkte ihnen nach, und obwohl der Staub der Reifen ihres Fahrzeugs sich längst gesetzt hatte, blieb ich noch lange stehen. Ich hoffte, nicht unter dem Gewicht meiner Traurigkeit zusammenzubrechen. Es war das letzte Mal, dass ich sie sah.

Ich mietete mir kurz darauf ein kleines, gemütliches Haus aus festem Stein mit einem Blechdach, immer noch unweit des Sumpfes und der Eisenbahnschienen. Eine kleine Hütte nebenan, für mein Dienstmädchen, gehörte auch dazu. Viele Erinnerungen an meine Freundinnen plagten mich, wenn ich alleine von der Arbeit zurückkam. Zusammen hatten wir viel durchgemacht und durchgestanden, nun waren sie alle aus meinem Leben verschwunden, und ich vermisste sie sehr. Im Vergleich zu meinen Freundschaften bedeutete mir der geschäftliche Erfolg nicht viel, es war lediglich eine Genugtuung.

Geld war nur Mittel zum Zweck, eine Freundschaft dagegen war etwas Kostbares, ein Geschenk des Himmels. Ich fühlte mich begnadet, Freundschaft erfahren zu haben. Diese Erkenntnis ersetzte allmählich meine Trübseligkeit durch Dankbarkeit und Glück und half mir, neuen Mut zu fassen. Mut, mein Leben weiterzuleben, Mut für das Kind, dessen sachten Bewegungen ich in meinem Bauch spürte.

Fünf junge Mädchen waren zu dieser Zeit bei mir beschäftigt, darunter eine zwanzigjährige, verwitwete Frau, die unfruchtbar war. Sie hieß Nguyen-Thi-Cuc und wurde bald meine Freundin.

Eines Tages traf ich unerwartet auf der Straße in Gia-Lam die Frau, die meiner Tante und mir damals in Hanoi eine Wohnung vermietet hatte. Hien hatte zwei kleine Kinder, und ihre junge, hübsche Schwester begleitete sie. Ihr vietnamesischer Mann war Fallschirmjäger bei der französischen Armee und war vor Kurzem verhaftet worden. Von einem Tag auf den anderen saß sie nun mittellos auf der Straße und musste betteln. Ich mietete für sie eine kleine Hütte unweit von meiner und kümmerte mich wochenlang um sie.

Eines Morgens sah ich sie in einer Rikscha in Begleitung ihrer Schwester wegfahren. Ich dachte mir nichts dabei, jedoch überkam mich ein seltsames Gefühl, als ich sie wieder zurückkommen sah, alleine.

Noch bevor ich zur Arbeit ging, sah ich bei ihr vorbei. Sie öffnete mir die Tür, und als ich sie fragte, wo ihre Schwester sei, brach sie in Tränen aus.

Sie antwortete nicht, schüttelte nur den Kopf, die Hände vor das Gesicht geschlagen. Ich begriff, was geschehen war. „Du hast sie verkauft! Sage mir an wen und wo! Sofort!", befahl ich ihr.

Jetzt begann sie zu erzählen, voller Scham. Für dreitausend Piaster hatte sie ihre Schwester an ein Bordell verkauft. Sie hatte sich nicht getraut, mich nach Arbeit zu fragen, weil ich schon so viel für sie getan hatte. Ich ließ sie mit ihren weinenden Kindern stehen, nahm das Geld, das sie gerade bekommen hatte, holte noch welches aus meiner Truhe und stieg in eine Rikscha, um das junge Mädchen so schnell wie möglich zurückzuholen, bevor es zu spät war.

Gegen dreitausendfünfhundert Piaster kaufte ich sie zurück. Es war ihr noch nichts passiert. Das junge Mädchen warf sich zu Boden und küsste mir die Füße.

Wieder zu Hause, gaben sie mir ihr Wort, auf eine andere Art und Weise Geld zu verdienen. Sie fanden auch beide eine anständige Arbeit. Eine alte Nachbarin kümmerte sich tagsüber um die Kinder.

So einfach war es damals, mit Geld menschliche Schicksale zu bestimmen.

Der Kunde in der Ecke

Seelisch ging es mir nach und nach immer besser, und mit dem Geld, das ich verdiente, leistete ich mir schöne Kleidung und viel Schmuck, den ich nach Lust und Laune beim Juweliergeschäft jederzeit gegen Neuen tauschen konnte. Es gab dort eine riesige Auswahl an Kostbarkeiten, die Flüchtlinge für nichts zurückgelassen hatten.

Es war April 1954. Immer mehr Angehörige der französischen Armee kamen zu uns, viele von ihnen waren für die Festung Dien Bien Phu bestimmt.

Seit einer Woche saß Abend für Abend ein junger Soldat immer in der gleichen Ecke meiner Bar und starrte mich an. Er war stets für sich und schien verloren. Im Gegensatz zu seinen lauten Kumpels, die niemals eine Gelegenheit verpassten, uns zu verkünden, wie gerne sie wieder eine Con Gai erobern würden, schwieg er, sichtlich verlegen. Sein Blick entschuldigte sich fast für das Benehmen der anderen.

Meine Angestellten lachten oft über ihn, weil er so schüchtern war und sagten: „Jetzt schicken sie uns sogar ihre Kinder gleich aus der Wiege!“ Wie alt konnte er sein? Achtzehn, neunzehn vielleicht? Er rauchte nicht. Er trank auch keinen Alkohol und schien förmlich an der einzigen

Limonade, die er an einem Abend trank, zu kauen. Er nahm nur einen Schluck alle halbe Stunde, den ganzen, langen Abend.

Ich spürte, wie seine hellen Augen jede meiner Bewegungen verfolgten, doch wenn ich ihn ansah, senkte er sofort seinen Blick. Das Rot in seinem Gesicht verhüllte dann für eine kurze Zeit seine unzähligen Sommersprossen.

Eines Abends setzte ich mein schönstes Lächeln auf und ging zu ihm. Ich sagte laut: „Sag mal, Soldat, wenn das hier alles ist, was du bestellst, werde ich bald pleite gehen!" Ich zeigte dabei auf sein halbvolles Glas. „Entschuldigen Sie, Madame, aber ich habe nicht viel Geld. Hier bei Ihnen kann ich ein bisschen die Kaserne vergessen, wissen Sie." Offenbar völlig durcheinander senkte er den Kopf und fügte hinzu, leise, als ich bereits wieder gehen wollte: „... und Sie sind die schönste Frau, die ich jemals getroffen habe! Sie anzusehen macht mich glücklich."

Ich war perplex. Das hatte ich nicht erwartet. „Doch mutig von ihm", dachte ich. Er hatte seine Schüchternheit, die ihn dunkelrot werden ließ, eine Sekunde lang vergessen, um mir dieses Kompliment zu machen. Ich lächelte ihn freundlich an. Obwohl ich wirklich schon viele Komplimente gehört hatte, berührten seine Worte etwas in mir. Sie kamen, wie ich spürte, von Herzen.

Bevor ich die Küche betrat, sagte ich Nguyen, die beim Bedienen war: „Nguyen, bringe bitte eine ganz frische Limonade dem Herrn dort in der Ecke, auf Kosten des Hauses!"

Seltsamerweise fing ich an, jeden Abend auf diesen Soldat zu warten. Er hieß Marcel und war Unteroffizier. Mit seinen achtzehn Jahren war er im November des Vorjahres nach Vietnam geschickt worden, ziemlich ahnungslos, was hier geschah.

Marcel erzählte mir sein Leben und wie er seinen Vater mit neun Jahren verloren hatte. Mit zehn wurde er als Kriegswaise von seiner Mutter in ein Militärinternat geschickt. Dort blieb er jahrelang und durfte nur selten nach Hause. Das Leben hatte ihm gezeigt, dass eine Familie zu haben manchmal schwieriger war, als keine zu haben. Wie gut konnte ich ihn verstehen!

Ich empfand Mitleid für ihn. Auch er war eine Art Waise, wie ich, der bisher auf dieser Welt kein Glück gefunden hatte. Er verstand den Sinn dieses Krieges ebenso wenig wie ich. Die Menschen hier waren seit seiner Ankunft, wie er sagte, alle nett zu ihm gewesen.

Nach ein paar Wochen, nervös und sehr vorsichtig, fragte er mich, ob ich schon vergeben sei. Da beschloss ich, ihm eine ehrliche Antwort zu geben: „Ich bin jetzt im dritten Monat schwanger von einem Mann, den ich niemals wiedersehen werde. Und ich lebe alleine."

„Wenn es so ist und Sie es möchten, würde ich gerne Ihr Freund werden", antwortete er mir, gleichzeitig traurig und hoffnungsvoll.

Ich sagte ja. Wir wurden Freunde und dann ein Paar, ohne uns etwas zu versprechen und ohne auch nur einmal einander zu sagen, dass wir uns liebten. Ich mochte ihn in diesem Moment einfach, und das schien ihm zu reichen. Außerdem wusste keiner von uns, was der nächste Tag bringen würde. Ich ging davon aus, dass er mich eines Tages verlassen würde.

Es hatte tagelang geregnet, und manche Straßen in der Stadt waren noch überflutet. Wir mussten warten, bis sich das Wasser verlaufen hatte, bis die Straßen allmählich wieder trocken wurden und er endlich einmal freie Stunden bekam. Wir wollten gemeinsam mit der Rikscha nach Hanoi fahren. Er kannte nur die Kasernen dort und das Krankenhaus Lannessan, in dem er regelmäßig Blut spendete. Als es so weit war, zeigte ich ihm den hübschen kleinen See, die Villen und die schattigen, von großen Platanen umsäumten Alleen, die Richtung Bac-Mai führten. Er erzählte mir im Gegenzug vom Eiffelturm in Paris und von seiner Geburtsstadt Tours, in der man, wie er sagte, ebenfalls Platanen an den Straßen gepflanzt hatte.

Zusammen vergaßen wir die Bedrohung des Krieges, die es uns nicht erlaubte, an morgen zu denken.

Leben von Tag zu Tag

Nguyen fragte mich wie viele Bekannte jedes Mal wieder: „Wieso hast du dir nur diesen Mann ausgesucht? Er hat eine fleckige Haut, er hat kein Geld und ist krank. Und er hat dich nicht einmal gefragt, ob du mit ihm nach Frankreich gehen willst."

Ja, sie hatten recht. Marcels Gesicht und Rücken waren voll Sommersprossen, aber ich fand sie geheimnisvoll, auch weil mein Opa mir früher versichert hatte, dass Sommersprossen geschmolzene Goldmünzen waren, die Glück brachten.

Was Geld betraf, war ich ganz sicher vermögender als er, aber Geld zählte für mich nicht. Und es stimmte, er war krank. Mein Hausmädchen hatte mir berichtet, nachdem sie eines Tages den Eimer geleert hatte, dass er Blut verlor und sein Stuhl wurmig sei. Auch das war kein Hindernis. Ich erinnerte mich an die Heilpflanzen von Opa und besorgte diese kurzerhand auf dem Markt. Ich bereitete sie zu und gab ihm mein Gebräu zu trinken – und schon wurde er schnell gesund. Warum sollte er mich auch nach Frankreich mitnehmen, wenn er selbst nicht wusste, wo er am nächsten Tag sein würde und nicht einmal sicher war, ob er überhaupt den Krieg überleben würde? Außerdem wollte ich gar nicht weg von hier.

So antwortete ich ihnen jedes Mal dasselbe: „Vielleicht muss ich jemandem in diesem Leben etwas Gutes tun? Ich will mich bloß um ihn kümmern." Sie schüttelten den Kopf und ließen mich in Ruhe.

Unsere Beziehung funktionierte fast reibungslos. Sobald Marcel konnte, wartete er in der Bar, bis ich Feierabend machte. Er ließ sich pflegen und von mir bekochen. Ich fand es beeindruckend, dass er mir eines Tages seinen gesamten Sold anbot, als eine Art Gegenleistung. Allerdings nahm ich das Angebot erst später an.

In unserer Beziehung gab es ständig lustige Situationen aufgrund der verschiedenen Sitten und unserer Sprache. Eines Tages, noch ziemlich am Anfang unserer Beziehung, ärgerte er sich darüber, dass ich einen Bären als

Haustier hielt und mancher Kiosk Hundefleisch in roter Lake anbot. „Ihr seid hier wirklich Wilde! Ihr fresst sogar Hunde!“ Ich sagte nichts dazu. Was den Bären betraf, hatte ich eines Tages beschlossen, ihm etwas besonders Gutes zu tun, und so gab ich ihm in einer großen Schüssel Rotwein zu trinken. Ich merkte sofort, wie seine Augen sich röteten. Völlig durcheinander, doch flink, versuchte das sonst so zahme Tier mich mit seinen Vordertatzen, die Krallen voraus, zu packen, kletterte dann, als ich zurücksprang, auf einen Baum, so hoch wie seine Kette es zuließ, und brüllte mich aggressiv an. Als das Tier sich von seinem Rausch erholt hatte, bat ich einen Legionär, der sich für den Bären interessierte, ihn doch lieber mitzunehmen.

Einige Wochen vergingen, und als mein Freund eines Abends hungrig ankam, bot ich ihm zwei sehr gute Steaks an, die er natürlich sofort verschlang. Auf meine Frage, ob es ihm geschmeckt hätte, nickte er sehr zufrieden. Dann sagte ich: „Hundefleisch ist doch gut! Jetzt bist auch du ein Wilder!“

Ich ließ ihn sitzen und ging laut lachend zurück in die Küche. Sein Gesichtsausdruck amüsierte mich lang.

Ein anderes Mal, in meiner Hütte, zeigte ich in Richtung Nachttisch und sagte mit ernster Stimme: „Siehst du? Da! Er ist tot!“ Sichtlich erschrocken schaute er mich an und fragte, voller Sorge: „Was ist passiert? Wer ist tot?“ Als er merkte, dass ich den Standventilator meinte, fing er an zu lachen.

Er reparierte ihn, und ich merkte, wie geschickt er war. Ich lobte ihn und erzählte es allen Bekannten, sodass er schnell bei uns den Ruf eines Reparaturhelden bekam. Er genoss es sichtlich, gelobt zu werden, und vergaß dabei die Minderwertigkeitsgefühle, die man ihm in seiner Jugend ständig eingeimpft hatte. So halfen wir uns gegenseitig: Er reparierte kaputte Sachen, und ich lehrte ihn, keine Angst im Leben zu haben, nein zu sagen und der Mensch zu sein, der er wirklich war.

Nachts verließ Marcel manchmal heimlich die Kaserne, um einige Stunden bei mir zu verbringen. Er hatte sich daran gewöhnen müssen, unter dem großen Moskitonetz auf meinem harten Holzbett zu schlafen. Auch störte er sich nicht mehr daran, wenn draußen die Nadellöcher der Tapete immer größer wurden, damit man uns beim Liebesspiel besser beobachten konnte, oder mein Hausmädchen währenddessen vorbeikam, um frisches Wasser zu bringen. Nicht einmal die Stimmen aus den Lautsprechern der über Gia-Lam fliegenden Flugzeuge, die neue Rekruten suchten und anti-kommunistische Parolen verkündeten, bevor Militärmusik erklang, hinderten uns, unseren gewöhnlichen Beschäftigungen nachzugehen.

Einmal kreiste eines dieser Flugzeuge eine Stunde lang über der Stadt, weil sich, wie ich später erfuhr, ein Fallschirm mit vier Bomben am Sporn des Hinterrads verfangen hatte. Es gelang dem Piloten nach vielen Luftkapriolen, den Fallschirm samt Bomben ohne schlimme Folgen loszuwerden.

Nicht immer verliefen solche Flüge glimpflich. Eines Nachts zerschellte eine Versorgungsmaschine einige Hundert Meter von meiner Hütte entfernt. Der Pilot hatte die Lichter der Paul-Doumer-Brücke mit den Lichtern der Landebahn verwechselt.

Als Marcel mich weiterhin ohne Erlaubnis besuchte, wurde er eines Tages erwischt und bekam acht Tage Arrest. Allerdings kannte ich einen Fahrer, der oft unsere Bar besuchte. Ich bat ihn, natürlich gegen ein paar Gläser auf meine Kosten, meinem Freund täglich leckere Speisen zu bringen, die ihm um ein vielfaches besser schmeckten als die Kantinenkost der Kaserne.

Ich wollte dafür sorgen, dass jeder Tag, der verging, für ihn lebenswert war.

Post für mich

Marcel war kein Mann von großen Worten. Ich erkannte allerdings gute Eigenschaften in ihm, die er mit seinen Taten zum Ausdruck brachte. Mein Bund mit ihm festigte sich, als er mir eines Tages von sich aus erklärte, dass er bereit sei, meinem ungeborenen Kind seinen Namen und damit eine Familie zu geben. Er wollte es adoptieren und sich um die Formalitäten kümmern.

Offensichtlich hatte er seiner Mutter in Frankreich in einem Brief diese Absichten schon offenbart. Prompt kam ihre Antwort. Völlig niedergeschlagen zeigte er mir ihren Brief, den er mir langsam vorlas und übersetzte. Ich merkte mir einige Sätze: „Was für eine blödsinnige Idee, ein Kind, das dir nicht gehört, einen Bastard, zu adoptieren! Begreife, mein liebster Sohn, dass diese Frau, wie die vielen anderen, bestimmt eine Hure ist! Natürlich verstehe ich, dass du mit ihr Spaß hast, aber vergiss es. Du bist zu jung und hast dein Leben noch vor dir."

Auch wenn es für mich völlig unverständlich war, wie man jemanden, den man nicht kannte, auf diese Art und Weise im Voraus verurteilen konnte, schwieg ich. Anscheinend war es in Frankreich nicht viel anders als bei uns: Auch dort waren die Menschen nicht frei, selbst Entscheidungen zu treffen. Allerdings sollte man doch die Ältesten respektieren, auch wenn man nicht unbedingt gehorchen wollte, denn schließlich hatte diese Frau ihm einst das Leben geschenkt. Ohne sie wäre er nicht da. So tröstete ich ihn.

Nur wenige Tage später kam ein weiterer Brief aus Frankreich, diesmal aber an mich gerichtet. Überrascht, Post aus dem Ausland zu bekommen, öffnete ich ihn und bat Marcel, ihn mir vorzulesen. Ich konnte es nicht glauben, was er mir mit stockender Stimme vorlas.

Der Verfasser dieses Schreibens war der Offizier, der Vater meines Kindes! Er entschuldigte sich, dass er nichts mehr von sich hatte hören lassen. Zurzeit verbringe er seinen Urlaub in der Heimat, bevor er nach Algerien gehen würde. Da er vermute, dass ich ein Kind erwarte, wolle er sich als Vater bekennen und mich heiraten.

Ich war fassungslos, und mein Freund ebenfalls. Jetzt gab es plötzlich zwei Männer in meinem Leben, beide bereit, meinem Kind einen Namen zu geben. Ich überlegte kurz, meinem Gefühl folgend, und holte aus der Küche Papier und Stift.

Mit traurigem Blick begann mein Freund das niederzuschreiben, was ich ihm diktierte. Ich bedankte mich bei diesem Mann für sein Angebot, ließ ihm aber mitteilen, dass ich nun mit einem anderen mein Leben aufbauen würde, der sich bereit erklärt habe, mein Kind zu adoptieren. Es sei also besser für ihn, mich ganz zu vergessen.

Marcel umarmte mich ganz fest und sagte: „Danke!" Der Brief wurde abgeschickt. Daraufhin bekam ich keine Post mehr.

Im Strom des Krieges

Die katastrophale Niederlage der Franzosen in Dien Bien Phu im Mai 1954 bedeutete, dass Frankreich zuerst seine Truppen aus dem Norden und dann aus dem ganzen Land abziehen musste. Eine provisorische Demarkationslinie trennte jetzt Nordvietnam von Südvietnam. Es herrschte monatelang Waffenstillstand, während man in Genf über einen möglichen Frieden verhandelte.

Allerdings war die ruhige Stimmung trügerisch. Obwohl viele, wie ich, in der Illusion lebten, dass der Frieden endlich eingekehrt war, weil man nicht mehr schoss, flüchteten Abertausende entwurzelte Menschen. Sie flohen mit dem Flugzeug, in Zügen und auf Schiffen oder sogar zu Fuß in den Süden, der nun von einem von Kaiser Bao Dai ernannten Präsidenten namens Ngo Dinh Diem regiert wurde.

Vor allem in den Straßen von Hanoi spürte man jetzt die latente, bedrohliche Stimmung. Man hatte Stacheldraht um die großen, offiziellen Gebäude gespannt, und viele der gepflegten Villen standen leer. Berge von prächtigen Möbeln, ganze Salons mit Perlmuttintarsien verziert, warteten am Straßenrand auf Käufer.

Die französischen Soldaten, die in Gia-Lam stationiert waren, darunter auch Marcel, erhielten eines Tages im August den Befehl, Brückenteile in Richtung Osten zu bringen und die Lagerhallen ihres jetzigen Stützpunktes zu demontieren, um diese in Cat-Bi und Do-Son, beide in der Nähe von Haiphong, wieder aufzubauen. Nun war mein Freund fort, ohne mir seinen genauen Aufenthaltsort mitteilen zu können, und ich blieb zurück.

Eines Abends, als ich schon mit dem Gedanken spielte, ihn zu suchen, sah ich eine Gestalt auf meiner Treppe sitzen. Ich zuckte zusammen, denn sofort hatte ich erkannt, wer da saß: Hung!

Er hatte mich wiedergefunden! Ich ignorierte ihn, und als er anfing, mich um Verzeihung zu bitten, würdigte ich ihn keines Blickes und wollte vorbeigehen. Er wand sich weinend vor meinen Füßen, hielt mich an meiner Ao-dai fest und flehte mich an, ihn zurückzunehmen.

Voller Abscheu drückte ich die Sohle meiner Sandalette auf sein Gesicht und trat über ihn in die Hütte. Mein Herz klopfte vor Aufregung, aber ich hatte keine Angst. Ich empfand nur Zorn.

Lange Minuten hörte ich noch sein Gejammer, bis er endlich, dieses Mal für immer, aus meinem Leben verschwand. Sein plötzliches Auftauchen brachte mich dazu, so schnell wie möglich nach Marcel zu suchen.

Die meisten meiner Angestellten beschlossen, vor Ort zu bleiben, während Nguyen und ich uns auf den Weg Richtung Haiphong machen wollten, dieses Mal mit einigen Möbeln, Geld und Schmuck.

Spontan, einfach so, winkten wir lachend einen Militärlastwagen zu uns, der Material transportierte und auf der Ladefläche noch Platz hatte. Freundlich lächelte der Fahrer zurück und hielt an. Meine Frage an den Fahrer und die Soldaten, die unsere Möbel aufluden und mitfuhren, ob sie einen Unteroffizier namens Marcel kennen würden, verneinten sie. Am Rande von Haiphong ließen wir uns an einer kleinen Brücke absetzen, die ich kannte. Frech wie ich war, bat ich sie noch lächelnd, mir alles wieder abzuladen und schön hinzustellen. Das taten sie auch! Bevor sie weiterfuhren, bedankte ich mich herzlich und bat sie, sich an mich zu erinnern, falls ihnen mein besagter Freund über den Weg laufen sollte.

Es dauerte gar nicht lang. Nguyen und ich saßen auf unseren Möbeln und rätselten, wie es jetzt weitergehen sollte, als wir plötzlich sahen, wie der Lastwagen, mit dem wir gekommen waren, sich wieder näherte, am Steuer der Fahrer von vorhin, daneben Marcel, der mir strahlend winkte. Wir fielen uns in die Arme. Er erzählte mir sofort, wie das Unmögliche passiert war. Auf dem Stützpunkt von Cat-Bi, unweit eines kleinen buddhistischen Tempels, war er mit einigen anderen Soldaten gerade dabei gewesen, eine hohe, lange Hallenwand aufzustellen, als unser Lastwagen angekommen war. Die Insassen verteilten sich, und der Fahrer unterhielt sich mit einem Mann auf der anderen Seite der Wand, während er das mitgebrachte Material ablud. Zufällig hörte Marcel das Gespräch mit. Der Fahrer erzählte dem Mann, dass er noch nie so ein freches, kleines Weib getroffen habe, die dann noch so dreist gewesen sei, ihn und die anderen Männer zu fragen, ob sie den gesamten Kram von ihr und ihrer Freundin abladen und so hinstellen könnten, wie sie es wünschte! Und sie wäre so ein hübsches Ding, also wirklich! Und sie sei auf der Suche nach ihrem Liebsten, der Marcel hieße. Als sein Name fiel, zuckte mein Freund zusammen und fragte laut, immer noch hinter der Wand, wie die Frau aussah, ob sie wirklich sehr klein sei und ein Bäuchlein hätte.

Und nun war er da und stand vor mir!

Als herrschte Frieden...

Mein Freund pendelte nun zwischen Gia-Lam, Cat-Bi und Do-son, während die letzten französischen Truppen langsam aus dem Norden des Landes abzogen. Nguyen und ich bezogen benachbarte Wohnungen am Rande von Haiphong. Ganz in der Nähe eröffnete ich gleichzeitig zwei Kneipen, eine nannte ich

„Chez Jacquie“, die gegenüberlagen und für die Soldaten leicht erreichbar waren.

Als ich Marcel erzählte, dass ich wieder Lokale betrieb, erklärte er mich für verrückt. Ich solle mich lieber darauf vorbereiten, wie Hunderttausende Nordvietnamesen, in den Süden zu gehen, dorthin, wohin er sicher bald geschickt werden würde, bevor es zu spät sei. Ich hörte nicht auf ihn. Schließlich hatte er kein Recht, über mich zu bestimmen. Er hat keine Ahnung, dachte ich. Ich glaubte ganz fest an den Frieden. Die Zeit würde mir recht geben! So verbrachten wir die zweite Jahreshälfte 1954 zusammen, wenn auch unterschiedlicher Meinung.

Nach zwei langen Tagen voller Wehen und fürchterlicher Schmerzen, bei denen ich verzweifelt Marcels Name rief, erblickte endlich am dritten Oktober 1954 in Nguyens Wohnung mein Kind das Licht der Welt. Nguyen stand mir in dieser schweren Stunde zur Seite. Ich gebar einen Sohn, der über vier Kilo wog und mir meinen Unterleib zerriss. Sehr geschwächt, da ich viel Blut verloren hatte, hütete ich das Bett über zwei Wochen lang und konnte am Anfang nicht stillen, was mich sehr unglücklich machte.

Marcel kam in Zivil, um mich und das Kind zu besuchen. Als er merkte, dass ich nicht stillen konnte, ging er in die Stadt, um Milch für das Kind zu besorgen, was nicht ganz ungefährlich war. Unterwegs wurde er plötzlich von der französischen Polizei angehalten, die ihn für einen Deserteur hielt. Er konnte sich ausweisen und erklärte, warum er unterwegs war. Sie brachten ihn zu einem Geschäft, in dem er Milch kaufen konnte.

Nguyen erledigte für mich den Behördengang. Wir hatten beschlossen, dem Jungen den Namen Marcel zu geben. Er war ein prächtiges Kind, und ich war zuversichtlich, dass wir hier nun ein friedliches Leben verbringen würden.

Wieder genesen, konnte ich zu meiner Freude mein Kind endlich stillen. Nicht lange danach ging ich wieder arbeiten. Tagsüber kümmerte sich ein Kindermädchen um den Jungen, während ein anderes Mädchen für den Haushalt und das Kochen verantwortlich war.

Ich kaufte dem Kind viel Schmuck, darunter auch ein dickes, hochkarätiges Goldarmband. Dieses stahl eines Tages das Kindermädchen, um es zu verkaufen. Als ich es entdeckte, flehte sie mich an, sie nicht zu bestrafen. Ich empfand Mitleid und ließ sie mit einem Monatslohn gehen. Es kümmerte mich nicht mehr wirklich, mehr oder weniger zu besitzen.

Mein Sohn war ein sehr hübsches, kräftiges Baby. Eine reiche Dame bot mir einmal sogar viel Geld, wenn ich ihn ihr verkaufen würde. Bei uns reichte ein Handschlag, um Geschäfte, sogar welche dieser Art, abzuschließen. Oft kamen solche Angebote nicht ungelegen, waren die Eltern sehr arm, krank oder überfordert. Sie stellten dann ihre eigenen Gefühle in den Hintergrund, zum Wohle des Kindes, dem sie eine bessere Zukunft gönnten. Sich ein Kind zu kaufen war auch eine übliche Lösung für kinderlose Paare, die sich damit einen großen Wunsch erfüllten. Natürlich kam das für mich nicht infrage. Die Anfrage dieser Frau erfüllte mich allerdings mit Stolz.

Liebevoll kümmerte sich mein Freund um das Kind, wenn er abends zu mir kam, und ich genoss es, den beiden zuzusehen. Das Baby lag beim Einschlafen immer auf einem Hemd von ihm, das seinen Geruch trug und das er für diesen Zweck daließ.

Im November holte mich allerdings die Realität schnell wieder ein. Marcel teilte mir eines Abends mit, dass er am nächsten Tag mit seiner Truppe nach Saigon fliegen müsse. Seine Bitte, mit anderen Flüchtlingen in den Süden zu gehen, lehnte ich ab. Ich beharrte auf meiner Meinung, dass bald Frieden herrschen würde, und weigerte mich, den Norden zu verlassen.

Für uns beide bedeutete dies allerdings, dass sich unsere Wege nun trennten. Traurig akzeptierte er meine Entscheidung. Wir verbrachten die letzten gemeinsamen Stunden miteinander und verabschiedeten uns, ohne jegliches Versprechen.

Ich ließ ihn gehen und blieb in Haiphong, auf mich selbst gestellt, ohne einen Zweifel oder ein Gefühl von Bitterkeit. Ich hatte genug Selbstvertrauen und Geld, um mich und mein Kind durchzubringen.

Tage des Schreckens

Für uns ging das Leben weiter. Nachdem bald darauf in Hanoi die vietnamesischen Sieger, die Vietminh, die Truppen der Franzosen ersetzt hatten, schien es, als wäre für Haiphong der gleiche Weg bestimmt.

Auf den Straßen ertönten aus den Lautsprechern immer öfter Hetzreden. Nachts erklangen patriotische Lieder, die die neue, ungewohnte Nachkriegsstille störten.

Als ich mich eines Morgens auf den Weg zur Arbeit machen wollte, sah ich entsetzt aus meinem Fenster, wie eine Gruppe von Vietminh gegen den abgeschlagenen Kopf eines Mannes trat und diesen so vor sich herstieß! Es war der Kopf des vietnamesischen Bäckers um die Ecke, der für die Franzosen Baguette hergestellt hatte und den ich gut kannte. Zwei dieser Männer trugen an Stangen, mit Stacheldraht befestigt, die Köpfe einiger antikommunistischen Nationalisten, die kurz zuvor hingerichtet worden waren. Sie schrien: "Ihr, die ihr mit den Franzosen seid, überlasst uns eure Köpfe oder verschwindet!" So zogen sie durch die Straßen und säten Angst und Schrecken.

Es lief mir eiskalt über den Rücken. Was sollte ich tun? Nguyen wollte hier bleiben, überzeugt, für sie sei das das Beste. Ich wiederum war mir nicht mehr sicher. Das einzig Wichtige für mich war, frei zu sein, und nichts und niemand sollte mir diese Freiheit einschränken. Dafür hatte ich schon zu lange gekämpft!

So war ich unentschlossen, bis ich kurz darauf ein Telegramm aus Saigon von Marcel erhielt, worin er schrieb, dass er sehr krank sei und ohne mich nicht mehr leben könne. Käme ich nicht, würde er sicher sterben.

Jetzt wusste ich, was zu tun war. Ich begriff in dem Moment, in dem ich das las, dass es mein Schicksal war fortzugehen. Der Himmel schickte mir die Botschaft, dass ich zu Marcel gehen müsse.

Noch in der gleichen Nacht, um ein Uhr, band ich mir meinen schlafenden Sohn auf den Rücken. Ich weckte Nguyen, um mich kurz von ihr zu verabschieden. Wir umarmten uns. Sie stellte mir keine Fragen und blieb im Eingang stehen, mir noch lange nachblickend.

Ich hatte meine Papiere, Geld sowie Schmuck mitgenommen und fuhr nach Cat-Bi, um von dort aus als Flüchtling mit der von den Franzosen zur Verfügung gestellten Luftbrücke nach Tan-Son-Nut, dem Flughafen von Saigon, auszufliegen.

Wie viele andere Frauen mit ihren Kindern drängte ich mich durch die Ladeluke in eine große Frachtmaschine, die Stunden später, im Morgengrauen, über die Demarkationslinie flog. Mit uns im Flugzeug waren einige Soldaten, die, wie ich an ihrer Pergamenthaut erkannte, lange Zeit in Vietnam gedient hatten und die nun vor sich hin ins Leere starrten, weil sie vielleicht ein Stück ihrer selbst hinter sich ließen, so wie ich auch.

Männer eben!

In Tan-Son-Nut gelandet, wurden wir alle in ein dafür vorgesehenes Flüchtlingslager mit großen Zelten aus Amerika gebracht. Mitarbeiter der Weltorganisation für Gesundheit sorgten dafür, dass jeder Einzelne der Neuankömmlinge von einer Krankenschwester erst untersucht und geimpft wurde, bevor ein Beamter ihm dann seine Papiere aushändigte. Viele wurden nicht aus dem Zeltlager gelassen, da sie an Tuberkulose erkrankt waren.

Ich war erleichtert, dass mein Kind und ich gesund waren. Nachdem alles erledigt war und ich die gestempelten Papiere sowie einen Impfpass bekommen hatte, erkundigte ich mich mit dem Telegramm in der Hand nach der Kaserne, in der Marcel auf mich warten würde. Ich fragte mich durch und fand ihn tatsächlich.

Man holte ihn aus einer Halle, in der er Fallschirme faltete. Bleich und völlig abgemagert, kam er auf mich zu und freute sich sehr, uns wiederzusehen, bevor er mir beschämt beichtete, was ihm widerfahren war.

Sein Gesundheitszustand war erbärmlich, und das nicht nur, weil er an der Ruhr erkrankt war, sondern weil er seinen ganzen Sold an eine chinesische Nutte verschwendet hatte, von der er sich inzwischen auch noch einen Tripper geholt hatte. Erst später erfuhr er von einigen Betroffenen seiner Garnison, denen das Gleiche widerfahren war, dass Mädchen von den Vietminh damit beauftragt wurden, so viele Soldaten zu infizieren wie nur möglich, um sie so außer Gefecht zu setzen. Aus diesem Grund sorgte seitdem eine neue Regelung dafür, dass diejenigen, die an der Geschlechtskrankheit erkrankten, mit dreißig Tagen Arrest bestraft wurden. So ertrug er, bis ich kam, die fürchterlichen Begleiterscheinungen, ohne sie zu melden.

Es geschah ihm recht, dachte ich insgeheim. Zugleich tat er mir leid, da ich ihn freigegeben hatte und wir sozusagen nicht mehr zusammen gewesen waren. Ich beschloss, ihm zu verzeihen und mich um ihn zu kümmern. Schließlich war ich wegen ihm hergekommen.

Ich besorgte mir zuerst eine Bleibe in einer kleinen Holzhütte in Lan-Xa-Ca, einer an den Flugplatz angrenzenden Siedlung in der Nähe Saigons. Sie war alles andere als luxuriös, dennoch war ich froh, eine saubere Wohnung für mich und meinen Sohn gefunden zu haben, die sicher war vor den vielen großen Ratten der Umgebung.

Dann fuhr ich mit meinem Sohn zum nächsten Markt in Phu-Nuan, wo ich neben Sojakuchen und Früchten auch die notwendigen Kräuter besorgte, um meinem Freund ein Medikament zu brauen. Nachdem ich ihn eines Abends von der Kaserne abgeholt hatte, gefolgt von den neidischen Blicken und lauten Pfiffen einiger Soldaten, verabreichte ich ihm diesen Trank; bald ging es ihm besser.

Am zweiten Abend, als er frei hatte, brachte ich ihn dann zu einem Arzt in der Stadt, der ihm die notwendige Medizin gegen sein anderes Leiden spritzte, nicht ohne vorher gestaunt zu haben, dass ich so viel Charakter besaß, meinen untreuen Freund zu ihm zu bringen! Ich zog nur die Achseln hoch und lächelte. Was hätte ich tun sollen? Marcel war eben ein Mann.

Neue Stadt, neue Regeln

Schnell fand ich Arbeit als Küchengehilfin in einem Lokal, in das ich mein Baby mitnehmen durfte, bis ich ein Kindermädchen gefunden hatte.

Nachdem ich mir das Leben in dieser neuen Stadt von meiner Chefin hatte erklären lassen, fand ich mich leicht zurecht. Saigon war ganz anders als die Städte, die ich bisher kannte. Es pulsierte nicht nur voller Leben, sondern war reicher, prächtiger und glänzender. Gewiss verdiente die Stadt ihren Namen: „Perle des Fernen Ostens“.

Hier regierte Präsident Diem mit der Unterstützung der Amerikaner, doch war der Abglanz, das Flair der ehemaligen Kolonialmacht Frankreich trotz der Niederlage noch deutlich spürbar. Immer noch traf sich in den Luxushotels der Stadt die sogenannte Elite bei einem Glas Cognac-Soda, um sich dann am späten Abend in geschlossenen Clubs die hübschesten asiatischen Taxi-Girls zu leisten.

Längs der Trottoirs der Rue Catinat, einer sehr eleganten Geschäftsstraße mit luxuriösem Angebot, warteten die Fahrrad- und motorisierten Rikschas auf Kundschaft. Neben den sauber angelegten Straßen konnte man über kleine, schmale Wasserläufe die benachbarten Siedlungen und Dorfgemeinschaften des an sich sumpfigen Gebietes erreichen.

Saigon war eine moderne Stadt, wie mir schien, mit den breiten Alleen und Boulevards, mit den traumhaften Regierungsgebäuden und Villen, den Schulen, Kirchen, Theatern, Museen, Bibliotheken und Gärten, die sich harmonisch mit den alten Tempeln mischten. Ein stolzes Postgebäude, ein im vorigen Jahrhundert im Stil des Tour Eiffel erbautes Haus, wetteiferte mit der prächtigen katholischen Kathedrale. Der Hafen mit seinen riesigen Kais, den Docks und Werften wurde regelmäßig von großen Dampfschiffen angelaufen, deren laute Sirenen mich an Haiphong erinnerten.

Südwestlich erstreckte sich die chinesische Zwillingsstadt Cholon, ehemals der größte Reishafen der Welt, ein Stadtteil, in dem Geschäftsleute sowie zwielichtige Finanzspekulanten die Fäden des Geschäftslebens zogen.

Unmittelbar daneben begann das Elendsviertel, in dem ein Teil der Bevölkerung in Wohndschunken oder in wackeligen, mit Brettern verbundenen Holz- und Blechbuden am Flussufer lebte. Hier wimmelte es nur so von riesigen Ratten. Diese Bretter wurden nachts ins Hütteninnere gezogen, um sich vor Räubern zu schützen. Oft passierte es daher, dass ein ahnungsloser Besucher, zum Beispiel ein Kunde von billigen Prostituierten, ins stinkende Wasser fiel. Wenn man sich hier bei Nacht verirrt hatte, hörte man plötzlich kommunistische Parolen und Lieder aus Lautsprechern, die die Ochsenfrösche für eine kurze Weile zum Schweigen brachten.

Im Umkreis der Stadt waren einige Sekten angesiedelt, die sich Hoa Hao oder Cao Dai nannten. Die erste war eine Art Buddhistenbewegung, die auch bereit war, mit Waffen zu kämpfen, um ihre Ideologie durchzusetzen. Die zweite verehrte sowohl Buddha und Jesus Christus als auch Victor Hugo und Konfuzius, weil sie alle als Medien für göttliche Botschaften angesehen wurden. Tatsächlich verfügten solche Sekten über viel Macht, und es war für jeden ratsam, keine Berührungspunkte mit ihnen zu haben.

In der Stadt trieb auch eine Bande von gefürchteten, verhassten Flusspiraten und Halsabschneidern, die Binh Xuyen, ihr Unwesen, was von der französischen Verwaltung toleriert wurde. Die Polizeigewalt befand sich bereits in ihren Händen, und sie bereicherten sich im großen Stil durch Opiumschmuggel und Glücksspiel, Prostitution und Erpressung. Nach Lust und Laune überfielen sie Dörfer und hinterließen dabei grausame Spuren.

Ich wusste genau, wo ich mich am besten nicht aufhalten sollte. Aber nicht nur diese Verbrecher stellten eine Bedrohung dar. Eines Tages am Jahresanfang machte ich meinen Einkauf auf dem Zentralmarkt. Gerade ging ich an einem Leprakranken vorbei, der neben frisch gefangenen Fischen saß und bettelte. Dabei zeigte er sein entstelltes Gesicht sowie die blutigen Stümpfe seiner Hände und Beine. Ich war entsetzt. Plötzlich stellten sich zwei grinsende Soldaten vor mich, ihrem Aussehen nach vermutlich arabischer Herkunft, und versperrten mir amüsiert den Weg.

Still, ohne auf ihr Benehmen zu achten, wollte ich vorbeigehen, als einer von ihnen mich laut als „nhà quê!" bezeichnete. Ich zögerte nicht, denn, wie mich Herr Huongs Worte gelehrt hatten, lag der Sieg bei einem Kampf oft in der Überraschung. So zog ich sofort eine Sandale, deren Sohle aus hartem Holz war, vom Fuß und warf diese mit voller Wucht dem Mann, der mich beschimpft hatte, an den Kopf. Die nächste Sandale schon in der Hand, wartete ich gespannt und mit zornigem Gesicht auf einen Angriff, der aber nicht erfolgte. Die Menschen um mich herum blieben ruhig, abwartend, doch manch böser Blick streifte die Soldaten.

Völlig überrascht von meiner Reaktion zogen die Männer ohne ein Wort weiter, wohl wissend, dass sie es sich nicht ohne Gefahr für ihr eigenes Leben leisten konnten, mich als Einheimische unter so vielen Menschen anzugreifen.

So hob ich meine Sandale vom Boden auf und ging meinen Einkäufen weiter nach.

Im Traum sah ich ...

Im Januar 1955 erkrankte mein Freund plötzlich an Gelbsucht. Er flog im Februar für drei Wochen in eine Rehabilitationsklinik nach Dalat im Nordosten. Dalat nannte man „die Stadt des ewigen Frühlings". Dort bescherte das milde Klima das ganze Jahr konstante zwanzig Grad Lufttemperatur, die natürlich den Ausländern besser bekam als die drückende, schwüle Hitze im restlichen Teil des Landes. Die Tee- und Kaffeeplantagen in dieser Region boten eine angenehme Vielfalt an leuchtenden Farben.

Ich hatte mich gut an mein neues Leben gewöhnt. Mein Sohn wuchs von Tag zu Tag zu einem glücklichen Kind heran. Nachts kuschelte ich mich an ihn und schlief ruhig ein.

Doch eines Nachts träumte ich, dass mein Freund mit zerrissener Uniform im Dschungel umherirrte, in seiner Nähe Tiger, die ihn fressen wollten. Er war in Gefahr! Ich erwachte, völlig verschwitzt und unruhig, und stand auf, um für ihn Räucherstäbchen anzuzünden. Natürlich konnte ich es mir nicht erklären, wusste ich ihn doch in dieser Klinik, in der keine Gefahr lauern konnte. Die ganze Nacht betete ich und rief meine Ahnen sowie meine Mutter, und ich wünschte mir von ihnen, dass er bald heil zu mir zurückkommen würde.

Als er am ausgemachten Tag nicht erschien, begab ich mich sofort zur Kaserne und erkundigte mich nach ihm. Ich war erleichtert zu erfahren, dass er gesund zurück war. Allerdings hatte er acht Tage Arrest bekommen, weil er sich angeblich in Gefahr gebracht hatte.

Ruhig wartete ich ab, bis er endlich zu mir nach Lan-Xa-Ca kam. Er sah erholt aus und erzählte mir, was geschehen war.

In Dalat war er spazieren gegangen, am Rand des Dschungels, und hatte in seiner jugendlichen Abenteuerlust beschlossen, nicht auf dem vorhandenen Weg zu bleiben. Nach einem langen Marsch rutschte er plötzlich eine zwei Meter tiefe Böschung hinunter, die so steil war, dass er nicht mehr hinaufklettern konnte. So ging er immer weiter, in der Hoffnung bald einen anderen Weg zu finden, und verlief sich. Das scharfe Elefantengras hatte schon mehrfach seine empfindliche Haut zerschnitten. Unweit von ihm bebte die Erde, als eine große Elefantenherde durch das hohe Gras trampelnd an ihm vorüberzog. So irrte er den ganzen Tag umher, ohne Wasser. Völlig erschöpft wusste er nicht mehr weiter und setzte sich nieder, bereit, sich seinem Schicksal zu fügen. Doch hatte er Glück, als er von einem Eingeborenen entdeckt wurde, der auf der Jagd war und ihn zu seinem Stamm brachte.

Dort liefen die Frauen mit bloßem Oberkörper herum (und wie er später erfuhr, war es einem Mann strengstens verboten, sie an den Brüsten anzufassen, da dies mit dem Tode bestraft wurde). Alle Dorfbewohner waren friedlich und freundlich, vor allem aber neugierig, einen Fremden mit hellen Augen und heller Haut zu sehen. Sie gaben ihm zu essen und zu trinken, und der Mann, der ihn im Dschungel aufgelesen hatte, führte ihn am nächsten Tag, dem vierten März, seinem zwanzigsten Geburtstag, zurück in die „andere Welt". Der Eingeborene erbat sich für seine Rettungstat Salz, das für ihn wertvoller war als

Gold. Er bekam zwei Kilo davon und verschwand damit, höchst zufrieden, wieder in Richtung Dschungel.

Man hatte Marcel schon für tot erklären wollen, da noch nie ein Ausländer nach so vielen Stunden wieder lebend aus dem Dschungel herausgekommen war. Nach der ersten Freude seines Vorgesetzten, ihn wieder lebend bei sich zu haben, wurde er jedoch zu acht Tagen Arrest verurteilt, weil er so leichtsinnig gewesen war und die Regeln missachtet hatte.

Die Saat der Hoffnung

Nun war er wieder gesund. Nach Feierabend besuchte ich ihn fast täglich auf dem Militärgelände, um ihm seine Lieblingsspeisen zu bringen, die ich gekocht hatte, während mein Sohn unter der Obhut einer Nachbarin war.

Einer seiner Vorgesetzten bot mir an, als er mich öfter kommen sah, bei Marcel zu übernachten, um mir den mühsamen Weg zu ersparen. Ich nahm das Angebot einige Male an. Als unsere Siedlung jedoch eines nachts von den Binh Xuyen Piraten überfallen wurde und ich nicht zu Hause war, beschloss ich, es nicht mehr zu tun, aus Angst, es könne meinem Kind etwas zustoßen.

Kurz darauf brachte mich ein weiterer Zwischenfall endgültig dazu, rasch umzuziehen. Am helllichten Tag, als Marcel bei mir war, brachen kambodschanische Fallschirmjäger in unsere Siedlung ein, um von der Bevölkerung Alkohol zu erpressen. Als einer dieser Marodeure in meine Hütte eindrang, stand Marcel auf. Er hob sofort die Hände, als der Mann ihm ohne zu zögern ein Messer vor den Bauch hielt. Ich bewahrte Ruhe und beeilte mich, dem drohenden Kerl eine Flasche Pastis zu geben, mit der er befriedigt davonzog. Schon am nächsten Tag danach wohnte ich in einem besseren Stadtteil.

Den letzten Briefen von Marcels Mutter entnahmen wir, dass sie nicht bereit war, ihre Meinung zu ändern, was mich betraf. Ihr Sohn wollte mich allerdings in seine Heimat mitnehmen, um mich dort unbedingt zu heiraten.

So sagte er mir, während er den letzten ihrer Briefe zerriss, ich sei von nun an seine Verlobte, und nichts und niemand könnte dies verhindern. Allerdings wussten wir, dass die Zeit seiner Heimkehr nach Frankreich immer näher rückte. Zu Hause würde ihn freilich erst mal ein wohlverdienter Urlaub erwarten.

Er brachte mich zum Lachen, als er sagte, er würde mich mit der Vespa, die er sich nach seiner Ankunft kaufen wolle, in Vietnam holen kommen. Er war jung und naiv, aber die leidenschaftliche Art, mit der er seine Träume mit mir teilte und sich gegen die Regeln auflehnte, begeisterte mich.

So wuchs in meinem Herzen langsam die Hoffnung für meinen Sohn und mich. Auch ich würde den Eiffelturm einmal in meinem Leben sehen! Und wenn mein Verlobter es nicht ernst mit mir meinen sollte, würde ich trotz allem ein neues Land entdecken und dort in Frieden mit meinem Kind leben können.

Nicht nur in mir war dieses Gefühl neu entstanden. Als ich eines Tages Besorgungen gemacht hatte und fast daheim war, begegnete mir eine junge Frau, die mich so freundlich anlächelte, dass ich sie ansprach. Sie hieß Ngoc und war ein Jahr jünger als ich.

Sie war in Ha-Dong, einem Dorf unweit von Hanoi, geboren und lebte am Ende meiner Straße. Auf ihre Einladung begleitete ich sie mit meinem Kind auf dem Arm zu ihrer Wohnung.

Bei einer Tasse Tee erzählte sie mir von sich. Auch sie hatte ihr erstes Kind, das von einem Vietnamesen stammte, verloren. Daraufhin verließ dieser sie. Sie bekam einen weiteren Sohn, fast genauso alt wie meiner, von einem Franzosen, der sie sitzenließ, als er erfuhr, dass sie schwanger war. Nun hatte sie einen neuen französischen Freund, ebenfalls ein Soldat, der bereit war, sie nach Frankreich mitzunehmen, aber keinen „Anhang" wünschte. So lebte sie allein in Saigon, während eine gute Freundin, weit entfernt von ihr, ihren Sohn wie ihren eigenen großzog. Ich merkte, wie sehr sie darunter litt, und als sie mit großen, sehnsüchtigen Augen nach meinem Kind schaute und mich fragte, ob sie ihn kurz auf ihren Schoß nehmen könne, gab ich ihr den Kleinen und machte ihr Hoffnung, dass der Mann vielleicht eines Tages seine Meinung ändern würde. Sie tat mir leid.

Mein Problem mit Enten

Als Küchengehilfin erlebte man normalerweise nicht viel. Der Alltag bestand meist darin, Gemüse zu schnippeln, Fisch zu putzen und Fleisch in mundgerechte Stücke zu schneiden. Wenn das erledigt war, bediente ich an der Theke. Ich sorgte mich um nichts weiter.

Mit mir in der Küche war noch eine junge Frau chinesischer Herkunft beschäftigt. Wie sie mir erzählte, arbeitete ihre Mutter in einem chinesischen Lokal in Cholon. Dieses Mädchen war auch zuständig für den Einkauf unserer Fleischwaren. Eines Tages kam sie sehr belustigt zurück und brachte zwanzig tote Enten mit, die wir rupfen sollten, bevor wir sie mit Lake bestrichen. Auf meine Frage, warum sie an diesem Morgen so fröhlich sei, antwortete sie mir, dass es an den Enten liege. Zum Glück wären diese nicht „heiß"!

Ich lachte nicht, denn ich verstand den Witz nicht. Sie erklärte mir dann, dass „heiße Enten" Tiere seien, die in chinesischen Bordellen benutzt werden und daher heiß seien.

Ich lächelte höflich, als ob ich es begriffen hätte, um sie nicht zu beleidigen, doch war mir der Zusammenhang zwischen den Enten auf unserer Speisekarte und den „heißen" Enten aus dem Bordell immer noch nicht klar. Sie merkte es und klärte mich auf. Es war bekannt, dass die besser situierten Offiziere sich die teuersten Prostituierten leisteten, während die niederen Dienstränge sich in dem riesigen Armeebordell „Parc aux Buffles" vergnügten, in dem über tausend vietnamesische und kambodschanische Nutten sich sofort an ihre Hosen machten, sobald sie das Areal betraten. Ich wusste von meinem Verlobten, dass auch marokkanische Frauen direkt auf dem Militärgelände untergebracht waren, um die Männer der Truppe zufriedenzustellen. Allerdings blieb mir der Atem weg, als das Mädchen weitererzählte.

Es waren immer einige Sonderlinge dabei, die in bestimmten Bordellen von Cholon ihren besonderen Spaß suchten und fanden. Dieser Spaß bestand darin, den Schnabel einer lebenden Ente zwischen den Türspalt zu klemmen und die Ente auf den Knien in dieser misslichen Lage von hinten zu peinigen.

Ihre Füße, von denen man kurz zuvor die Krallen entfernt hatte, kitzelten bei ihren verzweifelten Bewegungen, sich zu befreien, dabei die Hoden des Mannes, der dadurch angeblich noch erregter wurde. Wenn es vorbei war, wurde das arme Tier sofort getötet, und dann durfte ich raten, was mit dem leckeren Fleisch der Ente geschah ...

Danach hatte ich für lange Zeit ein gewisses Problem mit Enten.

Der Zufall und seine Helfer

Das Lokal, in dem ich arbeitete, lief gut. Am liebsten half ich an der Theke aus, wo ich Bekanntschaften beim Bedienen knüpfte. Und wie der Zufall es wollte, kam eines Tages ein junger Mann vorbei, den ich von früheren Zeiten kannte: Es war Jean, der Verlobte der schönen Sao A Mung. Diese betrat kurz darauf das Lokal und staunte nicht schlecht, bevor wir uns in die Arme fielen.

Sie luden mich auf ein Glas Limonade ein und erzählten mir, wie es ihnen in der letzten Zeit ergangen war.

Jean war nach Süden geschickt worden und hatte gleich seine Liebste mitgenommen. Hier in Saigon arbeitete Sao A Mung in einem Buchladen. Für die beiden stand fest, dass sie irgendwann das Land verlassen würden, um sich eine glückliche Zukunft in Frankreich aufzubauen. Sie waren genauso verliebt und unzertrennlich wie damals, und es freute mich zu sehen, wie sie sich anhimmelten. Jean wollte sich um die notwendigen Formalitäten kümmern. Als ich Mung eröffnete, dass auch ich mit einem französischen Soldaten zusammen war, aber nicht wusste, was zu tun sei, um auszuwandern, schlug sie mir vor, mich mit einem ihrer Freunde bekannt zu machen. Wir verabredeten uns und trennten uns dann. Tagelang kreisten meine Gedanken um den Termin, bis ich endlich diesen Freund, der sich einfach „Herr Phan" nennen ließ, sehen konnte. Der Mann war ein Gelehrter mit großem Wissen. Er strahlte eine unwahrscheinliche Kraft aus, ein Charisma, wie ich es noch nie erlebt hatte. Ich hatte fast den Eindruck, dass er direkt „mit dem Himmel" verbunden war, als er seinen wohlwollenden, durchdringenden Blick auf mich fallen ließ. Er wusste schon viel Persönliches über mich, obwohl ich ihm nur wenig erzählt hatte, und er schien mich zu mögen. Diese Sympathie beruhte auf Gegenseitigkeit. Er sagte mir seine geistige Unterstützung zu, indem er für mich Gebete sprechen würde, von deren Schutz und Wirkung er überzeugt war. Er riet mir, so schnell wie möglich einen Pass zu beantragen, um ausreisen zu können, und ihn über jeden weiteren Schritt zu informieren. Nach diesem ersten Treffen fühlte ich mich so stark wie selten und war dem Zufall dankbar, der mir auf diese Weise eine Richtung zeigte.

Aufruhr in der Stadt

Noch im selben Monat fuhren ich und mein Verlobter mit einer Motorrad-Rikscha zum zuständigen Amt, um einen Pass für mich zu beantragen. Dazu brauchte ich meinen Ausweis und einen Impfpass. Beides trug ich, versteckt unter meiner Ao-dai, bei mir.

Die Stadt war an diesem Tag fast menschenleer. Nur einige Radfahrer und wir waren unterwegs. Als wir gerade den Präsidentenpalast passierten, erschütterten plötzlich die Druckwellen zweier gewaltiger Explosionen unsere Rikscha. Erschrocken verlor der Fahrer beinahe die Kontrolle über sein Motorrad und würgte den Motor ab, bevor er mit wankenden Beinen abstieg. Drei weitere Explosionen folgten, die anscheinend von der Rückseite des Palastes kamen.

Nur wenige Meter vor uns richtete sofort ein Soldat der Südarmee Vietnams, der den Palasteingang bewachte, seine Maschinenpistole auf uns, bereit zu schießen. Er suchte wohl nach dem Ursprung der Detonationen. Marcel hob die Hände und blieb ruhig, so wie ich. Der Soldat musterte uns kurz und gab uns ein Zeichen wegzufahren. Das taten wir auch sofort.

Überall begann man jetzt zu schießen. So beschlossen wir, schnell umzukehren, um zuerst mich heimzufahren und dann meinen Verlobten in der Kaserne abzusetzen.

Tage vergingen, in denen fast jeder zu Hause blieb, weil in der Stadt Chaos herrschte.

Anhänger der Cao Dai und Hoa Hao Sekten hatten sich mit den Binh Xuyen zusammengeschlossen, um den Präsidentenpalast zu stürmen. Heftige Straßengefechte waren deshalb seit dem Anschlag in Saigon im Gange. Nach tagelangen Kämpfen wurden diese mafiaartigen Milizen jedoch von der Armee des Präsidenten Diems aus der Stadt vertrieben. Der Anschlag hatte zur Folge, dass die Bevölkerung immer unruhiger wurde. Lange Menschenschlangen, darunter viele einfache Bauern, begannen, sich nach Norden zu bewegen, weil sie auch hier im Süden keinen Frieden fanden.

Marcel kam mich Tage später an einem Vormittag besuchen, auch dieses Mal ohne Erlaubnis, um erneut mit mir zum „Commissariat“ nahe der Kathedrale zu fahren. Während der Fahrt mit der Rikscha entdeckte ich an Stellen, an denen vorher Häuser gestanden hatten, große Aschehaufen.

Als wir das Amtsgebäude erreichten, konnten wir keinen einzigen Schritt in Richtung Eingang tun, zu viele Menschen standen davor. Alle schrien nach Papieren und drückten und schoben sich, in der Hoffnung auf diese Art und Weise bald an die Reihe zu kommen. Wir standen nur da, überrascht und hilflos.

Es schien mir aussichtslos. Doch Marcel packte mich am Arm und drängte sich mit Gewalt vor, bis wir unter einem großen Fenster standen. Weil er vermutlich der einzige Ausländer in der Menge war, fiel er einem Beamten auf, der durch die Scheibe die Menge beobachtete.

Der Mann öffnete das Fenster und zog ihn mithilfe eines Kollegen zu sich hinein. Sie fragten, was er hier wolle, und als er ihnen sagte, dass seine Verlobte mit ihm hier sei, weil sie unbedingt einen Pass brauche, befahlen die Männer der protestierenden Menge, mich durchzulassen. Der Beamte, der sich unser annahm, war außerordentlich höflich und freundlich. Wir durften Platz nehmen und füllten den Antrag aus. Es fehlte mir jedoch die Geburtsurkunde. Auf meine Frage, wie lang es dauern würde, um dieses Dokument zu erhalten, antwortete der Mann leise: „Mindestens ein Jahr."

Marcel blieb die Sprache weg. Ungläubig schaute er mich an. Ich aber verstand sofort, was der Beamte damit sagen wollte. So fragte ich, ebenfalls leise: „Verehrter Herr, sicher können wir darüber reden. Wann hätten Sie denn Zeit?"

„Um sechs Uhr heute, nach Feierabend, neben dem Eingang der Kathedrale. Warten Sie dort auf mich", sagte er, zufrieden, dass seine Botschaft bei mir angekommen war.

„Ein Jahr" bedeutete etwas anderes, und zwar: „Niemals, es sei denn, du gibst etwas dafür." Ich war schon von Herrn Phan gewarnt worden.

So überraschte es mich nicht, im Gegenteil. Diesen Beamten zu bestechen bedeutete eher, dass ich meine Angelegenheit in der Weise voranbringen konnte, wie ich es mir wünschte.

Um Punkt sechs Uhr traf ich mich mit dem Mann. Wir gingen einige Schritte, um nicht aufzufallen. Ich fragte ihn direkt, wie viel er haben wolle. Er nannte mir eine hohe Summe, die er angeblich mit zweien seiner Kollegen teilen musste.

Wir verabredeten uns für den nächsten Abend in einem Lokal im Cholonviertel. Marcel begleitete mich dorthin, nicht nur weil es sich so gehörte, mich als seine Verlobte nicht mit einem fremden Mann alleine zu lassen, sondern auch wegen des Geldes, das ich bei mir trug. Es bestand ja das Risiko, von einem Binh Xuyen-Banditen überfallen zu werden.

Am Tisch übergab ich dem Mann das verlangte Geld, bevor ich ihm, wie selbstverständlich, auch das Essen bezahlte. Da ich die Sprache des Geldes beherrschte, wurde meine Geburtsurkunde dem Antrag beigelegt – nur drei Tage später.

Die Qual der Wahl

Anscheinend lief alles perfekt, jedoch hatte das Ganze einen Haken. Ich erkundigte mich nach einigen Wochen bei demselben Beamten, inwieweit mein Antrag bearbeitet worden war. Er versicherte mir, dass die Abwicklung im normalen Zeitrahmen lag und es noch ungefähr einen Monat dauere, bis man den Pass ausstellen könne.

Als ich mich bedankte und sagte, wie sehr ich mich freute, mit meinem Jungen nach Frankreich gehen zu können, versteifte er sich plötzlich, und ich hörte ihn etwas sagen, was mich zum Schluss gänzlich lähmte. Seine Worte drangen ganz langsam in mein Gehirn, wie ein schleichendes Gift.

„Sie sind verlobt, oder?", fragte er mich zuerst. Ich nickte, fröhlich und stolz.

„Und Ihr Verlobter hat sein Kind anerkannt und angemeldet?", fragte er weiter.

„Es ist nicht sein Kind, aber meins", sagte ich überrascht, jedoch selbstsicher. „Mein Verlobter möchte den Jungen adoptieren, sobald wir in Frankreich sind. Er ist aber schon jetzt wie ein Vater zu dem Kleinen."

„Sie dürfen Ihren Jungen nicht mitnehmen", antwortete er. „Weil Sie nicht verheiratet sind, geht das nicht. Der Junge muss hier bleiben, es geht nicht anders."

Er sah wohl, wie mir die Farbe aus dem Gesicht wich. Ich war immer davon ausgegangen, dass ich ohne Weiteres gemeinsam mit meinem Sohn das Land verlassen konnte und jetzt? Jetzt sollte ich mich plötzlich von ihm trennen? Ich war fassungslos.

„Es tut mir leid, ich dachte, Sie wüssten Bescheid."

Ich konnte mich nur noch mit einem kurzen Nicken bedanken. Ich war so schockiert, dass ich nicht einmal mehr weinen konnte. Eine unendliche Trauer folgte meiner Wut und Verzweiflung, noch mehr opfern zu müssen.

Wir hatten jetzt Ende April 1955, und ich musste eine Wahl treffen, mit all ihren Konsequenzen. Sollte ich mich weiter von den Wirren des Krieges verfolgen lassen oder mich darauf vorbereiten, meinen geliebten Sohn allein seinem Schicksal zu überlassen?

Am selben Abend ging ich mit diesen unbeantwortbaren, quälenden Fragen zu Herrn Phan, um ihn um Rat zu bitten.

Eine weise Entscheidung

Herr Phan empfing mich wie immer freundlich. Während ich sprach, sagte er die ganze Zeit kein Wort, er nickte nur. Vor ihm kannte ich keine Scham. Ich konnte nicht anders als zu weinen und ließ es zu. Was sollte ich nur tun?

Er beruhigte mich und kochte uns einen Tee. Aus seiner Küche brachte er dazu kandierte Ingwerstückchen auf einem Teller. Dann verlangte er von mir, ihm die Geburtsdaten meines Kindes zu geben. Er stand auf und zog sich nun eine Weile in ein anderes Zimmer zurück, während ich mich an meiner Tasse Tee festhielt.

Es dauerte seine Zeit. Der Teller mit den Ingwerstückchen war inzwischen leer. Als er endlich zurückkam, lächelte er. Gerade habe er berechnet, wie für mein Kind die Sternkonstellation stand. Sehr sicher und voller Überzeugung riet er mir dann, meinen Sohn hier in Saigon zu lassen. Das Beste sei, sich an eine religiöse Organisation zu wenden, um sicherzugehen, dass der ihnen anvertraute Junge später wieder auffindbar sein würde. Die Sterne stünden gut für ihn, keine Frage. Mein Sohn werde alles heil überstehen.

Ich weiß nicht genau, was es war, das mich dazu brachte, ihm zu vertrauen. Meine innere Stimme ließ mich spüren, dass dieser weise Mann mir die Wahrheit sagte.

Herr Phan unterhielt auch, wie ich erfahren hatte, zahlreiche Beziehungen zu mächtigen Leuten und genoss gewisse Privilegien in der Stadt dank seiner Fähigkeiten als Berater. Im Inneren dachte ich, dass vielleicht einer seiner Kontakte mir in diesem Fall behilflich sein könnte. An diesem Abend hatte er mir jedenfalls eine Antwort auf meine brennende Frage gegeben, und egal ob dieser Rat nun wirklich der war, den ich hören wollte, war für mich damit der Schicksalsweg meines Kindes vorgezeichnet.

Lektionen der anderen Art

> „Ein Freund ist jemand, den du kennst, der dich kennt. Auch wenn dieser nichts tut, er bleibt dein Freund, solange er dir nichts Böses tut. Ein guter Freund ist jemand, der dir Gutes tut.“ (Loan)

Als wir uns weiter unterhielten, eröffnete mir Herr Phan, dass auch ich eine weise Person sei. Damit meinte er, dass ich viele Fähigkeiten besäße. Völlig überrascht verneinte ich, da ich in meinen Augen nur eine sehr ungebildete Frau war. Wie sollte eine kleine Person wie ich, aus einem winzigen Dorf in der Provinz, je über die

Macht des Wissens verfügen? Jedoch blieb er bei seiner Überzeugung und bot mir an, mir in der verbleibenden Zeit vor meiner Abreise einige seiner Kenntnisse weiterzugeben, als ein Bruder. Es schien ihm sehr wichtig zu sein, und wie er sagte, wolle er verhindern, dass sein Wissen verlorenging.

Es war mir eine Ehre! Auf meine Frage, warum er seine Familienangehörigen dafür nicht in Betracht zog, sah er mich an und sagte, dass nicht unbedingt Verwandte die Linie des Wissens weiterführen könnten, sondern diejenigen, die dazu bestimmt seien. Ich konnte nicht anders, als ihm zustimmen, und willigte ein. Es konnte nicht schaden, mich auf diese Art und Weise für die bevorstehenden Zeiten zu wappnen.

So erfuhr ich, dass Herr Phan nicht nur Astrologe war, sondern auch „Magnétiseur" – Handaufleger – und Schamane. Er hatte sich schon öfter für Monate als Eremit in die Berge zurückgezogen und über viele Jahre hinweg in Tibet sein Wissen erworben. Mehrmals im Monat besuchte ich ihn, meistens nachdem ich beim Amt nach meinem Pass gefragt hatte. In der folgenden Zeit offenbarte er mir die Wirkung einiger seiner Gebete, bevor er sie mir beibrachte. Der Unterricht fand nur mündlich statt, es gab kein einziges Schriftstück. Ich musste alles auswendig lernen.

Zuerst lernte ich mich zu konzentrieren und zu meditieren, sowie die Bedeutung des Gleichgewichts zwischen Körper und Geist für die Gesundheit kennen. Ich erfuhr, welche Ernährung sich am besten eignete, um Erfolge bei der Meditation zu erzielen. Dann erklärte er mir die

Grundlagen des Schamanismus und seine Deutung der Zeichen.

Alles hatte eine Wirkung auf alles. Wie ich vernahm, war Herr Phans Wissen nur ein winziger Punkt auf einem endlosen Kreis, der sich langsam, aber stetig in eine Richtung drehte, in die Richtung des Lebens und des Schicksals, die man günstig beeinflussen konnte oder auch nicht. Deshalb war die Auswahl der potentiellen Kandidaten, die diesem Wissen zuteil wurden, streng. Nur ein Mensch mit „schöner Seele" sei in der Lage, Gutes auf der Welt zu bewirken. Tat jemand etwas Schlechtes, gehörte es wohl zu seinem Schicksal, das zu tun. Allerdings war es die Pflicht eines guten Menschen und von all denjenigen, die über solch ein Wissen verfügten, wie Herr Phan es tat, aus dem Schlechten Gutes zu machen. Das war möglich über die Kraft der Gebete, begleitet von bestimmten Ritualen.

Alles, was uns umgab, war lebendige Chemie. So sendeten wir endlos Signale durch unser Verhalten, über unsere Gebete oder Gedanken, deren Frequenzen auch von Tieren abgefangen wurden. War die Botschaft oder die Bitte angekommen oder wurde das Gebet erhört, kam die Antwort oder der Hinweis, was nun zu tun sei, in einem Traum oder in Form von einem positiven „Zufall", der sich plötzlich ereignete, oder auch in Gestalt eines toten Tieres. Je nach dem, welches Tier wie gestorben war oder wie dieses sich lebend verhielt, deutete man alles Weitere.

Ich staunte über die Vielfalt der Anwendungen. Herr Phan konnte zum Beispiel durch bestimmte Formeln bewirken, dass zuvor besprochene Gegenstände, wie von ihm zuvor gewünscht, nicht berührt wurden. Auch konnte er Personen, Räume oder Häuser gegen das Böse schützen. Aufgrund von Zeichnungen, die er später vernichtete, erklärte er mir ergänzend die Wirkung und den Aufbau der Rituale, die vielseitig anwendbar waren. Parallel dazu berechnete er, ob die Sterne für ein Vorhaben günstig standen, und passte so seine Prognosen an.

Wichtig war nur, sich mit dem Wissen nicht bereichern zu wollen, sondern nach Bedarf den Schwächeren damit zu helfen und das Gleichgewicht seines Umfelds stets in gesunder Balance zu halten. Zudem war es verboten, die Ahnen für belanglose Fragen um Beistand zu bitten. Herr Phans Wissen hatte mehr mit der Pflege und der Gesundheit des Geistes zu tun, die so ein harmonisches Leben auf Erden gewährleisteten.

Vieles erinnerte mich sehr an die alten Bräuche, die ich während meiner Kindheit bei den Alten oder bei unseren Medizinmännern beobachtet hatte. Ich merkte, wie sehr mir dieses Wissen schon vertraut war, und es kostete mich keine Mühe, Herrn Phan zu verstehen und seinen Anweisungen zu folgen. Als ich ihm sagte, ich wisse nicht, ob meine Art zu beten die richtige wäre, weil ich nur meine Ahnen und den Himmel um etwas bitten würde, antwortete er mir, dies wäre richtig, weil dies bei mir aus tiefstem Gefühl geschehe.

Durch diesen Meister ließ sich die Welt ganz anders wahrnehmen. Ich entdeckte in mir ungeahnte Fähigkeiten und ließ meiner gestärkten Intuition mehr Bedeutung zukommen.

So wie ihm sein Bauch sagte, ich sei diejenige, die seiner Lektionen würdig war, so sollte ich meiner Intuition folgen und sie als Werkzeug für das Leben nutzen. Wichtig sei, Gutes und Nützliches zu tun und anderen Menschen zu helfen.

Ich war dankbar, von so einem gelehrten, weisen Mann vieles über die wahre Macht des Glaubens erfahren zu dürfen.

So kurz der Abschied sein mag

Die Ereignisse überschlugen sich nun. Noch im Mai musste Marcels Einheit endgültig Vietnam verlassen, sie wurde nach Frankreich zurückverlegt. So blieb uns kaum Zeit, zu überlegen und abzuwägen, was das Beste für mein Kind war. Auch war es nicht mehr möglich, sich um die Formalitäten für eine Blitzhochzeit zu kümmern, von einer Adoption ganz zu schweigen. Mancher pedantische Vorgesetzte von Marcel wollte gar seine Absicht zunichte machen, eine einheimische Frau mit einem fremden Kind zu heiraten; von den besiegten Franzosen wurde so etwas gar nicht gern gesehen. Abgesehen davon, dass er viel zu jung und naiv sei, könne er, falls doch Liebe im Spiel sei, das in einem passenderen Augenblick wohlüberlegt in der Heimat erledigen, wurde ihm gesagt.

Wir stellten fest, dass es für mich vielleicht doch besser war, unverheiratet zu bleiben, denn es bestand die Gefahr, von der „anderen" Seite belauert oder gar umgebracht zu werden, nur weil man eine Beziehung mit einem verfeindeten Ausländer eingegangen war. Unweit meiner Straße war bereits ein Paar mit aufgeschlitzten Kehlen aufgefunden worden.

Wir entschlossen uns deshalb, dem Rat von Herrn Phan zu folgen, und begaben uns zusammen in ein Büro des katholischen Hilfswerks in der Rue Catinat, um dort das Kind anzumelden.

Ein Europäer nahm unsere Daten auf. Marcel erklärte dem Mann, dass er das Kind erst in Frankreich adoptieren könne, da die Zeit jetzt zu knapp sei. So wurde mein Sohn in die Liste der „auf Adoption wartenden Waisenkinder" aufgenommen. Ich sollte das Kind erst bringen, sobald ich wüsste, dass meiner Ausreise nichts mehr im Wege stünde. Vor der Übergabe sei allerdings ein gewisser Betrag für die Pflegekosten zu entrichten. Wir nahmen es zur Kenntnis und gingen wieder, mit erleichterten Herzen.

Die letzte Woche vor der Abfahrt seines Schiffes nach Marseille konnte Marcel zu mir kommen. Er verbrachte die Nächte bei mir, völlig niedergeschlagen, uns und das Land so unvorbereitet und abrupt verlassen zu müssen. Wir klammerten uns in der letzten Nacht vor dem Abschied aneinander, und er liebte mich, als wäre es das letzte Mal.

Danach konnten wir nicht mehr einschlafen. Dicht umschlungen warteten wir, bis der Morgen dämmerte. Marcel gab mir sein ganzes Geld, damit ich die Kosten meiner Reise bezahlen konnte, sowie die Adresse seiner Mutter in Frankreich, bei der er wohnen würde, und ein kleines Bild von ihr. Er versprach mir noch einmal, mich zu holen, falls ich es alleine nicht schaffen sollte. Ganz bestimmt würde er mir schreiben und mich über alles Weitere informieren. Auch ließ er das Hemd für den Kleinen da.

Zu diesem Zeitpunkt wussten wir noch nicht, wie schwierig es sein würde, endgültig meinen Pass in die Hände zu bekommen. Seine letzte, kurze Umarmung am frühen Morgen hinterließ in mir das Gefühl von Einsamkeit und unendlicher Leere. Doch obwohl ich nicht wusste, was die Launen des Schicksals mit meinem Leben noch anstellen würden, war ich glücklich darüber, dass wir uns wenigstens verabschieden konnten.

Wenn Sirenen in den Tod rufen

Die französischen Truppen zogen nach und nach aus Vietnam ab. Immer häufiger spielten sich schreckliche und dramatische Szenen ab. Der Krieg und seine Folgen nahmen keine Rücksicht auf das Schicksal der Menschen, die davon betroffen waren.

Am Hafen von Saigon konnte man die großen Dampfer beobachten, an deren Reling sich zahlreiche Soldaten drängten, um sich mit einem letzten Blick das im Gedächtnis einzuprägen, was sie verließen, oder um einem weinenden Mädchen noch einmal zuzuwinken.

Abschied zu nehmen war nicht für alle selbstverständlich. Eines Tages, als ich mich nach den Wartezeiten für die Schiffsreise nach Frankreich erkundigte, legte gerade ein großer Passagierdampfer ab und ließ dabei aus seiner

Sirene sehnsüchtige, tiefe Rufe ertönen. Da sah ich, wie vom Kai eine junge, hochschwangere Frau mit verzagtem Blick nach oben zur Reling schaute, wohl auf der Suche nach ihrem Liebsten. In der Menge beobachtete sie minutenlang konzentriert die Menschen dort oben, bis sie den erblickte, nach dem sie suchte. Sie schrie laut auf und rief seinen Namen. Ein junger Soldat wurde aufmerksam und winkte ihr heftig zu, ebenfalls ihren Namen rufend. Die junge Frau umfasste ihren Bauch mit beiden Händen und schrie: „Sieh jetzt her! Lieber sterben wir, als ohne dich zu leben!" Völlig überraschend nahm sie Anlauf und warf sich in die schmutzigen, von den Schrauben des ablegenden Schiffes aufgewühlten Fluten des Hafenbeckens und versank.

Der junge Mann hatte von seinem Platz aus die schreckliche Szene beobachtet. Ich höre noch seine verzweifelten Schreie und sehe, wie seine Kameraden ihn packen und mit Gewalt daran hindern, ihr hinterherzuspringen.

Nicht nur diese armen Seelen wurden durch den Krieg zerstört. Ein anderer, mir naher Mensch erlitt kein besseres Schicksal. Die schöne Sao A Mung wurde von Jean getrennt, ohne ein Wort des Abschieds. Jean wurde eines Tages mit Gewalt in ein Flugzeug gesteckt, das ihn für immer von ihr fortbrachte. Darauf verlor Sao A Mung den Verstand. Jedes Mal, wenn ich sie sah und ein Flugzeug über uns hinwegflog, warf sie sich zu Boden und rief verzweifelt: „Jean! Avion! Jean!", und weinte. Sie war nur noch ein Schatten ihrer selbst. Zu schwach, um Selbstmord zu begehen, entschied sie sich für den leeren, gefühllosen Wahnsinn.

Monate vergingen, in denen mein Leben nicht einfacher wurde. Ich wartete immer noch auf meinen Pass, und obwohl ich dessen Ausfertigungsgebühr schon Ende Mai bezahlt hatte, schien alles zu ruhen. Jedes Mal nannten mir die zuständigen Beamten andere Gründe für die Verzögerung. Immer wieder waren neue „Gebühren" fällig, und ich musste dafür Etliches meines ersparten Geldes aufwenden.

Während sich ein Teil der Welt mit den Themen Kolonialismus und Rassendiskriminierung beschäftigte, begann man hier im Süden damit, zahlreiche Menschen, die als „Kommunisten" denunziert worden waren, zu verhaften und in Lager einzusperren. Überall herrschten Ungewissheit und Unsicherheit.

Für mich kam noch hinzu, dass ich mein nächstes Kind erwartete. Es musste unbedingt etwas geschehen, denn als Schwangere hatte ich überhaupt keine Chance, auszuwandern.

In seinen Briefen, in denen Marcel mir seine Liebe erklärte, fragte er ungeduldig nach dem Stand meiner Papiere. Er konnte nicht verstehen, warum alles so lange dauerte. Indem er mir weiterhin schrieb, widersetzte er sich seiner Mutter, die anderes mit ihm vorhatte.

Auch ließ er mich kurz wissen, dass er mit größter Wahrscheinlichkeit bald nach Algerien gehen musste. Dort hatte sich Frankreich in einen neuen Kolonialkrieg verstrickt.

Ich diktierte einer Bekannten meine Briefe, die sie ins Französische übersetzte. Ich berichtete Marcel, in welcher ungünstigen Lage ich mich befand. Im September bekam ich erneut eine Nachricht von ihm.

Er freue sich, bald Vater zu werden. Sein Urlaub sei nun zu Ende, er müsse Anfang Oktober schon nach Algerien. Er teilte mir eine Adresse mit, an die ich meine Briefe senden sollte, damit er sich um meinen Empfang in Frankreich kümmern könnte, falls es mir doch noch gelingen würde auszuwandern.

Herr Phan unterstützte mich, so gut er konnte. Er war sich ganz sicher, dass der günstige Zeitpunkt für meine Ausreise bald kommen würde. Regelmäßig bat er alle guten Geister um Hilfe und Beistand. Diese brauchte ich dringend, in meinem Zustand!

So verlebte ich eine ungewisse Zeit, voller Anspannung, wartend auf eine positive Nachricht eines willigen Beamten. Doch kam alles anders als erwartet. Ich traf zufällig in der Stadt eine alte Dame, eine gute Bekannte von Herrn Phan, auf der Straße. Ihr Name war Frau Thot. Ab und zu hatten wir zusammen bei Herr Phan Tee getrunken. Ihr gehörten, wie erzählt wurde, zahlreiche Gebäude in verschiedenen Stadtteilen. Sie war nicht nur reich, sondern auch mächtig. Jetzt stand ich vor ihr, und wir begrüßten uns freundlich.

Überrascht, fast ungläubig, mich zu sehen, fragte sie mich: „Mädchen, du bist immer noch nicht weg? Wieso das?"

Ich sagte ihr, mein Pass sei noch nicht da. Sie schüttelte ihren Kopf, hob einen Finger und stieg mit mir in eine Rikscha, die uns zum Amt fuhr. Wir wurden sofort durchgelassen, und ich bemerkte, als wir das Gebäude betreten hatten, dass viele der Beamten den Kopf respektvoll vor dieser Dame senkten. Sie forderte mich auf, ihr den Beamten zu zeigen, der für mich zuständig war. Sie ging direkt auf ihn zu und fragte mit ruhiger Stimme: „Wo sind bitte die Papiere von diesem Fräulein?"

Ich stand da, innerlich erregt und ziemlich verlegen. Zuerst konnte ich nicht glauben, was ich nun sah. Ohne auch nur ein Wort zu sagen oder zu zögern, holte der Mann mit einer Verbeugung ein rotes Dokument aus seiner Schublade: meinen Pass! Hastig stempelte er diesen ab, unterschrieb und übergab ihn mir. Die alte Dame bedankte sich und wies mich an, ihr nach draußen zu folgen, wo unsere Rikscha auf uns wartete.

„So, Mädchen", sagte sie freundlich zu mir, „jetzt kannst du dich um deine Schifffahrt kümmern. Ich wünsche dir alles Gute."

Ich bedankte mich von ganzem Herzen bei ihr. Auf meine Frage, warum sie selbst nicht ins Ausland wolle, sagte sie mir, sie sei viel zu alt dafür. Sie bezahlte noch die Fahrt, und wir trennten uns. Eine tiefe Dankbarkeit für diese Frau und ihre gute Tat trug ich von diesem Moment an für immer in meinem Herzen.

Ich war mir sicher, dass Herr Phans Gebete erhört worden waren und der Himmel sie mir geschickt hatte. Als ich nach Hause kam und stolz meinen Pass betrachtete, sah ich, dass wir den dritten Oktober 1955 schrieben, den ersten Geburtstag meines Sohnes.

Ich folgte weiterhin Herrn Phans Anweisungen und begab mich kurz darauf zum katholischen Hilfswerk, um zu erfragen, was meinerseits zu tun war. Das nächste Hindernis ließ nicht lang auf sich warten.

Die Summe, die ich zahlen sollte, damit mein Kind für mindestens ein Jahr versorgt werden konnte, war viel höher als alles Geld, das ich noch hatte. Sie überstieg auch den Wert meines Schmuckes, und ich brauchte das Geld doch für meine Schiffsüberfahrt.

Wieder wurde mir geholfen. Ohne zu zögern lieh mir Herr Phan das nötige Geld. Ich sollte es ihm zurückzahlen, wann ich wollte, aber nur dann, wenn ich es könnte. Er war wirklich mehr als ein Bruder für mich. So war auch dieses Hindernis überwunden. Weil niemand mir genau sagen konnte, wann ich einen Platz auf den meist ausgebuchten Schiffen bekäme, war es jetzt an der Zeit, mich von meinem Sohn zu trennen. Noch im Oktober ging ich eines Morgens mit ihm zum Hilfswerk. In der Nacht zuvor war er, wie immer, nackt in meinen Armen eingeschlafen, voller Vertrauen, und ich hatte seine warme, zarte Haut an meiner gespürt. Ich stand leise auf und betrachtete ihn lange im Schein der Nachttischlampe, wie er da lag und ruhig atmete. Er war noch so klein, so abhängig von mir. Er war ein Teil meiner selbst! An diesem Tag regnete es sehr heftig, und ich hatte den Eindruck, dass der Himmel mich mit seinen Tränen begleitete.

Oft sollte ich später davon träumen, wie ich meinen Sohn abgab. Eine freundliche, europäische Nonne trat still in das Zimmer, in dem wir uns aufhielten, ein leichtes Lächeln auf den Lippen, ihre Hände nach meinem Kind ausgestreckt, wartend.

Ich legte die Kette meines Sohnes zurecht, an der das kleine Kreuz von Fräulein Bè hing, und betrachtete ihn ein letztes Mal. Die schwarzen Augen, das eckige Gesicht, sein Muttermal an der rechten Augenbraue ... Ich schloss meine Augen und roch an seiner Stirn, um mir seinen süßen Geruch einzuprägen, und flüsterte ihm Worte zu, die er nicht verstand:

„Mama muss weg. Du bleibst schön lieb! Später kommt Mama dich holen! Unsere Ahnen seien mit dir!"

Fröhlich, wie er immer war, begriff er nicht, was passierte. Als die Schwester ihn mir liebevoll wegnahm, weinte er nicht. Ich auch nicht. Ich konnte es nicht. Mein Herz war plötzlich so leer.

Die Zeugin meines Glückes

Täglich begab ich mich nun zum Hafen, um zu fragen, ob ein Platz für mich frei sei. Anfang November teilte man mir mit, dass eine Frau wegen ihres kranken Kindes ihre Abreise gerade verschoben hatte und ich deswegen ihren Platz einnehmen konnte. So wurde mein Pass erstmals mit dem notwendigen Ausreisevisum, das zwei Wochen gültig war, abgestempelt. Jetzt war es wirklich nur noch eine Frage von Tagen. Mein Verlobter hatte mir inzwischen mitgeteilt, dass ein ihm bekannter Pfarrer mich am Hafen von Marseille abholen würde, um mich in den richtigen Zug nach Tours zu setzen. Ich sollte ihm sofort ein Telegramm schicken, sobald ich wüsste, mit welchem Schiff ich kommen würde. Das tat ich, in der Hoffnung, dass nun alles reibungslos funktionieren würde. Herr Phan gab mir, von sich aus, nochmals Geld, damit ich nicht ganz mittellos in dem fremden Land ankäme. Dann gingen wir noch einmal zusammen essen. Anschließend verabschiedeten wir uns. Ich versprach ihm, sein mir anvertrautes Wissen in Ehren zu halten, und er versicherte mir seine ewige Freundschaft.

Kurz vor meiner Abreise besuchte ich im Cholonviertel einen Tempel, der in einem früheren Jahrhundert von kantonesischen Einwanderern errichtet worden war und der chinesischen Meeresgöttin und Beschützerin der Seeleute Thien Hau gewidmet war. Dieser Tempel beherbergte auch Statuen der Göttin der Fruchtbarkeit, Me Sanh, und der Göttin der Neugeborenen und Mütter, Long mau.

Im Duft von riesigen, an der Decke hängenden Räucherspiralen betete ich um Vergebung dafür, dass ich nun Kind und Land verlassen musste. Ich bat um Schutz und nahm in einer stillen Minute Abschied von meinen Ahnen und von meiner Mutter – von meinen Wurzeln.

Ein kleiner Koffer reichte, um mein Hab und Gut zu verstauen, darunter eine schöne, von Hand bestickte Tischdecke sowie ein komplettes Teeservice aus feinstem Porzellan. Es war mein Geschenk für meine zukünftige Schwiegermutter.

Kaum waren die ersten Sonnenstrahlen am Himmel erkennbar, ließ ich mich am 10. November 1955 in einer Rikscha zum Hafen bringen.

Um meine Schwangerschaft zu verbergen und auch um mich im Falle eines Überfalls gegen eventuelle Messerstiche zu schützen, hatte ich meinen Oberkörper in festen Stoff gewickelt. Mein kurzes Haar trug ich gewellt, so wie auf den europäischen Modebildern, die in den Friseursalons der Stadt hingen. Ich hatte meine Ao-dai gegen einen Rock mit Bluse getauscht, darüber trug ich eine leichte Jacke, die mir einen eher „zivilisierten" Stil verlieh. Ich war bereit!

Viele Menschen hatten sich auf dem Kai vor dem Schiff versammelt, um Abschied zu nehmen. Ich ging schnell an ihnen vorbei, als plötzlich mein Herz erstarrte und mir kalter Schweiß den Rücken hinunterlief! Vor mir sah ich eine Frau, die sich umdrehte, nachdem sie jemandem zugewinkt hatte, und die ich nur zu gut kannte: Da stand meine Tante, und ihr Blick fiel auf mich.

Sie hatte sich kaum verändert. Ihre harten Gesichtszüge trugen nicht eine Falte mehr als damals. Die tiefen, dunklen Ringe unter ihren kalten, schwarzen Augen waren immer noch da. Nur das schöne Tiefblau ihrer zerknitterten Ao-Dai ließ sie etwas freundlicher erscheinen. Sie blieb stehen.

Diese Person in dieser Situation völlig unerwartet wiederzusehen, ließ meine Knie weich werden. Zum ersten Mal seit langer Zeit erinnerte ich mich wieder daran, wie es war, Angst zu haben. Verzweiflung hatte dieses Gefühl bei mir längst unterdrückt.

Meine Tante war genauso überrascht, mich hier zu sehen, wie ich. Sie fand als erste ihre Sprache wieder: „Du hier? Sag bloß, dass du jetzt das Schiff nimmst! Wie hast du das denn geschafft?“ Ich riss mich zusammen und antwortete im selben harten Ton, auf die Passagiere vor mir zeigend:

„Ich habe das Gleiche getan, wie die hier. Und jetzt lassen Sie mich durch, man wartet auf mich!“ Entschlossenen Schrittes ging ich an ihr vorbei zur Gangway, ohne sie weiter zu beachten. Ich spürte ihren ungläubigen, neidischen Blick auf meinem Rücken.

Ich fragte mich später oft, was der Himmel damit beabsichtigt hatte. Warum musste gerade diese böse Frau Zeugin meiner Abreise sein? Sollte sie es eines Tages vielleicht einem Familienmitglied erzählen? Oder war dies ihre Strafe, mich hier auf diesem Dampfer, mit der Freiheit als Ziel, ausreisen zu sehen, während sie hier bleiben musste? Ich erfuhr es niemals.

Als die Sirene ertönte und unser Schiff begann, sich vom Kai loszulösen, stand ich an der Reling. Mir fielen wieder meine Späße mit Hien ein, als wir damals in Flaschen bliesen, um die Schiffssirenen nachzuahmen. Und dann, wie ein Film, zogen meine Erinnerungen an meinem inneren Auge vorbei.

Hier, in Vietnam, ließ ich nun einen Teil meiner selbst hinter mir, während die Bewegungen meines Kindes im Bauch mir sagten, dass bald der andere Teil von mir neue Wurzeln schlagen würde, dort in der Fremde.

Kapitel 4: Welten

Meereshöhen und -tiefen

Ich hatte versucht, mich an das Stampfen des Schiffes bei dem stetigen Auf und Ab des Wellenganges zu gewöhnen, was mir weder oben an Deck noch unten in meiner winzigen, fensterlosen Kabine gelang. Ich musste mir die Kabine mit der Frau teilen, der meine Tante zugewinkt hatte. Mir war schlecht. Ich war seekrank. Ich litt wahnsinnig unter dem heftigen Seegang, und nichts und niemand konnte mir helfen.

Als wir zwei Tage später, am zwölften November, in Singapur anlegten, konnte ich zum ersten Mal das Essen bei mir behalten. Ich blieb im Hafen und lief auf dem Kai hin und her. Endlich Luft, ich genoss das tiefe Durchatmen wie ein Geschenk. Der Gedanke an die lange Überfahrt, die mir noch bevorstand, erfüllte mich mit Angst. Und doch war mein Glücksgefühl, auf diesem Schiff zu sein, immer noch größer als meine Qual.

Tage später erreichten wir Colombo in Ceylon. Hier ließ ich mich fotografieren, um das Bild, das sofort entwickelt wurde, meinem Verlobten nach Algerien zu schicken. Es sollte ein Zeichen von mir sein, an dem sich Marcel erfreuen konnte. Jetzt konnte er sehen, dass ich auf dem Weg nach Europa war!

Tag und Nacht trug ich Pass und Geld dicht an meinem Körper, um nicht bestohlen zu werden. Meine Mitbewohnerin war ständig unterwegs bei anderen Bekannten, die im selben Gang wohnten. Oft hörte ich sie bis spät in die Nacht Ba-Kuan spielen.

Da ich die meiste Zeit damit beschäftigt war, meine Übelkeit so gut es ging zu bekämpfen, nahm ich nicht an den Seenotübungen teil. Das führte dazu, dass schon nach der ersten Übung zwei Matrosen bei mir erschienen. Nachdem sie geklopft hatten und ich mich nicht meldete, traten sie in die Kabine. Sie teilten mir mit, diese Übungen seien Vorschrift und ich sei verpflichtet, daran teilzunehmen. Ich blieb liegen, geschwächt und grün im Gesicht. Gequält entgegnete ich:

„Eure Übungen sind mir egal! Wenn ich verrecke, verrecke ich eben! Kümmern Sie sich bloß nicht um mich, und lassen Sie mich in Ruhe!" Verdutzt verließen sie den Raum und kamen auch nicht wieder.

Seit einer Woche durchfuhr unser Schiff nun das Arabische Meer, mit Kurs auf Dschibuti im Golf von Aden. Die Stürme während der Seefahrt trugen dazu bei, dass ich gar nichts mehr aß. Ich fing an, Gewicht zu verlieren. Wie sehr hoffte ich, bald wieder die Füße auf festen Boden setzen zu können.

Als ich mich an einem ruhigeren Tag an Deck wagte, sah ich eine kleine Menschenansammlung neben dem Kapitän stehen und über die Reling ins Meer starren. Jemand sagte, man habe soeben den winzigen Körper einer Fehlgeburt, die eine Frau an Bord erleiden musste, auf See bestattet.

Traurig kehrte ich in meine Kabine zurück. Ich zwang mich nun doch, etwas zu essen, und wenn es auch nur hartes Brot war.

Ein kleiner Ausflug

In Dschibuti konnte ich endlich wieder an Land gehen. Was für eine Freude! Das Schiff hatte einige Stunden Liegezeit, so gönnte ich mir eine längere Pause. Nachdem ich eine riesige Portion gegrillter Sardinen verschlungen hatte, beschloss ich, mir die Einkaufsstraßen näher anzusehen.

Lange streifte ich umher, ganz versunken in die vielen auf mich einstürmenden Eindrücke. Erst der Ruf einer weit entfernten Schiffssirene ließ mich wach werden - mein Schiff! Panisch drehte ich mich um, doch niemand konnte oder wollte mich verstehen. Statt mir den Weg zum Hafen zu zeigen, boten mir die Händler weitere Waren an und versuchten, mich dabei an den Armen festzuhalten. Also entschied ich mich willkürlich für eine Richtung.

Mein Herz klopfte mir bis zum Hals und ich war völlig verschwitzt, als ich einen Jeep mit zwei Matrosen sah. Ich winkte verzweifelt mit den Armen und hatte Glück: Sie hielten an. Ich ahmte eine Sirene nach und zeigte auf ihre Uhren.

Sie verstanden sofort und forderten mich auf einzusteigen. Wie ich es bereits geahnt hatte, fuhren sie mit mir in die entgegengesetzte Richtung. Nach langen Minuten des Bangens erreichten wir endlich den Hafen. Erleichtert, es geschafft zu haben, gab ich beiden den von ihnen verlangten Kuss auf die Wange, bevor sie mich bis zu meinem Schiff brachten. Kurz darauf lichtete es den Anker.

Wieder einmal hatte ich Glück gehabt! Doch mein kleines Abenteuer hinterließ Spuren, und ich beschloss, von nun an das Schiff bis Marseille nicht mehr zu verlassen.

Der Preis mancher Hilfe

Wir ließen das Rote Meer hinter uns und fuhren durch den Suezkanal, um Halt in Port Said zu machen. Die Weiterfahrt im Mittelmeer verlief zu meiner großen Erleichterung viel ruhiger. Und endlich: Am 1. Dezember 1955 kam das Schiff in Marseille an! Es war geschafft, ich war in Frankreich!

Geduldig reihte ich mich in die Menschenschlange ein, die sich vor der Passkontrolle gebildet hatte. Obwohl wir dicht beieinander standen, spürte ich, wie kühl es war. Ich musste an die kühlen Tage im Norden Vietnams denken.

„Bonjour, Madame!", begrüßte mich der Beamte freundlich. Lächelnd stempelte er meinen Pass und ließ mich weitergehen.

In der Halle wartete ich mit pochendem Herzen. Nun würde sich herausstellen, ob Marcel meinen Empfang organisiert hatte! Nach wenigen Minuten kam ein rundlicher, blasser, jedoch sympathisch wirkender Mann mit einem Foto in der Hand direkt auf mich zu und zeigte mir ein Bild - mein Bild. „Verzeihung, sind Sie diese Frau? Die Verlobte von Marcel?" Es war der im Brief angekündigte Pfarrer; ein ehemaliger Lehrer von Marcel hatte ihn beauftragt, mich abzuholen und mich in den richtigen Zug nach Tours zu setzen.

Er nahm meinen Koffer und fuhr mich mit seinem Wagen zum Bahnhof. Dort kaufte er mir von meinem Geld eine Fahrkarte. In Lyon müsse ich umsteigen, erklärte er mir.

Nachdem er mich in ein leeres Abteil gesetzt hatte, fragte ich ihn, wie viel ich ihm für seinen Dienst schulden würde. Er schüttelte nur freundlich den Kopf.

„Ihr Geld werden Sie bestimmt noch brauchen", meinte er, bevor er mir alles Gute wünschte und sich verabschiedete.

Der Zug war gerade losgefahren, als vier junge Frauen sich zu mir setzten. Wir unterhielten uns, und bald erfuhr ich, dass die Mädchen Prostituierte waren. Sie waren auf dem Weg nach Paris. Sie fragten mich, ob ich nicht mit ihnen dort als „Exotische" arbeiten wolle. Bestimmt würde ich viel Geld dabei verdienen... Als sie merkten, dass nichts zu machen war, ließen sie mich in Ruhe.

In Lyon stieg ich aus. Da ich nicht wusste, welcher Zug der richtige war, wandte ich mich an einen jungen Soldaten auf dem Bahnsteig. Gegen ein großes Sandwich, das ich ihm spendierte, führte er mich zum richtigen Gleis. Als ich ihn fragte, ob ich ihm als Dank auch Geld geben könne, bejahte er. Da ich mich in der französischen Währung noch nicht auskannte, gab ich ihm von den fünfzehntausend Francs, die ich besaß, zweitausend Francs.

Mit großen Augen, jedoch ohne zu zögern, nahm er das Geld und verschwand ganz schnell. Erst viel später merkte ich, wie teuer mich die Hilfe des jungen Mannes zu stehen gekommen war.

Feuer und Eis

Es war früher Nachmittag, als mein Zug in den Hauptbahnhof von Tours einfuhr. Während der langen Fahrt hatte ich die braune, kahle Landschaft meiner neuen Heimat betrachtet, dann war ich in einen tiefen Schlaf gefallen.

Erst die quietschenden Geräusche des bremsenden Zuges weckten mich. Eine eintönige weibliche Stimme rief aus den Lautsprechern: „Tours! Tours!"

Ich stieg aus und hielt Ausschau nach der Frau, die bald meine Schwiegermutter sein würde. Ich spürte erstaunte und neugierige Blicke auf mich gerichtet - hier war ich wohl die einzige Asiatin.

Es dauerte nicht lange, da entdeckte ich sie. Sie wartete am Anfang des Bahnsteigs. Als sie mich sah, kam sie sofort auf mich zu. Während wir uns aufeinander zu bewegten, beobachteten wir uns gegenseitig.

Sie war groß und feingliedrig, hielt sich sehr gerade und hatte einen stolzen Gang. Ihre gepflegte Kleidung saß perfekt. Die Handtasche passte genau dazu. Ihr hellbraunes Haar mit dem modischen Schnitt war kurz und wellig und unterstrich ihre feinen Gesichtszüge. Ihre Lippen waren regungslos, und was ihre Augen betraf, konnte ich mich nicht ganz entscheiden, ob sie grün oder braun waren. Jedenfalls waren sie kühl. War das die Schönheit der wahren „Bourgeoises"?

Ihr Anblick ließ mich noch kleiner erscheinen, als ich mit meinen ein Meter fünfundvierzig tatsächlich war. Ich fühlte mich müde von der langen Reise und der ganzen

Aufregung. Meine Kleidung war zerknittert, mein kleiner Koffer verbeult. Ich war so anders als diese Frau, die sich mir näherte. Und ich war schwanger!

Ich stellte meinen Koffer ab und schenkte ihr ein erstes, freundliches Lächeln. Doch die Umarmung, auf die ich wartete, kam nicht. Fast zwei Köpfe größer als ich, stand diese Frau mit einem aufgesetzten Lächeln vor mir. Sie streckte mir lediglich die Hand entgegen, und zwar mit so viel Abstand, wie es ihr Arm zuließ.

„Sie müssen Jacquie sein. Endlich sind Sie da. Sprechen Sie Französisch? Können Sie mich verstehen?"

Überrascht, weil sie mich „Jacquie" nannte, und etwas eingeschüchtert von ihrer Distanz, bejahte ich mit einem Nicken.

„Ich bin die Mutter von Marcel. Sie dürfen mich Paulette nennen. Mein Sohn hat mir schon so viel über Sie erzählt! Ich habe nur Gutes über Sie erfahren!"

Direkt, wie ich war, konnte ich mir die Antwort nicht verkneifen: „Ich weiß, es stand alles in den Briefen an Ihren Sohn."

Natürlich war dies ein schlechter Anfang. Ihr Gesicht rötete sich sofort. Dann fuhr sie beherrscht fort:

„Mein Sohn hat eine Wohnung auf dem Land außerhalb der Stadt für Sie gemietet. Wissen Sie, es war wirklich nicht einfach, für eine Person wie Sie etwas zu finden. Es ist eine ganz delikate Situation, und auffallen möchte schließlich niemand. Aber jetzt sind Sie ja hier. Heute bringe ich Sie in ein Hotel. Leider ist es mir nicht möglich, Ihnen in meiner Wohnung Unterkunft zu gewähren, denn sicher würden Sie mit Ihrer Hautfarbe Aufsehen erregen. Ich möchte vermeiden, dass man Sie bei mir sieht, in Ihrem Zustand sowieso!“

Sie ließ einen Blick auf meine Jacke fallen, die nicht viel von meiner Schwangerschaft verriet.

Und so fuhren wir ohne ein weiteres Wort zu dem Hotel in der Stadtmitte. Sie begleitete mich noch bis zu meinem Zimmer und verabredete sich mit mir für den nächsten Morgen, um dann mit dem Taxi zu der Wohnung zu fahren.

Egal, wie ein Name klingen mag

Erschöpft wie ich war, schlief ich gut und fest. Am nächsten Morgen weckte mich der frühe Stadtverkehr. In einem kleinen Frühstücksraum servierte mir eine freundliche Bedienung Kaffee mit viel Milch sowie zwei Croissants und Marmelade. Ich verschlang alles und bestellte gleich noch einmal das Gleiche - mein Appetit war riesig.

Kurz darauf erschien Paulette. Ich bezahlte das Zimmer, und wir stiegen in das wartende Taxi. Wir verließen die Stadt und fuhren durch einige kleine Dörfer, bis wir nach einer Stunde einen völlig abgelegenen alten Bauernhof erreichten. Dieser war längst aufgegeben und bestand aus einem Hauptgebäude, in dem die Hofbesitzerin lebte, und einem kleinen Seitenflügel, der früher als Geräteschеune gedient hatte. Das also war meine neue Bleibe!

Eine dicke Frau mittleren Alters, mit roten Backen, kam heraus, um uns zu begrüßen. Sie war die Vermieterin. Paulette hatte mir erklärt, dass Marcel ihr die Miete schon für ein Jahr im Voraus bezahlt hatte. Die Frau war verwitwet. Sie versuchte nicht, ihr Staunen über mein Aussehen zu verbergen. Nachdem sie mich gründlich von allen Seiten angestarrt hatte, sagte sie, sie habe noch nie eine Asiatin gesehen.

Auf dem Weg zu meiner Wohnung passierten wir eine ehemalige Maststelle für Schweine. Die Wohnung bestand eigentlich nur aus vier Mauern mit einer Wand in der Mitte, versehen mit kleinen Fenstern und einem Dach. Marcel hatte zwei dünne Klappbetten hierhergebracht und einen Schlafsack auf eines der Betten gelegt. Ein Holztisch mit einem Stuhl, ein kleiner Kamin, der mich an die beißende Kälte erinnerte, sowie eine Kommode waren die ganze Möblierung. Küche gab es keine. Die Toilette war im Freien.

Mein Blick fiel auf eine wunderschöne rote Pagode, die auf der Kommode stand. Als ich sie näher betrachtete, sagte Paulette:

„Das hat mein Sohn für Sie gebastelt. Es soll eine Erinnerung an Ihr Land sein."

Ich war gerührt. Marcel hatte mir eine Gebetsstätte gebaut, ein kleines Kunstwerk aus unzähligen Holzstückchen. Auch wenn meine neue Bleibe über absolut keinen Komfort verfügte, so hatte ich wenigstens etwas, das mir helfen würde, die Zeit an diesem gottverlassenen Ort zu ertragen.

„Feuerholz können Sie bei mir kaufen", informierte mich die Frau, wobei ihre Augen funkelten. Auch Paulette fröstelte und zog ihren Mantel enger um das feine Kostüm. Sie erklärte mir, dass ich im nächsten Dorf, das

„nur“ drei Kilometer von hier entfernt sei, Brot kaufen könne. Dort befinde sich auch eine Arztpraxis. Fahrende Händler würden ansonsten regelmäßig am Hof vorbeikommen, um die wichtigsten Lebensmittel anzubieten. Bei Bedarf könne ich mit einem Taxi nach Tours fahren.

Sie fragte mich, ob ich mit der Wohnung zufrieden sei. Als ich ohne zu zögern bejahte, konnte sie ihre Überraschung kaum verhehlen. Woher sollte sie auch wissen, was ich gerade dachte. Was hatte ich nicht schon alles erlebt und wie viele Nächte hatte ich nicht schon unter freiem Himmel verbracht. Ich musste mich nur daran erinnern. Das komfortablere Leben, das ich später in meiner Heimat auch geführt hatte, musste ich von nun an schlicht und einfach vergessen. Jetzt begann für mich und mein Kind ein neues Leben in Freiheit, und nur das zählte! Ich war wirklich zufrieden.

Die Vermieterin verließ uns eilig, als ein weinendes Kind in ihrem Haus zu hören war. Paulette gab mir ihre Adresse - nur für den Notfall, wie sie sagte. Sie streckte mir wieder ihre Hand entgegen: „Na dann ... ich muss jetzt gehen. Das Taxi wartet. Auf Wiedersehen, Jacquie.“

„Danke für Ihre Hilfe. Doch ich heiße Loan und nicht Jacquie“, antwortete ich.

„Ach, wissen Sie, Marcel hat immer von Ihrem Etablissement ‚Chez Jacquie‘ gesprochen. Sie haben es doch geführt, oder? Der Name Jacquie klingt gut und gefällt mir besser als der andere. Den kann ich mir ja doch nicht merken“, entgegnete sie mir mit honigsüßer Stimme.

Ich ahnte, dass es keinen Sinn machte, sich mit dieser sturen Frau zu streiten. Sie stieg in das Taxi, und ich winkte ihr nach. Ich verstand sehr wohl, dass sie mich auf diese Weise mit einem Teil meiner Vergangenheit konfrontieren wollte.

Doch sie hatte keine Ahnung, und im Endeffekt war es mir auch egal. Ich war diejenige, die ich war! Sei's drum. Sollte sie mich doch nennen, wie sie wollte.

Und das tat sie auch, ihr Leben lang.

Ein Stück Heimat

Ganz auf mich allein gestellt organisierte ich mein Leben. Marcel war von seiner Mutter benachrichtigt worden, dass ich gut angekommen war. Ich bekam einen Brief von ihm, in dem er schrieb, er hoffe, einen kurzen Urlaub zu bekommen, allerdings wohl kaum vor der Geburt unseres Kindes.

Also sorgte ich dafür, noch vor der Niederkunft alle notwendigen Vorräte um mich zu haben. Ich hatte mich mit trockenem Holz von meiner Vermieterin eingedeckt. Wie ich später erfuhr, verkaufte sie mir das Holz viel zu teuer, aber was hätte ich tun sollen? Mein runder Bauch hinderte mich daran, Holz aus dem nahen Wald zu holen. Die Kälte in Europa war für mich ein Problem und zugleich eine Herausforderung. Obwohl ich in meiner wärmsten Kleidung schlief, fror ich Tag und Nacht. Auch hatte ich meine Liege sofort an den Kamin geschoben, wo ich von da an schlief.

Alle zwei Wochen ging ich zu Fuß in den Ort, um mir in der kleinen Bäckerei ein zwei Kilo schweres Brot zu kaufen, immer verfolgt von den neugierigen Blicken der Einwohner. Im Ort hatte ich auch den Landarzt besucht und ihn gebeten, ab und zu bei mir vorbeizusehen, bis es gegen Mitte Januar so weit sein würde. Obst und Gemüse brachte ein fliegender Händler zweimal die Woche. Mit schrillem Hupen kündigte dieser in seinem alten grauen Citroen seine Ankunft an.

Als Ersatz für eine Küche hatte ich mir drei große, ovale Steine geholt und eine kleine Feuerstelle im Hausinneren gebaut. Mein Vater hatte mir vor langen Jahren gezeigt, wie man das macht.

Es gab fließendes, kaltes Trinkwasser. Da ich nur einen Kochtopf, einen Wasserkessel, zwei Gabeln, zwei Messer, einen Esslöffel und eine Plastikschüssel besaß, hatte ich nicht viel zu spülen.

Nur der Bürgermeister und der Arzt besaßen einen Telefonanschluss. Wollte ich mit dem Taxi in die Stadt fahren, musste ich in den Ort laufen und vom kleinen Postamt aus einen Wagen bestellen. Später holte mich allerdings der Taxifahrer an ausgemachten Tagen direkt von zu Hause ab.

In der Großstadt Tours fand ich mich schnell zurecht. Unter den Geschäften gab es auch einen asiatischen Laden. Was für ein Glücksgefühl, als mir, sobald ich durch die Tür trat, die wohlbekannten Gerüche unserer heimischen Gewürze in die Nase stiegen.

Da mein Geld schnell dahinschmolz, kaufte ich mir nur Reis letzter Wahl, den man sonst als Vogelfutter verwendete. Allerdings gönnte ich mir dazu eine kleine Flasche Nuoc Mam, die hier sehr teuer war.

Zu Hause war es dann ein wahrer Genuss, den Geschmack der lange nicht mehr gekosteten Fischsauce auf meiner Zunge zu spüren. Ich behandelte sie wie eine Kostbarkeit und benutzte sie nur tröpfchenweise. Den asiatischen Laden führte eine alte Frau aus dem Norden Vietnams, die mit einem Franzosen verheiratet war und schon lange in Frankreich lebte. Sowohl sie als auch manche der vietnamesischen Kunden, die vieles, was hier als exotisch galt, bei ihr kauften, gaben mir nützliche Informationen darüber, wie man in meiner neuen Umgebung lebte.

Es waren nur wenige Minuten, die ich mit ihnen sprach, aber das Gefühl, unter Menschen gewesen zu sein und einige Worte in meiner Muttersprache gewechselt zu haben, erfüllte mich in meiner Einsamkeit jedes Mal mit Glück. Gemeinsam erinnerten wir uns an die Heimat, und mit jedem Satz darüber wurde das schöne Bild eines warmen Landes, in dem die Menschen den Tag mit einem Lächeln begrüßten, wachgerufen. Die Farben, die Gerüche und die Stimmen begleiteten unsere Erzählungen und ließen, ohne dass wir es merkten, den Krieg und das Elend, die uns hierhergetrieben hatten, nicht in den Vordergrund treten. Wir machten uns lustig über die Angst der Franzosen vor uns Asiaten, die sich über die Hunden und Katzen hermachen würden ...

Doch dann kam wieder der Moment des Abschieds, und ich musste nach Hause. Sie alle hier hatten jemanden daheim, der auf sie wartete oder um den sie sich kümmern konnten. Sie hatten ein Zuhause. Ich jedoch musste alle meine Gefühle in meinen vier Wänden in völliger Abgeschiedenheit für mich behalten.

Unter solchen primitiven, fast archaischen Verhältnissen zu leben, war nicht das Problem für mich. Mir machte zu schaffen, dass ich völlig isoliert war. Ich hatte Angst, hier zu verkümmern.

Ich war ganz alleine und hatte schreckliches Heimweh.

Versteckt, hinter einem Gesicht

Mit der Zeit lernte ich meine Vermieterin näher kennen. Nachdem ich sie gefragt hatte, ob die Kinder ihre wären, erzählte sie, dass sie seit dem Tod ihres Mannes Pflegemutter sei. Sie betreue immer wieder zwei bis drei Waisen oder Halbwaisen, die das Sozialamt ihr anvertraue.

Ich fand es sehr liebenswert von ihr, dass sie diese verantwortungsvolle, schwere Aufgabe auf sich nahm. Die Kinder verbrachten einige Zeit bei ihr und konnten sich frei austoben. Zu ihnen hatte ich bald mehr Kontakt als zu ihr. Denn es gab eigentlich nichts, worüber ich mit der Frau reden konnte.

In der ersten Zeit lud sie mich mehrmals zu sich ein und bot mir sofort, fast aufdringlich, ein Glas Rotwein an. Als ich ablehnte und ihr sagte, dass ich keinen Alkohol mochte, erklärte sie mir fröhlich, hier in Frankreich, besonders auf dem Land, sei es üblich, Wein zu trinken. Das sei gut für die Gesundheit.

Daraufhin steckte sie gelassen den Korken wieder in die Flasche und leerte in einem Zug zuerst ihr Glas und dann das meine. Sie schien nicht gekränkt zu sein, vielleicht nur etwas traurig, in mir keine Zechgenossin gefunden zu haben.

Wenn ich sah, wie viel Wein diese Frau trinken konnte, erinnerte sie mich an meinen besoffenen Bären. Auch wunderte ich mich über die vielen leeren Flaschen, die in ihrer warmen Küche in einer Ecke aufgereiht standen. Offenbar war es auch hier üblich, alles zu sammeln, schließlich war man von der Welt abgeschlossen.

Eines Tages klopfte ich an ihre Tür, um mir Streichhölzer zu borgen. Ich erschrak, als ich ihre lallende Stimme hörte, die mich aufforderte, hereinzukommen. Ich trat ein. Sie saß auf einem Stuhl, vor ihr auf dem Tisch ein volles Weinglas, daneben eine leere Flasche, und stierte mich mit hochrotem Kopf an. Als ein kleines Kind auf mich zukam, wahrscheinlich, um mit mir zu spielen, stand sie plötzlich auf und packte es mit beiden Händen an den Ohren, hob das arme, schreiende Ding hoch, trug es einige Meter weg und ließ es hart auf einen Stuhl fallen. Mit schwerer Zunge lallte sie:

„Ich hab' dir gesagt, bleib hier sitzen!"

Ich war entrüstet und erklärte ihr, dass man Kinder niemals auf diese Art und Weise tragen sollte. Sie lachte nur und sagte: „Aber nein! Aber nein!"

Ich nahm mir ein paar Streichhölzer aus der großen Schachtel und bedankte mich, bevor ich fassungslos das Haus verließ. Ab diesem Tag schwor ich mir, auf diese Frau, der es Spaß zu machen schien, Kinder zu quälen, ein Auge zu werfen.

Inzwischen hatte mich Paulette in Begleitung einer ihrer Schwestern besucht. Diese dunkelhaarige Frau, Jeanne, die ebenfalls sehr kurzes Haar trug, war kleiner, etwas pummeliger und lange nicht so hübsch wie sie. Ihrer Art nach zu urteilen, schien sie jedoch einen spritzigeren Charakter zu haben. Beide hatten nichts mitgebracht, und als ich sie auf eine Tasse Tee einlud, lehnten sie rasch ab. Es war mir recht, denn ich hatte vergessen, dass ich nur eine Teeschale und keine Tassen besaß.

Ihr Besuch diente wohl mehr dazu, ihre Neugierde zu befriedigen, als nach meinem Wohlbefinden zu sehen. Sie inspizierten meine Bleibe, und ich sah, wie sie sich wunderten, als sie meine rustikale Kochstelle betrachteten. Sie erkundigten sich schließlich doch noch nach mir, und ich sagte ihnen, dass mein Entbindungstermin in der zweiten Hälfte des Januars wäre. Bald darauf stiegen sie wieder in ihr Taxi und verließen mich ohne ein weiteres Wort.

Sie waren seit meiner Ankunft nicht die Einzigen, die trotz der Kälte offenbar Lust verspürten, sich manchmal in der Nähe des Hofes die Füße zu vertreten und ihre Zeit damit zu verbringen, mich zu beobachten. Es hatte sich sehr schnell herumgesprochen, dass eine asiatische Frau, die anders aussah, hier lebte, und so wurde ich zum Ausflugsziel einiger Dorfbewohner, die sonst nichts Besseres zu tun hatten.

Eines Tages wagte sich ein Mann, ein Fabrikarbeiter, bis zum Haus meiner Vermieterin vor. Er kannte sie und verwickelte sie gleich in ein Gespräch, als sie erschien. Da ich gerade von einem Spaziergang zurückkam, stellte sie mich ihm vor. Darauf hatte er nur gewartet.

Er war äußerst neugierig und fragte mich sogleich nach dem Grund meines Hierseins. Meine Vermieterin antwortete für mich und lud uns zu sich ein, auf ein Glas Wein für ihn und ein Glas Wasser für mich. Sie war froh, wieder einmal Besuch zu bekommen.

Der Mann war angenehm und zeigte sich interessiert an unseren Sitten und Gebräuchen, also gab ich ihm gern Antwort auf seine vielen Fragen. Als ich ihn fragte, ob er schon in Vietnam gewesen sei, lachten beide jedoch laut auf. Kopfschüttelnd sagte der Mann zu mir, er höre zum ersten Mal von diesem Land und wisse nicht einmal, wo es liegt. Schockiert stellte ich fest, dass es immer noch Menschen gab, die unwissend und ignorant waren, obwohl Frankreich zahlreiche seiner Söhne jahrzehntelang nach Vietnam geschickt hatte und viele dort für ihr Land gestorben waren.

Das überraschte mich schon sehr.

Ein waghalsiger Arzt

Bei meinen vielen Spaziergängen sah ich oft Kinder und Jugendliche auf den nahen Feldern spielen und Rad fahren. Ich hatte eine Packung Süßigkeiten gekauft, um sie zu verschenken, falls sie ihre Scheu mir gegenüber verlieren würden. Es dauerte seine Zeit, bis ich das erste Bonbon loswurde. Damit war das Eis gebrochen, die Neugierde hatte gesiegt. Die Kinder kamen mich von nun an regelmäßig besuchen und holten sich ihre Süßigkeiten. Aber es musste ein Geheimnis bleiben. Ein Junge hatte mir nämlich verraten, dass seine Eltern ihm verboten hatten, in meine Nähe zu kommen und, was noch viel schlimmer wäre, mich anzusprechen. Ich versuchte, dieses Verhalten zu verstehen, und begriff langsam, dass man hier viel länger brauchte, um sich zu öffnen. Aber was sollte ich tun - so war es eben. Ich musste mich nur daran gewöhnen. Inzwischen rückte der Geburtstermin immer näher, und ich hatte bereits alles für meine Rückkehr aus dem Krankenhaus vorbereitet. Als ich eines Morgens spürte, dass es bald so weit sein würde, ging ich zu meiner Vermieterin. Sie schickte einen der Jungen mit seinem Rad ins Dorf, um den Arzt zu holen.

Anstatt auf einem Stuhl Platz zu nehmen, den sie mir anbot, ging ich lieber in ihrer Küche hin und her, meinen schweren Bauch festhaltend.

Ich hatte keine Angst davor, notfalls das Kind alleine auf die Welt zu bringen.

Bis der Junge ganz außer Atem zurückkam, war fast eine Stunde vergangen. Dann vernahmen wir die Geräusche eines Motors. Das musste der Arzt sein! Was ich dann sah, ließ mich kurz die Schmerzen meiner Wehen vergessen: Der Arzt hatte vor, mich hinten auf seiner kleinen Vespa zu dem über dreißig Kilometer entfernten Krankenhaus in Tours zu fahren. Er besaß kein Auto.

Ich weigerte mich entschieden. Dann lieber das Kind hier bekommen, auch ohne ihn, als eine Geburt auf zwei Rädern zu erleben! Als er merkte, dass ich nicht mitspielte, beschloss er, schnell einen Nachbarn, der ein Auto hatte, zu benachrichtigen. Er fuhr also wieder weg, und ich wartete aufs Neue.

Der Nachbar brachte mich vorsichtig und schnell ins Krankenhaus. Er war ein sehr hilfsbereiter Mann, der sogar bei mir blieb, bis eine Krankenschwester bereit war, sich um mich zu kümmern.

Die Geburt verlief ohne Komplikationen. Am 19. Januar 1956 gebar ich einen Sohn. Als eine Schwester ihn mir zeigte, dachte ich, nur für den Bruchteil einer Sekunde, sehnsüchtig an meinen kleinen Sohn Marcel. Ich wünschte ihm aus tiefstem Herzen, Glück und Gesundheit, bevor ich mein erstes gemeinsames Kind mit Marcel liebevoll anschaute.

Himmelsgnade

Ich nannte mein Kind Jean-Pierre. Kurz darauf besuchte mich Paulette. Sie hatte von meinem Arzt erfahren, dass ich im Krankenhaus entbunden hatte. Sie war von dem Kind ganz entzückt und hatte Babykleidung und alles Mögliche an Pflegeartikeln mitgebracht. Damit machte sie mir eine sehr große Freude.

Nach wenigen Tagen brachte ein Taxi meinen Sohn und mich zurück nach Hause. Jean-Pierre war von Anfang an ein zierliches Baby, das sich während der Stillzeit prächtig entwickelte. Ich war stolz, so viel Muttermilch zu haben!

Erst im Februar gelang es Marcel, uns zu besuchen, allerdings nur für vier Tage. Draußen war der Boden tief gefroren und vereist. Er war per Anhalter gekommen und das letzte Stück, seinen Militärsack über den Schultern, gelaufen. Völlig durchgefroren kam er an. Ich war froh, unser karges Heim warm gehalten zu haben. Wie freuten wir uns, uns nach so langer Zeit wiederzusehen. Er nahm mich hoch und hielt mich ganz fest in seinen Armen. Jean-Pierre schlief. Leise, auf Fußspitzen, ging er zum Korb, den Paulette, zusammen mit einem Kinderwagen, als Geschenk gebracht hatte. Er sah glücklich aus.

Als ich ihn fragte, warum er nicht mit dem Taxi gekommen sei, sagte er mir, dass das viel zu teuer gewesen wäre. Ich bekam sofort ein schlechtes Gewissen. Seit ich hier lebte, hatte ich mich öfter in die Stadt fahren lassen, auch um der Einsamkeit zu entgehen. Das war mir noch nie so bewusst geworden wie in diesem Moment. Auch hatte ich mir seit Wochen nicht allzu viele Gedanken über Geld gemacht. In Zukunft würde ich es wohl tun müssen!

Paulette lud uns drei in ihre Wohnung zu einer Tasse Kaffee ein. Ihre Wohnung war zentral gelegen, klein, aber sehr gepflegt, und ich stellte erstaunt fest, was für Welten zwischen ihrer Wohnung und meiner Bruchbude lagen.

Marcel hatte nicht viel Zeit für solche Besuche. Er hatte sich während seines letzten Aufenthalts in Frankreich um alle notwendigen Papiere gekümmert, die wir für eine Heirat brauchten. Er hoffte auf eine positive Nachricht auf seinen letzten Antrag bei der vietnamesischen Botschaft in Paris, doch er erfuhr, dass noch keine Antwort gekommen war. Enttäuscht füllte er vorsichtshalber einen neuen Antrag aus.

Am Morgen des dritten Tages schlief Marcel noch fest. Wir hatten fast die ganze Nacht geredet. Ich war aufgestanden, um das Kind zu stillen, und hatte gerade frisches Holz auf die Glut gelegt und Wasser in den Kessel gefüllt, um Tee vorzubereiten. Ich ging zum Fenster, um das Eis abzukratzen, das sich in der Nacht innen an unseren Scheiben gebildet hatte, als mein Blick nach draußen fiel. Ich sah ein Wunder. Hier, direkt vor mir, geschah es! Hunderte, Tausende, Millionen Zuckerstückchen fielen vom Himmel, und das vor unserer Tür!

So schnell ich konnte, leerte ich zwei Pappkartons, in denen sich unsere Kleidung befand. Ich nahm den Kochtopf dazu, den Plastikeimer aus der Ecke und beeilte mich, rasch nach draußen zu kommen, bevor das Wunder aufhören würde. Ich stellte alle Behälter unter den grauen Himmel und fiel dankbar auf die Knie. „Frankreich ist ein begnadetes Land! Hier fällt der Zucker vom Himmel, als Geschenk, und wir in Vietnam müssen für die Ernte so schwer arbeiten! Danke, lieber Himmel!", rief ich und freute mich riesig darüber, wie die Behälter sich füllten.

Marcel erschien an der Tür, die ich in meiner Aufregung zu schließen vergessen hatte, und fragte mich noch halb im Schlaf, was ich da tue. „Zucker! Zucker!", rief ich glücklich. Er schüttelte lächelnd den Kopf. Im Warmen setzten wir uns, und er erklärte mir, während ich vor Aufregung und Kälte zitterte, dass dies keine Zuckerstückchen seien, sondern große Schneeflocken. Ich sagte nur:

„Warte, du glaubst mir nicht. Ich werde es dir beweisen! Warte nur, bis der erste Eimer voll ist, dann wirst du es sehen!“ Erneut lächelte er und nickte. Wir warteten geduldig und tranken langsam unseren Tee. Dann holte ich meinen ersten Zuckereimer ins Haus. Ich wunderte mich zwar, dass dieser sich so kalt anfühlte, aber ich war fest überzeugt, Zucker vor mir zu haben. Als nach einer Viertelstunde der Inhalt zu Wasser geschmolzen war, saß ich da, einfach nur traurig. Marcel hatte recht gehabt.

Das Wunder des ersten Schnees in meinem Leben hatte dennoch etwas bewirkt: Er verwandelte meine zwei Pappkartons in Pappmaché.

Ein Hase ist nicht gleich ein Hase!

Ich fuhr von nun an nur noch selten in die Stadt, um Geld zu sparen, eigentlich nur noch, wenn ein Einkauf sich gar nicht mehr aufschieben ließ. Dankbar hatte ich das Angebot von Paulette angenommen, dass sie ein paar Stunden auf mein Kind aufpasste, während ich meine Besorgungen erledigte. Seitdem ihr Enkel geboren war, war sie zwar netter zu mir, doch spürte ich ihre Abneigung unverändert. Als ich ihr gleich nach meiner Ankunft das Teeservice mit der von Hand bestickten Tischdecke geschenkt hatte, hatte sie sich zwar bedankt, aber hinzugefügt:

„Schön, aber hier bei uns brauchen wir so etwas nicht.“ In den folgenden Jahren würde ich diese Geschenke nie mehr zu Gesicht bekommen.

Der Frühling war da und brachte angenehme Temperaturen. Die meiste Zeit verbrachte ich zu Hause, alleine mit Jean-Pierre. Ab und zu schob ich den Kinderwagen durch den Wald und über die Lichtungen, wir liefen im sanften Schatten der vielen Birken dahin. Frisch angelegte Weizen- und Maisfelder sowie Weinreben schmückten die Landschaft, deren Schönheit ich jetzt erst entdeckte.

Natürlich kamen noch immer Menschen, um mich von der Ferne zu betrachten, etwa wenn ich die von Hand gewaschenen Windeln draußen an die Leine hängte. Spontan fielen mir dazu die drei Steine ein, meine Kochstelle, die tadellos ihre Funktion erfüllten, und ich dachte: „Schaut euch ruhig an, wie lange ich es hier noch aushalte! Ja, ich lebe noch. Bei uns im Dschungel hat man schon ganz andere Dinge durchgestanden!“ Eines Tages, als ich gerade damit beschäftigt war, ein wildes Gewächs, das man bei uns „Zau Zen“ nannte, zwischen den Weinreben zu pflücken, sprach mich ein Bauer an, sein Gesicht voller Sorge. Er hatte mich beobachtet und gesehen, welche Pflanze ich sammelte.

„Liebe Frau“, sagte er zu mir freundlich und schüttelte den Kopf, „das hier dürfen Sie nicht pflücken und auf keinen Fall essen! Es ist nämlich Gift für die Hasen!“

Ich lächelte ihn an und dankte ihm für seine Fürsorge. Doch ich kannte mich sehr gut aus, ich wusste, was ich tat. „Danke, Monsieur. Aber wissen Sie, die vietnamesischen Hasen sind anders, sie sterben nicht, wenn sie das hier fressen!“

Völlig entgeistert sah er mich an und ging achselzuckend seines Wegs.

Marcels Briefe bereiteten mir abwechselnd Freude und Kummer. Es ging ihm in Algerien nicht besonders gut. Wie sollte es auch? Es war Krieg, und ich wusste, was Krieg bedeutete.

Eines Morgens, ich versuchte gerade, französische Zeitschriften mit kitschigen Liebesgeschichten zu lesen, um meine Französischkenntnisse zu verbessern, die mir die Kinder im Gegenzug für die Bonbons gebracht hatten, hielt ein Taxi auf unserem Hof. Völlig überrascht sah ich Jeanne, Marcels Tante, aus dem Wagen steigen. Sie war alleine. In der Hand hielt sie eine Tüte. Ich trat vor die Tür und begrüßte sie. Lächelnd kam sie ins Haus.

„Ich wollte das Kind einmal sehen! Ist der Kleine gelb oder weiß?“. Sie sah in den Korb und meinte: „Na ja, man kann es noch nicht sagen. Aber süß ist er!“

Auf meine Frage, ob sie selbst Kinder habe, lachte sie und verneinte. Sie wandte sich mir zu. „Ich weiß, dass Sie nicht viel haben, und deswegen habe ich mir gedacht, dass Sie das hier gut gebrauchen könnten.“

Bevor ich etwas sagen konnte, zog sie eine Stielpfanne aus der Tüte, dazu eine Gabel. Beide Gegenstände waren so verrostet, wie ich es selten gesehen habe. Da ich die Verhältnisse, in der diese Frau lebte, nicht kannte und nicht wusste, ob sie arm oder reich war, zählte für mich in dem Moment nur die Geste. Wenn es von Herzen kam, war es gleichgültig, wie die Geschenke aussahen. Und es stimmte ja: Ich besaß keine Pfanne, und eine zusätzliche Gabel konnte ich auch noch gut gebrauchen.

Dankbar für ihre Freundlichkeit bat ich sie, Platz zu nehmen und mit mir Tee zu trinken. Dazu öffnete ich eine Packung Butterkekse. Weil ihr Taxi wartete, verließ sie mich kurz darauf. So eine nette Frau, dachte ich.

Es dauerte fast einen ganzen Vormittag, bis ich die Pfanne und die Gabel vom Rost befreit hatte. Endlich waren sie so blank, dass ich sie benutzten konnte.

Drei Tage vergingen, als erneut ein Taxi vorfuhr. Wieder war es Jeanne. Ich freute mich, sie wiederzusehen und ließ sie herein, vorsichtig hoffend, in ihr vielleicht eine erste Freundin gefunden zu haben. Aber sie wollte sich nicht setzen und hatte ein merkwürdiges Gesicht aufgesetzt, als sie eine leere Tüte aus ihrer schicken Handtasche herauszog.

„Ich bin nur gekommen, um meine Pfanne und meine Gabel abzuholen, die ich Ihnen ausgeliehen habe. Bitte geben Sie sie mir jetzt zurück." Wortlos und völlig perplex holte ich die blitzblanken Gegenstände und ließ sie in die Tüte fallen. Sie drehte sich schroff um und sagte: „Lernen Sie besser Französisch: Ausgeliehen heißt nicht geschenkt!" Und weg war sie.

Ich schloss die Tür hinter ihr und musste mich setzen. Warum nur hatte sie mir das angetan?

Jean-Pierre wachte auf, er hatte Hunger. Ich säuberte ihn und legte ihn an meine Brust, immer noch den Kopf schüttelnd. Leise sagte ich zu ihm: „Heute, mein Kind, war eine böse Frau hier. Aber es macht nichts, sie wird dir nichts tun, ich bin ja da."

Dann wischte ich mir die Tränen aus dem Gesicht. Niemand sah es.

Oft hörte ich die Kinder, die sich in der Obhut meiner Vermieterin befanden, weinen. Ich wusste, dass die Frau nicht gerade zimperlich mit ihnen umging, entweder weil sie schon einiges getrunken hatte, aber auch sonst. Weil mir die Kinder leid taten, spielte ich ab und zu mit einem der kleinen Jungen draußen oder ich holte ihn zu mir ins Haus, um ihn zusammen mit Jean-Pierre zu beschäftigen, während die Frau sich um die zwei anderen kümmerte.

Eines Tages fiel mir auf, dass sich der Junge ständig am Körper kratzte. Ich entdeckte auf seiner Haut kleine Beulen und große, rötliche Stellen. Diese Krankheit kannte ich nicht. Als ich gemeinsam mit ihm zu der Frau gehen wollte, zitterte er und bat mich, es nicht zu tun. Es liege an den Bettlaken, die rau und grob seien, stammelte er. Ich wusste, dass hier etwas nicht stimmte. Sein ängstlicher Blick ließ mich nicht los.

Am nächsten Tag beschloss ich, zu handeln. Ich ging meine Vermieterin besuchen und tat so, als ob ich ihre Gesellschaft wünschte. Ich gab ihr meinen Sohn, den sie gern verhätschelte. Sie hatte wieder sehr gute Laune. Während sie mit dem Baby herumschmuste, sah ich mich in ihrem Haus um. Nach dem Flur kamen die Schlafzimmer mit den drei Holzbetten für die Pflegekinder. Ich trat näher und horchte, ob die Frau noch in der Küche war. Als ich eine Bettdecke hochhob, zuckte ich vor Schreck zurück: Statt einer Matratze entdeckte ich eine dicke Schicht Brennnesseln. Darauf also schlief der Junge!

Immer noch sprachlos ging ich in die Küche zurück, ohne mir etwas anmerken zu lassen. In was für eine Sache war ich da bloß hineingeraten? Als wir uns endlich zurückziehen konnten, ging ich sofort mit dem Kinderwagen ins Dorf. Es musste unbedingt etwas geschehen! Ich fragte mich bis zum Bürgermeister durch, dem ich alles erzählte. Ungläubig bedankte sich der Mann bei mir und versprach, die zuständige Aufsichtsbehörde zu informieren.

Es dauerte nicht lange, bis zwei Autos auf dem Hof hielten. Ich sah den Bürgermeister aus dem ersten Wagen steigen und aus dem anderen zwei Frauen. Sie begaben sich direkt zur Haustür meiner Vermieterin und klopften. Völlig überrascht öffnete sie. Sie unterhielten sich kurz, und ich bemerkte, dass die Frau sich weigerte, sie hineinzulassen. Dann schob der Bürgermeister sie jedoch entschlossen beiseite und ging in das Haus. Nun begann die Frau, die Anwesenden anzuschreien. Gleich darauf rannte sie aus dem Haus, der Bürgermeister hinter ihr her, und stürmte zu mir herein.

„Das ist der Dank! Nach all dem, was ich für dich, du Gelbe, getan habe!“, schrie sie. Der Bürgermeister versuchte sie zu beruhigen. Eine lange halbe Stunde verging, in der ich nicht wusste, was nun geschehen würde. Schließlich kamen die beiden Frauen aus dem Haus, mit gepackten Taschen in den Händen und in Begleitung der Kinder. Alle zusammen fuhren sie weg.

Der Bürgermeister kam zu mir und erklärte, man habe der Vermieterin die Aufsicht über die Kinder entzogen.

Natürlich weigerte sich die Frau, mich weiterhin bei ihr wohnen zu lassen.

Er half mir packen. Wir brauchten nicht viel Zeit dafür. Mit meinem Kind im Arm verließ ich ohne Bedauern meine Bleibe. Die schon bezahlte Miete war freilich weg. Das war der Preis für meine Denunziation, die ich keine Sekunde bereute.

Lernen trägt Früchte

Der Bürgermeister brachte uns zu einem Häuschen, das etwas näher am Ort lag und ihm gehörte. Im Erdgeschoss wohnte eine Familie, an die er seine umliegenden Felder verpachtet hatte. Die Wohnung im ersten Stock stand leer, und er stellte sie mir zur Verfügung. Darüber befand sich noch ein Speicher mit Maiskolben, die hier gelagert wurden. Auch diese Bleibe war mehr als einfach, aber als ich einen Gaskocher in der Küche erblickte, den ich benutzen durfte, erschien sie mir fast luxuriös. Im Freien stand ein Klohäuschen, das wir Mieter uns teilen würden. Schnell hatte sich die Geschichte im Ort herumgesprochen. Wenn auch manche Leute mir immer noch reserviert gegenüber traten, grüßten mich inzwischen doch viele, meist Frauen, und verhielten sich etwas freundlicher.

Eine davon war die Frau des Bürgermeisters. Sie war eine ältere Dame, die mich ab und zu besuchte und fragte, wie es uns gehe. Wir tranken dann zusammen eine Tasse Tee. Während einer ihrer Besuche staunte sie über die Geräusche, die wir über unseren Köpfen vernahmen. Ich beruhigte sie und erklärte, es seien wohl nur Ratten. Als ich ihr erzählte, dass ich kürzlich eine Ratte am Rand des Korbes, in dem mein Sohn schlief, gesehen und aus Furcht, sie könnte mein Kind beißen, mit dem Hammer erschlagen hatte, merkte ich, wie schockiert sie war.

Die einzige Person, die sich nicht an meine Gegenwart gewöhnen wollte, war der Pächter. Eines Tages, als ich die Toilette benutzen wollte, fand ich das Klohäuschen abgeschlossen. Ich wunderte mich und klopfte an seine Tür. Er öffnete und stieß sofort in aggressivem Ton hervor:

„Das Toilettenhäuschen ist nur für uns! Gehen Sie woanders hin!“ Dann knallte er mir die Tür vor der Nase zu, bevor ich überhaupt etwas sagen konnte.

Aber dieses Mal ließ ich mich nicht entmutigen. In den nächsten Tagen sammelte ich unsere Notdurft in einem Eimer. Dann wartete ich, bis der Pächter kam, der auf dem Weg zum Toilettenhäuschen wohl oder übel an meinem Fenster vorbeigehen musste, und kippte in einem Schwung den ganzen stinkenden Inhalt vor seine Füße.

Er schreckte zurück und schrie nach oben: „Was fällt Ihnen ein! Was tun Sie da?“

„Sie haben wohl im Geschichtsunterricht nicht aufgepasst“, rief ich ihm zu. „Ich mache dasselbe wie die Könige von Frankreich: Ich werfe meine Scheiße aus dem Fenster.“ Dann schloss ich ganz ruhig das Fenster wieder.

Ich lächelte. Herr Huong würde jetzt sicher stolz auf mich sein! Minuten später war das Toilettenhäuschen auch wieder für uns geöffnet.

Trotz aller Widrigkeiten

Im August kam Marcel erneut zu uns. Seine Mutter hatte ihm in Briefen über die laufenden Geschehnisse berichtet, sodass er wusste, wo er uns finden würde. Gleich nach seiner Ankunft ging er zum Bürgermeister, um sich zum einen für dessen Unterstützung zu bedanken, und um zu erfahren, ob endlich unsere Papiere gekommen waren, die wir für unsere Heirat und meine Anerkennung als französische Staatsbürgerin benötigten.

Dieser verneinte und machte uns darauf aufmerksam, dass es wohl an der vietnamesischen Botschaft zu liegen schien. Auch er wusste keinen Grund für diese lange Verzögerung. Also beschlossen wir, so bald wie möglich nach Paris zu fahren, um uns Klarheit zu verschaffen. Zuvor bat ich noch inständig meine Ahnen und die guten Geister, uns zu begleiten. Der vietnamesische Botschafter empfing uns, ohne dass wir lange warten mussten, obwohl wir keinen Termin hatten. Er bot uns freundlich grünen Tee an, nachdem wir in seinem Büro Platz genommen hatten. Als wir ihm unser Anliegen erklärten und ihm sagten, dass wir seit einem Dreivierteljahr auf die notwendigen Papiere warteten, ließ er sich unsere Akte bringen. Er blickte kurz hinein und entnahm ihr drei Briefumschläge. Dann sah er mich an und sagte: „Ja, jetzt kann ich mich wieder erinnern. Wir haben Ihrem Antrag nicht stattgegeben, weil die Mutter Ihres Verlobten mit Ihrer Heirat nicht einverstanden ist.“

Wie vor den Kopf geschlagen sahen wir uns an, bevor Marcel verblüfft sagen konnte: „Wie, meine Mutter ist nicht damit einverstanden? Wie kann das sein?“

„Hier“, sagte der Botschafter und schob uns die drei Kuverts zu: „Bitte lesen Sie selbst.“

In den Umschlägen befanden sich drei Briefe von Marcels Mutter. Inständig, fast flehend, bat sie Marcels Vorgesetzten, alles nur Mögliche zu tun, um unsere Heirat zu verhindern. Ihr Sohn sei viel zu jung und doch noch so unschuldig, außerdem könne diese Liebelei nicht ernst gemeint sein. Es gehöre zu ihrer Mutterpflicht, ihn vor diesem Fehler zu bewahren.

Das war der Gipfel der Unverschämtheit. Seit Monaten warteten wir auf grünes Licht, um gemeinsam ein neues Leben zu beginnen und unserem Kind eine Zukunft geben zu können. Und die ganze Zeit über hatte Paulette erfolgreich versucht, das zu verhindern.

Ich sagte dem Botschafter ganz ruhig: „Mein Mann ist im März diesen Jahres volljährig geworden. Das heißt, dass er allein entscheiden kann, was er will, oder nicht?“

„Ich liebe diese Frau von ganzem Herzen“, fügte Marcel hinzu. Der Botschafter lächelte. „Wenn es so ist, dann warten Sie bitte noch einen Moment draußen. Ich werde veranlassen, dass Sie Ihre Papiere gleich mitnehmen können.“

Und so geschah es auch.

Aus Paris zurückgekehrt begaben wir uns gleich zum Bürgermeister und erhielten auch sofort einen Termin für unsere Hochzeit. Damit stellten wir Paulette vor vollendete Tatsachen. Wir hatten allerdings beschlossen, sie wegen ihrer Briefe nicht zur Rede zu stellen.

Die Begeisterung von Marcels Familie war - wie hätte es anders sein können - so mäßig, dass ich kurzerhand beschloss, nach unserer Heirat zusammen mit Marcel nach Algerien zu gehen.

Warum sollte ich hier mein Leben in Einsamkeit und unter Anfeindungen verbringen, wenn mein Ehemann dort um sein Leben kämpfen musste, ohne jemanden an seiner Seite zu haben?

Die Idee war vollkommen spontan: Es war fast unmöglich, sich so schnell, ohne jede Vorbereitung und vor allem ohne Erlaubnis, mit ihm einzuschiffen. Jedoch war mir ein Leben an seiner Seite lieber, auch wenn in Algerien Krieg herrschte. Außerdem vertraute ich meinem inneren Gefühl.

So war es dann für uns eine beschlossene Sache, und wir freuten uns auf unsere Hochzeit, die am 25. August 1956 stattfand.

Paulette besorgte mir ein Kostüm, das ich an diesem großen Tag voller Stolz trug. Sie schenkte mir dazu noch einen kleinen Blumenstrauß, die einzigen Blumen, die ich an diesem Tag bekam. Neben ihrer Mutter, einer alten Frau mit verbittertem Gesicht, brachte sie ihren jüngsten Sohn René zu der Feier mit, einen adretten jungen

Mann, den ich kurz zuvor kennengelernt hatte. Die einzigen Gesichter, die etwas Freude ausstrahlten, waren die unserer spontan eingesprungenen Trauzeugen, die Frau des Bürgermeisters und ein uns fremder Mann, den sie mitgebracht hatte, und natürlich unsere eigenen.

Mit versteinerten Mienen wartete die Familie draußen auf der Straße, bis die Trauung zu Ende war, während Paulette sich um unseren Sohn kümmerte.

Der Bürgermeister eröffnete die Zeremonie im Standesamt, bei dessen Anblick mir vor Lachen fast die Tränen in die Augen schossen. Der breite, dreifarbige Gürtel, in den Farben der französischen Flagge, den er um seinen voluminösen Bauch gebunden hatte, ließen ihn für mich so komisch erscheinen, dass ich loslachen musste. Noch nie hatte ich einen dicken Mann gesehen, der seine runden Formen auf diese Art und Weise verhüllte.

Der Bürgermeister war über meine Fröhlichkeit amüsiert und erklärte mir dann mit viel Geduld, was diese Farben symbolisierten und dass dieser Gürtel ihn dazu befähige, den französischen Staat zu vertreten. Sodann traute er uns und wir begaben uns in die Kirche, die auf der anderen Straßenseite lag.

Die kirchliche Trauung war für Marcel wichtig, denn obwohl sein Vater Atheist gewesen war, hatte man ihn während seiner Zeit im Internat als Katholik erzogen. Auch hier war keiner aus der Familie bereit, uns zu begleiten. So betraten Marcel und ich alleine die Kirche und warteten vor dem Altar. Ein katholischer Pfarrer mit verbissenen Gesichtszügen, den man aus einer benachbarten Gemeinde für die Trauung bestellt hatte, tauchte aus einer Seitentür auf und begrüßte uns mit den Worten: „Wollen Sie immer noch, dass ich Sie traue?“ Als wir bejahten, fuhr er empört fort: „Ich kann das hier nicht machen. Verlassen Sie bitte die Kirche. Wir treffen uns in der Sakristei.“ Verwirrt und ängstlich, etwas falsch gemacht zu haben, verließen wir die Kirche und betraten nun das Gebäude von der Seite. Der Pfarrer warf einen vernichtenden Blick auf mich, bevor er Marcel anstarrte.

„Ist Ihnen klar, was Sie tun? Diese Frau ist keine Christin! Dort, wo sie herkommt, betreiben sie Hexerei und Magie. Diese Heiden glauben nicht an den wahren Gott. Ich bin gezwungen, wirklich gezwungen, Sie in das Register einzutragen.“ Er trug dann hastig unsere Namen ein und wollte gehen. Erstaunt bat ihn Marcel, noch unsere Ringe zu weihen.

„Eure Eheringe weihen? Ganz sicher nicht! Ich werde sie nicht weihen, denn ihr lebt in Sünde!“

Ich spürte die kalte Wut in mir aufsteigen, jedoch riss ich mich zusammen und fragte mit normaler Stimme: „Werden Sie für uns die Glocken läuten?“

„Die Glocken? Nein, niemand wird hier die Glocken läuten. Nicht für Sie!“, gab er mir barsch zur Antwort.

„Das macht nichts, wir brauchen das nicht, um glücklich zu sein“, entgegnete ich. „Aber ich sage Ihnen eines: Gott sieht in die Herzen, und Jesus spricht ganz sicher eine andere Sprache als Sie! Vielleicht werden Sie es bald erfahren.“

Ohne ein weiteres Wort legte Marcel seine Hand auf meinen Arm, und wir gingen hinaus. Auf keinen Fall sollten Wolken der Traurigkeit über unser Glück ziehen.

Vor der Kirche gratulierte uns niemand. Im Gesicht meines Schwagers las ich eine Art Genugtuung, sodass ich mich fast wie eine Kolonialtrophäe fühlte.

Als nächste Überraschung kam die Frau des Bürgermeisters auf uns zu und sagte in einem vorwurfsvollen Ton: „Es gehört zu unseren Bräuchen, nach der kirchlichen Trauung Reis zu werfen und Bonbons an die Gäste zu verteilen. Wussten Sie das nicht?“ Wir verneinten und schauten uns betreten an. Reis auf den Boden zu werfen, hätte ich sowieso nicht übers Herz gebracht. Mir fiel sofort der Spruch der Vietminh wieder ein: „Jedes Reiskorn ist ein Blutstropfen unseres Volkes!“

Die Frau und auch der Rest unserer Hochzeitsgesellschaft schüttelten über unser Versäumnis die Köpfe. Natürlich schämten wir uns ein wenig, aber nun war es nicht mehr zu ändern. In dieser Verfassung fuhren wir alle zusammen zu einem Festessen in ein Lokal - was der eigentliche Grund war, warum sie alle gekommen waren.

Rose

Noch im August stiegen wir in den Zug nach Marseille. In Tours hatten wir die Miete für ein weiteres Jahr an den Bürgermeister bezahlt, falls ich vorzeitig zurückkehren würde. Marcel nahm nur eine Tasche mit. Für mich und das Kind hatte ich einen kleinen Koffer gepackt. Jean-Pierre schlief fast während der gesamten Reise in meinen Armen.

Am Abend erreichten wir endlich Marseille. Wir begaben uns sofort auf die Suche nach einem Hotelzimmer in der Nähe des Hafens, von dem am nächsten Morgen der Dampfer meines Mannes mit Soldaten und Zivilisten nach Algerien fahren würde. Die Suche nach einem Zimmer gestaltete sich viel schwieriger als erwartet. Sobald ein Hotelier mich mit dem Kind auf dem Arm erblickte, verweigerte er uns den Zutritt. Es nutzte alles nichts, weder Bitten noch Bestechung konnten die Herzen dieser Menschen erweichen. Für uns war kein Zimmer frei.

Es blieb uns nichts anderes übrig, als die Nacht auf der Straße zu verbringen. Seit Stunden war es schon dunkel. Müde und niedergeschlagen irrten wir durch die leeren Straßen der Stadt, bis wir eine versteckte Toreinfahrt entdeckten, die, so hofften wir, etwas Schutz bieten würde.

Ich hatte Jean-Pierre gestillt und ihn mit einer Flasche Wasser, die Marcel gekauft hatte, so gut es ging gesäubert. Jetzt saßen wir auf den Stufen der Treppe, die seitlich von der Einfahrt zu einer Tür führten, und unterhielten uns. Plötzlich öffnete sich eine Flügeltür der Einfahrt. Eine Frau trat heraus und sprach uns an: „Was machen Sie hier?“, fragte sie verwundert. „Sie wollen so doch nicht übernachten mit dem Kind?“

Als wir ihr unsere Situation schilderten, lud sie uns spontan in ihre Wohnung ein. Sie wohnte im ersten Stock. Bei ihr durften wir uns alle waschen, und die Frau, die Rose hieß, bot uns ihr Bett für die Nacht an. Sie selbst wollte auf dem Sofa schlafen.

Erschöpft und erfreut über ihre Herzensgüte legten wir uns ins Bett. Bevor wir einschliefen, hörten wir jemand an ihre Tür klopfen. Rose schloss auf, und ich konnte hören, was sie sagte: „Nein, tut mir leid, mein Schatz. Ich habe heute Abend einen anderen Kunden da. Komm bitte morgen Abend wieder. Bis dann!"

Rose arbeitete als Prostituierte. Gerade hatte sie ohne zu zögern einen ihrer Kunden weggeschickt, um uns zu helfen.

Früh am nächsten Morgen weckte sie uns. Auf ihrem kleinen Küchentisch hatte sie ein Frühstück vorbereitet: Café au lait mit Baguette. Und weil sie nicht wusste, ob das Kind noch gestillt wurde, hatte sie sogar eine Schale Milch dazugestellt. Sie setzte sich zu uns und wollte wissen, wohin die Reise gehen würde. Wir erzählten ihr von unserem Vorhaben, bevor wir uns verabschiedeten.

Als wir ihr Geld geben wollten, begann sie freundlich zu schimpfen und weigerte sich, etwas von uns zu nehmen. Stattdessen schrieb sie uns ihre Adresse auf und bat, ihr als Dank eine Postkarte aus Algerien zu schicken.

Ich war sehr gerührt, als sie mich ganz fest an sich drückte, bevor wir ihre Wohnung verließen. In diesem Land trugen manche Menschen die Liebe in sich, auch wenn sie, wie Rose, in ganz einfachen Verhältnissen lebten.

Alles oder nichts

Meine Furcht vor der rauen See, die mich bei der Überfahrt vielleicht erwartete, war eindeutig größer als die Angst vor den Konsequenzen, die unser Handeln nach sich ziehen konnte. Wir hatten beschlossen, uns erst kurz vor dem Ablegen des Dampfers an die Stelle zu begeben, wo die Soldaten sich zu melden hatten.

Von Weitem beobachteten wir alles. Als kein Passagier mehr vor der Gangway stand, gingen wir schnell zu dem Mann, der für die Kontrolle zuständig war. Marcel gab ihm seine Papiere und sagte mit sicherer Stimme: „Fast hätten wir das Schiff verpasst! Hier sind meine Frau und mein Sohn. Die Papiere folgen."

Der Mann betrachtete uns kurz. Wir warteten auf „die Papiere", die natürlich nicht kamen. Das Schiff konnte noch nicht die Anker lichten, da wir nicht durchgelassen wurden. Von der Brücke wurde nach dem Grund der Verspätung gefragt. Als unser Kontrolleur rief, dass er noch auf Papiere wartete, die unterwegs waren, kam die Anordnung: „Durchlassen, das regeln wir später. Wir sind schon zwanzig Minuten über der Zeit."

Mit einem kurzen „Danke, Chef!" sausten wir mit Kind und Gepäck an dem Mann vorbei. Der erste Schritt war geschafft!

Wir verbrachten den Tag bis zur Abenddämmerung zusammen. Um nicht aufzufallen ging Marcel dann mit dem Gepäck an Deck und legte sich in einen Liegestuhl, der ihm zustand. Ich suchte mir einen Platz unter einem Rettungsboot. Längst war es dunkel, doch es dauerte nicht lang, bis die spitzen Schreie meines nassen Kindes einen Offiziellen anlockten.

Der Mann brachte uns zum Bordkommissar, dem ich unschuldig erklärte, dass ich nur meinem Ehemann gefolgt sei, allerdings ohne Papiere. Er ließ Marcel holen. Dann sagte er streng:

„Es ist leider zu spät, um umzukehren. Was soll ich bloß mit euch beiden machen?"

Marcel konnte seine Freude nicht verbergen. Doch sah er verlegen auf den Boden, ohne ein Wort zu sagen.

„Ich möchte meinem Mann im Krieg beistehen", begann ich meine Motivation zu erläutern. „Es hängt von Ihnen ab, Monsieur Kapitän. Wenn Sie es nicht erlauben, werfen Sie uns eben beide über Bord. Ich bin bereit."

Der Bordkommissar sah mich an. Eine lange, stille Minute verging. Dann wendete er sich Marcel zu und sagte:

„Junge, wenn wir ankommen, bekommst du sicher Arrest. Aber jetzt kümmere dich um dein Weib und dein Kind."

Er wandte sich an die beiden kräftigen Matrosen, die uns hergebracht hatten, und befahl ihnen: „Besorgt der Dame und dem Kind Liegen und gebt ihnen etwas zu essen."

Voller Freude fielen wir uns in die Arme. Der Bordkommissar schüttelte lächelnd den Kopf, und ich hörte ihn sagen: „Die zwei sind echt verrückt!"

Fremd in der Fremde

Ich ertrug die Überfahrt mit dem Schiff, die insgesamt nur zwei Tage dauerte, besser als vermutet, auch wenn ich trotz aller Bemühungen wegen meiner Übelkeit nichts essen konnte. Wir erreichten Nordafrika und steuerten durch das blaue Meer Algier an, eine weiße Stadt in der prallen Sonne. Ich empfand die Luft als angenehm warm. Wie alle Passagiere verließen wir sofort nach dem Anlegen das Schiff.

Hier war für uns allerdings noch nicht Endstation. In den nächsten zwei Stunden sollten wir Algier verlassen, um mit dem Zug eine französische Garnison in Sidi-Bel-Abbes im Südwesten Algeriens zu erreichen. Dort waren viele Legionäre aus allen möglichen Ländern stationiert, darunter auch ein Soldat, der mit einer Vietnamesin verheiratet war. Die beiden hatten versprochen, Marcel zu helfen, falls ich eines Tages nach Algerien mitkommen würde. Und dort sollte ich auch während der ersten Zeit bleiben, denn Marcel musste seine Reise noch am gleichen Tag nach Tlemcen, südwestlich von Oran, fortsetzen.

Während mein Mann sich mit dem Gepäck um die Weiterfahrt bemühte, beschloss ich, das flaue Gefühl in meinem Magen zu vertreiben und mich in der Stadt umzusehen, mit meinem Kind auf dem Arm. Hier im „weißen Algier", wie man die Stadt auch nannte, saßen europäische Jugendliche auf der Terrasse eines Straßencafés und unterhielten sich laut und lachend bei einem Glas Pastis, ohne auf mich zu achten. An der Architektur der Häuser konnte man sehr leicht den französischen Einfluss erkennen. Fast hätte ich mich in Marseille geglaubt, hätten mich die arabischen Stimmen nicht eines Besseren belehrt.

Einheimische Straßenverkäufer mischten sich unter die Europäer, und nicht einmal die Anwesenheit der zahlreichen Gendarmen ließen einen Zweifel an dieser Harmonie aufkommen.

Ganz in meiner Nähe lag die Altstadt mit ihrem algerischen Viertel, die Kasbah. Lärmende Händler boten in der mir fremden Sprache ihre Waren an. Zum ersten Mal sah ich Frauen, ganz in weiß gehüllt, die man hier „Fatma“ nannte. Sie verbargen ihre Gesichter hinter Schleiern, was ich nicht wirklich verstand.

Der penetrante Gestank von vor den Läden hängendem, mit Fliegen übersätem Hammelfleisch mischte sich mit den angenehmen Gerüchen der zahlreichen Garküchen, die neben Grieß, Couscous genannt, auf Kohle gegrillten Fisch und Meschui, ein Gericht aus Lamm- oder Gazellenfleisch, anboten.

Männer in langen, hemdartigen Gewändern mit weiten Ärmeln und einer Kapuze, Dschellabah genannt, einige von ihnen mit Turban, Greise mit Ziegenbärten, dazwischen magere, barfüßige Kinder in Lumpen, drängten sich um uns herum. Aus einer entfernten Ecke ertönten arabische Klänge. Einige mit Gewehren bewaffnete weiße Soldaten kamen eine steile Treppe herunter, die bis zu einer Stacheldrahtabsperrung zwischen den engen Gassen führte.

Manche Lehmwand der einst weißen, im maurischem Stil erbauten Häuser trug aufgemalte politische Parolen, wie „Libérez Messali!“ („Befreit Messali!“). Dieser Mann hatte, wie ich erfuhr, in den späten 1920er Jahren eine revolutionäre Bewegung ins Leben gerufen. Solche Sprüche erinnerten den Vorbeigehenden daran, dass man sich in einem Land befand, das unabhängig sein wollte und mit allen Mitteln gegen Fremde und Ungläubige kämpfte.

Alte, prächtige Gebäude mit halb zerfallenen Mosaiken, manche mit aufwendig und kunstvoll bearbeiteten Holzbögen voller Intarsien, stellten einen wahren Kontrast dar zu den mit Balken verriegelten, verwahrlosten Läden und einfachen, hässlichen Bleiben, deren Eingang mit eisernen Gittern versperrt waren.

Die Häuser waren meistens über Treppen und Terrassen miteinander verbunden. Dieser Wirrwarr von verschachtelten, fast undurchdringlichen Gebäuden erzeugte eine unheimliche Stimmung. Ich traute mich nicht weiterzugehen und kehrte zum Hafen um. Der Geruch frisch gegrillter Sardinen war so verlockend, dass ich etliche mit einem Riesenappetit verschlang. Als ich schließlich am Hafen ankam, fuhr Marcel mit uns zum Bahnhof.

Dort angekommen drängten wir uns durch die wartende Menge, stiegen in unseren Zug ein und setzten uns auf eine schmale Sitzbank. Die Lehne war so hart, dass ich mir schon überlegte, ob ich nicht vielleicht doch besser stehen sollte. Unser Waggon war voll und ich begann, die Mitreisenden zu beobachten, damit die Zeit schneller verging.

Worte in den Wind

Mitten unter bescheidenen Pieds Noirs, wie die in Algerien geborenen Europäer genannt wurden, und verschleierten Frauen reisten wir gemeinsam mit zahlreichen Soldaten und Fremdenlegionären nach Sidi-Bel-Abbes. Einige von ihnen, erfuhren wir, waren auch in Vietnam gewesen. Alte Veteranen saßen neben jungen Kerlen, kaum älter als Marcel. Wir unterhielten uns alle, und einer holte ein kleines Bild aus seiner Tasche. Mit mehr Wehmut als Stolz in den Augen zeigte er uns seine „hübsche Con Gai“, die in Saigon auf ihn wartete. Ich betrachtete die feinen Gesichtszüge der jungen Frau. Wieder waren liebende Menschen durch den Krieg getrennt worden, dachte ich. Ich lächelte den jungen Mann an, mitfühlend, und wünschte ihm, dass er eines Tages seine Liebste wieder fest in seinen Armen halten würde. Er steckte das Bild erst wieder ein, als er ausstieg, um seine Militärstation in Bufarik, südlich von Algier, zu erreichen.

Wir fuhren quer durch die Mitidja-Ebene. Die Gegend erschien mir sehr fruchtbar, da ich neben endlosen Gemüsefeldern Olivenhaine erblickte, die sich mit prächtigen Orangenbäumen abwechselten. Obst und Gemüse, so weit das Auge reichte! Wenigstens würden wir nicht hungern, dachte ich.

Nach langen Stunden erreichten wir Sidi-Bel-Abbes und verließen den Zug. Nachdem Marcel seine Sachen in einem der Zelte der Fremdenlegion vorübergehend ablegen durfte, machten wir uns sofort auf die Suche nach dem Paar, das uns helfen wollte. Nach einigem Herumirren in den engen Gassen hatten wir endlich ihre Wohnung gefunden. Als wir anklopften, öffnete uns ein großer, blasser Europäer, eine Pistole am Gürtel. Hinter ihm stand eine junge Frau mit asiatischem Gesicht. Ich freute mich, jemand Vertrauten vor mir zu haben. Wie ich erfuhr, kam die Frau aus Saigon.

Der Mann erkannte Marcel und ließ uns herein. Nach einem kurzen Gespräch bei einer Tasse Tee, die uns sehr guttat, und einem trockenen Keks für meinen Sohn stellte sich allerdings heraus, dass sie keineswegs bereit waren, uns zu helfen oder mir gar eine Unterkunft für die Anfangszeit zu gewähren. Im Gegenteil, sie erklärten uns, wie überrascht sie seien, uns zu sehen. Sie hätten damals nur aus Höflichkeit gesagt, uns zu helfen, ohne wirklich davon auszugehen, dass ich tatsächlich einmal käme. Und so befanden wir uns kaum eine halbe Stunde später wieder auf der Straße, müde und enttäuscht. Es blieb uns nichts anderes übrig, als für mich und das Kind ein Hotelzimmer zu suchen.

Marcel ließ mir Geld da, ausreichend viel, um einige Wochen davon leben zu können. Er musste jetzt gleich nach Tlemcen weiter. Und so verschwand er nach einer kurzen Umarmung und einem Kuss für seinen Sohn, ohne mir auch nur sagen zu können, wann, wie und ob er mich zu sich holen würde.

Ich schloss die Hotelzimmertür und ließ mich auf das Bett fallen. Als ich dalag, betrachtete ich die weißen Engelsgesichter der Stuckdecke, viel zu müde, um über die Zukunft nachzudenken.

Geteilte Einsamkeit

Nach einer kurzen Nacht wurde ich von lauten arabischen Rufen einer Moschee geweckt. Bald wagte ich mich mit meinem Sohn auf die Straße. Zuvor hatte ich der dicken Fatma an der Rezeption eine Postkarte für Rose übergeben, mit der Bitte, sie abzusenden. Sie erklärte mir, so gut es ging, auf Französisch, wo sich der nächste Bazar befand.

Auf der Straße herrschte reges Leben. Uralte, verrostete Lastwagen mit lauten Motoren und Hupen transportierten Unmengen von grünen Orangen und Gemüse. Andere Fahrzeuge hatten ihre Ladeflächen mit Matratzen überladen. Zwischen Radfahrern, an deren Rad sicher schon ihre Großeltern ihre Freude gehabt hatten, waren nur einige wenige alte Peugeots im dichten Verkehr zu sehen. Jeeps sausten ab und zu an mir vorbei, immer mit zwei Soldaten hinter einem schussbereiten Maschinengewehr.

Auf dem Bazar kaufte ich Orangen und gegrillte Sardinen, die für mich von nun an zu einer Art Grundnahrung wurden, weil sie fast nichts kosteten; außerdem aß ich sie gerne. Ich war froh, mein Kind stillen zu können, so würde es ihm bestimmt an nichts mangeln.

Die Händler und ich verständigten uns auf Französisch und zur Not mit den Händen, wenn wir nicht mehr weiterkamen. Nach einigen Tagen konnte ich schon bis zehn zählen auf Arabisch.

In Sidi-Bel-Abbes lebten mehr Asiatinnen, als ich anfangs vermutet hatte. Als ich eines Tages einkaufte, traf ich eine Vietnamesin, die mich freundlich grüßte. Wir unterhielten uns. Die Frau stammte aus Hue und hieß Lien. Mit ihrem Mann, einem Fremdenlegionär, lebte sie seit über zwei Jahren in Algerien, ihre kleine Wohnung lag unweit von meinem Hotel. Da sie kinderlos war, war sie die ganze Zeit allein. Lien war froh, ein neues vertrautes Gesicht zu sehen, und lud mich oft mit meinem Sohn zu sich ein. Voller Heimweh fragte sie mich über unsere Heimat aus, die sie seit langer Zeit nicht mehr gesehen hatte. Bei einer Tasse grünen Tees erzählte ich ihr von meiner Odyssee, und sie informierte mich über das Leben in Algerien.

Ich erfuhr, wie unsicher die Lage hier inzwischen geworden war und dass die ständigen Terrorattacken immer mehr Opfer forderten und ihrerseits zu brutalen Gegenmaßnahmen führten.

Wir verbrachten fast jeden Tag dieser ersten Wochen in Sidi-Bel-Abbes gemeinsam. Die Freude über unsere neue Freundschaft half uns, die Einsamkeit und die Entfernung von unseren Männern zu ertragen.

Ich heiße Sie „nicht willkommen!“

Im Oktober kam Marcel überraschend zurück, müde und angespannt. Nachdem er etwas Obst gegessen hatte, erzählte er mir, dass er sich inzwischen um die Ausfertigung meiner Papiere beim Friedensrichter in Tlemcen gekümmert hatte. Zudem hatte er eine Wohnung für uns gemietet. Schon am nächsten Tag sollten wir mit ihm nach Tlemcen fahren.

Mit Jean-Pierre auf dem Schoß, der ihm gegenüber anfangs etwas scheu und abweisend war, hörte er mir dann zu, als ich ihm von meiner neuen Freundin Lien und unserer gemeinsam verbrachten Zeit erzählte. Dann gingen wir sie besuchen, damit ich mich verabschieden konnte. Wie es der Zufall wollte, war auch ihr Mann gerade von einer Mission in Algier zurückgekommen. Während Lien und ich das Abendessen zubereiteten, unterhielten sich die Männer. Nach einem schönen gemeinsamen Abend verabschiedeten wir uns und ließen die Adresse unserer künftigen Wohnung zurück.

In den ersten Stunden der Zugfahrt veränderte sich die Landschaft kaum. Doch bald wuchsen am Ufer eines ausgetrockneten Flussbetts Kakteen in langen Reihen, und die unzähligen Weinberge wichen Olivenplantagen. Ein alter Pied Noir spanischer Herkunft aus Orleansville, der mit uns fuhr, erzählte uns von den furchtbaren Zerstörungen eines Erdbebens, das kaum zwei Jahre zuvor, 1954, seine Stadt heimgesucht hatte. Als der Zug plötzlich seine Fahrt verlangsamte und ich mich wunderte, eine Reihe von Holzbalken entlang der Gleise zu sehen, die etwa einen Meter aus dem Boden ragten, erklärte mir Marcel, dass dies die Reste ehemaliger Telefonmasten seien, die vor kurzem bei einem Anschlag abgesägt worden waren.

In Tlemcen herrschte ein ähnlicher Verkehr wie in Sidi-Bel-Abbes. Frauen, die neben Lotteriescheinen und Spielwaren auch Olivenöl anboten, standen an winzigen

Ständen am Straßenrand und warteten geduldig auf einen Kunden. Ich bemerkte, dass fast jeder der Soldaten, dem wir begegneten, sein Gewehr bei sich trug, und das erinnerte mich plötzlich daran, dass hier überall absolute Gefahr drohte.

Im Wohnviertel von Bel Air, nahe einer steilen Felswand, stand das große Haus, in dem sich unsere Terrassenwohnung befand. Wir klopften, und eine große, blauäugige weiße Frau öffnete uns die Tür.

Nachdem sie Marcel erkannt hatte, warf sie einen überraschten Blick auf mich und das Kind. Sie wandte sich Marcel zu: „Sie haben mir nicht gesagt, dass Ihre Frau keine Weiße ist! Hätte ich das gewusst, hätte ich Ihnen meine Wohnung bestimmt nicht vermietet. Aber nun ist es zu spät, kommen Sie herein."

Aus Angst, die Entscheidung der Frau vielleicht negativ zu beeinflussen, folgte ich ihr, ohne etwas zu sagen. Mein Herz war jedoch wieder einmal betrübt.

„Wer da?"

Die Wohnung war gemütlich und für uns mehr als groß genug. Sie verfügte über eine eingerichtete Küche, ein Bad und einen großen Wohnbereich. Draußen gehörte noch eine riesige Terrasse dazu, die zu den Nachbarhäusern führte und auf der große mit Obstbäumen bepflanzte Tröge standen.

Marcel war ab da nur gelegentlich bei uns, weil er zwischen Tlemcen und Oran pendeln musste. Die Zeit, die er mit uns verbrachte, nutzte er, um mir zu zeigen, wie man zum Beispiel mit zwei einfachen Kabeln Wasser kochen konnte. Einen Draht hatte er an einem Metallgefäß befestigt, den anderen an einer Rasierklinge, diese war in einen Flaschenkorken gesteckt. Dann ließ er den Korken im kalten Wasser schwimmen. Beide Kabelenden steckte er in eine Steckdose, bis das Wasser anfing zu kochen. Dieses System erleichterte uns das Leben, wenn der alte Holzofen nicht funktionieren wollte oder nur dann funktionierte, wenn wir zuvor ein Glas Benzin hineingegossen hatten.

Aber es gab auch Merkwürdiges. So hatte ich mich daran gewöhnen müssen, über zwei Dutzend entschärften Eierhandgranaten zu schlafen, die in einer Kiste unter dem Bett lagerten. Manchmal überfiel mich der Gedanke, wie es wohl wäre, beim Liebesakt in die Luft zu fliegen. Denn zu dieser Zeit verging kaum ein Tag, an dem nicht ein Attentat verübt wurde oder eine Bombe hochging. Bis jetzt hatte ich mich ziemlich ungestört in der Stadt bewegen können, jedoch war die steigende Spannung nicht mehr zu leugnen. Alle Europäer blieben zu Hause, nur wenn es unbedingt notwendig war, wagten sie sich noch in die Läden. Ihre Kinder schickten sie schon länger nicht mehr in die Schule. Während Jean-Pierre zu Hause schlief, begleitete Marcel mich eines Tages zum zentralen Markt, der zum Teil überdacht war. Er hielt sein Gewehr schussbereit, für niemand zu übersehen. Als wir mit dem Einkauf fertig waren und zwei alte Männer in grauen Burnus, einer Art Wollmantel mit Kapuze, überholten, die uns feindselige Blicke zuwarfen, hörten wir, wie sie uns „Rumi!“ („Christen!“) nachriefen, bevor sie hinter uns ausspuckten.

Einige Hundert Meter von uns entfernt ertönten kurz danach drei Detonationen. Ein Junge hatte im Vorbeilaufen drei Granaten in Geschäfte und Cafés geworfen. Kaum waren diese hochgegangen, türmten die Einheimischen aus den Häusern und umringten zusammen mit anderen befreundeten Passanten den Täter. So halfen sie ihm, zu entkommen.

Nicht nur dieses Mal befand ich mich in einer gefährlichen Situation. Kurz darauf bewarfen mich junge Araber mit Steinen, und erst als Marcel sie mit seiner Waffe bedrohte, ließen sie davon ab. Daraufhin montierten wir auf unserer Terrasse Handgranaten und daneben eine Reihe von Metalldosen als eine Art Warnsystem. Schon in der ersten Nacht, als wir noch fest schliefen, schepperten plötzlich die Dosen. Erschrocken packte Marcel sein Gewehr und rief laut: „Wer da?“ Statt einer Antwort ertönten zwei Detonationen: Die beiden Katzen unserer Vermieterin waren in unsere Falle gelaufen!

Dieses „Missgeschick“ hatte natürlich zur Folge, dass wir sofort aus der Wohnung hinausgeworfen wurden und ich mit meinem Sohn wieder in einem Hotelzimmer landete.

Freude

Die Fatma, die an der Rezeption arbeitete, zeigte sich als eine sehr hilfsbereite Frau. Sie hatte immer eine Tasse

Pfefferminztee für meinen Sohn und mich, und da das Hotel relativ leer war, bot sie mir oft an, sich um ihn zu kümmern, damit ich verschiedenes erledigen konnte. Gerne nahm ich ihr Angebot an, froh, nicht die ganze Zeit in dieser Atmosphäre des Misstrauens und der Gefahr im Zimmer verbringen zu müssen.

Eines Tages, als das Kind in ihrer Obhut war, brachte mich Marcel zu seinem Stützpunkt in Tlemcen. Inzwischen hatte der Friedensrichter meine Papiere ausgestellt, ich durfte mich nun als französische Staatsbürgerin offiziell auf diesem Territorium bewegen.

Wir fuhren an einem Posten vorbei, von dem aus französische Spezialeinheiten versuchten, die Ruhe in der Stadt aufrechtzuerhalten. Stolz zeigte mir Marcel den Ort, an dem er meistens tätig war. Kurz zuvor hatte er eine Bar aufzubauen gehabt, wofür ihm nur spärlichste Mittel zur Verfügung standen.

Soldaten, die vom Einsatz zurückkehrten, sollten sich hier erholen können. Er hatte einen Fallschirm auseinandergefaltet, diesen als Dach aufgespannt und daran ein aufgeblasenes Kondom als aufmunternde Dekoration befestigt. In dem Innenhof des Gebäudes standen Orangenbäume. Ich versicherte mich, dass niemand in der Nähe war, und steckte so viele reife Früchte in meine Tasche, wie ich tragen konnte. Dann kehrten wir zum Hotel zurück.

An der Rezeption erwartete uns eine Überraschung: Lien war da! Ihr Mann war ebenfalls nach Tlemcen versetzt worden, und als sie mich besuchen wollte, hatte unsere ehemalige Vermieterin ihr die Adresse des Hotels gegeben. Voller Freude fielen wir uns in die Arme. Lien wohnte jetzt auf der anderen Seite der Stadt, und so verabredeten wir uns für die nächsten Tage. Ich war glücklich und dem Himmel dankbar, meine Freundin wiederzusehen.

Hass gegen Hass

Im Hotelzimmer war es natürlich strengstens verboten, zu kochen, doch ich ließ mir nichts verbieten. Regelmäßig bereitete ich mir in einem Metallgefäß Reis zu, zu dem ich Fischstückchen gab.

Im Januar 1957, als ich eines Tages Sardinen putzte, verlor ich plötzlich das Bewusstsein. Das Weinen meines Sohnes, der zu mir gekrabbelt war und mich an den Haaren zog, weckte mich wieder auf. Ich lag auf dem kalten Boden in der Küche, das Gesicht in den Sardinen, und kam langsam wieder zu mir. Nun war es sicher: Ich war wieder schwanger. Ich wollte es Marcel noch nicht verraten und weihte nur Lien ein. Sie freute sich für mich.

Nun begann die Lage um uns herum weiter zu eskalieren. Als Marcel eines Tages nicht wie geplant ins Hotel kam, machte ich die ganze Nacht kein Auge zu. Was war passiert?

Erst am Abend darauf kam er nach Hause. Er hatte vergeblich versucht, in Oran den Zug zu bekommen, der ihn nach Tlemcen bringen sollte. Auch von der nächsten Station aus verpasste er ihn erneut. Schließlich hatte er aufgegeben. Als er später hörte, dass der Zug in die Luft gejagt worden war, konnte er sein Glück kaum fassen.

Kurz darauf brachte er einen gebrauchten Kinderwagen für Jean-Pierre nach Hause, den ihm ein Pied Noir geschenkt hatte. Er erzählte mir von dem Mann, der sich als Freiwilliger zu einer bewaffneten Miliz gemeldet hatte und inzwischen völlig verzweifelt war. Wie viele andere Bauern in der Umgebung lebte er seit seiner Geburt mit seiner Familie auf einem abgelegenen Hof unweit von Tlemcen. Eines Tages wurden diese Höfe von Befreiungskämpfern des FLN überfallen. Er selbst befand sich zu diesem Zeitpunkt in der Stadt. Niemand überlebte das Massaker, alle Familien waren regelrecht abgeschlachtet worden. Den Frauen hatte man die Bäuche aufgeschlitzt und mit Steinen gefüllt. Die Männer lagen mit ihren Genitalien im Mund neben den bestialisch getöteten Kindern.

Oft wurden solche Höfe mit Hubschraubern zwangsevakuiert. Ich konnte das Elend dieser armen Menschen so gut nachfühlen.

Nach diesem Bericht wurde mir klar, dass solche Massaker weitere repressive Aktionen hervorrufen würden, ganz ähnlich wie in Vietnam. So wunderte es mich bald nicht mehr zu erfahren, dass so mancher Soldat mit schrecklichen Trophäen herumstolzierte, zum Beispiel mit einem Kollier aus abgeschnittenen Ohren des Feindes.

Algerien befand sich in einem unwiderruflichen Kreislauf der Gewalt, den jeder Krieg, begleitet von Hass, mit sich bringt.

In der Not

Im Februar wurde Marcel plötzlich nach Bufarik versetzt, und ich wusste, dass das bisschen Geld, das ich noch hatte, nicht mehr lange reichen würde. Ich musste also etwas unternehmen, nur was?

Mir fielen die Olivenhaine und Orangenplantagen in der Nähe ein. Ich ließ mein Kind in der Obhut der Fatma und machte mich auf den Weg, um trotz der Gefahren so unauffällig wie möglich Früchte vom Boden aufzulesen. Diese verkaufte ich später billig am Rande des Marktes an Einheimische - Ironie des Schicksals?

Nach einigen Wochen erschien mir diese Art, etwas Geld zu verdienen, doch zu riskant. Etwas Neues musste her, und ich brachte die Fatma dazu, ihr altes elektrisches Bügeleisen gegen einen meiner Säcke mit Früchten zu tauschen. Oben im Zimmer befestigte ich das Bügeleisen mit dem Griff nach unten und konnte so Fisch oder Fleisch auf der Bügelfläche anbraten. Dann, die nächste Idee, begab ich mich zu einem Posten der französischen Sicherheitskräfte, den ich kannte, und bot mit einem bezaubernden Lächeln meine Dienste als Wäscherin an. Was hatte ich schon zu verlieren? Und tatsächlich: Nachdem ein Vorgesetzter meine Papiere überprüft hatte, bekam ich den Auftrag, jeden Tag die schmutzige Wäsche abzuholen und sie gewaschen und gebügelt am nächsten Tag zurückzubringen.

Und es gelang! Ich wusch Hosen und Hemden im Bidet und im Waschbecken meines Zimmers und ließ sie am offenen Fenster trocknen. Dann, nach und nach, bügelte ich die Wäsche. Die nette Fatma, die schon bei meinen Kochversuchen ein Auge zugemacht hatte, war nun gezwungen, beide Augen zu schließen, denn täglich knallten die elektrischen Sicherungen in meinem Zimmer durch. Mit einem freundlichen Lächeln duldete sie alles. So stand meiner neuen Verdienstmöglichkeit nichts im Weg.

Als Marcel endlich Wochen später wieder zurückkehrte, wollte ich ihn überraschen. Stolz zeigte ich ihm die volle Büchse mit meinem Geld. Er aber reagierte ganz anders, als ich erwartet hatte. Wütend stieß er mich auf das Bett: „Woher hast du das Geld? Was hast du gemacht? Bist du auf den Strich gegangen?", schrie er und erhob die Hand. Noch nie hatte ich ihn so erlebt.

Ich stand auf, sah ihn an und erklärte ihm ruhig, wie ich zu dieser beachtlichen Summe gekommen war. Jetzt setzte er sich geknickt zu mir und nahm mich in seine Arme. Es tat ihm leid, wie er reagiert hatte, und er hielt mich ganz fest.

Ich hatte durch meine Arbeit viel Geld zusammengebracht, weit mehr als er in einigen Monaten verdiente.

Was der Himmel gibt

Marcel pendelte nun wieder zwischen Tlemcen und Oran. Ich konnte dadurch weniger Waschaufträge annehmen und mehr Zeit mit Jean- Pierre verbringen, der mittlerweile erstaunlich schnell auf seinen Beinchen unterwegs war.

Wenn Marcel die Abende mit uns verbrachte, sprachen wir nie über die Gräueltaten, dessen unfreiwilliger Zeuge er mitunter wurde. Ein Blick in sein blasses Gesicht, mit dem er immer öfter nach Hause kam, sagte alles.

Anfang März bekamen wir eines Abends unerwartet Besuch von Lien und ihrem Mann. Dieser hatte einige Tage frei bekommen, und sie fragten uns, ob wir nicht Lust hätten auf eine gemeinsame Autofahrt am nächsten Morgen. Sie wollten sich die herrlichen Berge des Atlasgebirges, nicht weit von uns entfernt, ansehen. Wir mussten sie nicht darauf aufmerksam machen, wie gefährlich und unsinnig solch eine Unternehmung zu diesem Zeitpunkt war. Als Fremdenlegionär wusste Liens Mann bestens, was geschehen konnte. Doch beteuerte er, dass die Route, die er geplant hatte, sicher wäre. Außerdem würden wir nicht unbewaffnet fahren. Wir lehnten trotzdem dankend ab. Es war, wie sich zeigte, die richtige Entscheidung. Der Wagen geriet in einen sorgfältig vorbereiteten Hinterhalt. Ihre Leichen wurden kurz danach gefunden und von jungen Soldaten nach Tlemcen gebracht.

Der Tod meiner Freundin versetzte mir einen heftigen Schlag. Mir wurde auf einmal bewusst, in welchem Umfeld mein Kind aufwuchs und wo das noch ungeborene Leben, das ich in mir spürte, aufwachsen würde, falls ich bis dahin überhaupt noch lebte. In diesem brutalen Krieg herrschten einfache Regeln: Die „Gläubigen“ kämpften gegen die „Ungläubigen“, und hierbei spielte weder Geschlecht noch Alter noch Hautfarbe eine Rolle!

Mir wurde klar, dass der Himmel auch jederzeit wieder nehmen konnte, was er gab. Ich hatte schon meinen geliebten Sohn in Vietnam lassen müssen; war ich bereit, den nächsten zu opfern? Nein, es machte auf einmal keinen Sinn mehr für mich, unschuldiges Leben zu riskieren.

So schnell ich mich entschieden hatte, Marcel nach Algerien zu folgen, so schnell entschloss ich mich, nach Frankreich zurückzukehren. Und als ob der Himmel mir sagen wollte, dass meine Entscheidung richtig war, konnte mein Entschluss bald umgesetzt werden. Mein Mann wurde nach Oran versetzt, und weil er mich in Tlemcen nicht mehr alleine lassen wollte, nahm er mich gleich mit. Beim Abschied weinte die Fatma, ich versprach ihr, sie in guter Erinnerung zu behalten und dankte ihr für alles, was sie für uns getan hatte.

Und schon befand ich mich mit meinem Sohn in einem Militärflugzeug, das uns nach Oran brachte. Jetzt war die Zeit gekommen: Ich musste unbedingt mit Marcel sprechen.

Tränen des Tapferen

Nachdem wir auf dem Stützpunkt Senia gelandet waren, fuhren wir mit einem Taxi gleich in die Stadt. Breite Boulevards, stattliche Häuser, geschmückt mit hohen Arkaden, lange Alleen im Schatten ausgewachsener Eukalyptusbäume - mir erschien Oran noch schöner als Algier, vielleicht weil ich schon lange nicht mehr in einer großen Stadt gewesen war.

Wir fanden leicht ein Hotel. Im Zimmer eröffnete ich Marcel, dass ich schwanger war und deswegen nach Frankreich zurückkehren wollte. Ich merkte, wie sich in seine Freude auch Trauer mischte, doch wie fast immer akzeptierte er meine Entscheidung. „Es ist wohl das Beste", sagte er.

Es tat mir weh, ihn allein lassen zu müssen, doch meine Verantwortung für das Wohl unserer Kinder erschien mir wichtiger.

Marcel organisierte unseren Rückflug nach Lyon sehr schnell, und bald wartete eines Morgens eine DC-4 am Flughafen auf mich und mein Kind. Mein Mann begleitete uns bis zum Flieger und umarmte uns fest, bevor wir einstiegen. Und schon schloss sich die Tür. Ich warf noch schnell einen letzten Blick nach draußen und sah Marcel, wie ich ihn noch nie gesehen hatte: Er weinte. Mit dem Ärmel wischte er sich die Tränen ab und schlug die Hände vor das Gesicht.

Ich konnte ihm nicht mehr helfen, jedoch bat ich in diesem Moment meine Ahnen, es an meiner Stelle zu tun.

Wer liebt, liebt immer

Als wir in Lyon-Bron landeten, war ich erleichtert, wieder in Frankreich zu sein. Zugleich fiel mir überhaupt nichts ein, worauf ich mich hätte freuen können. Doch dieses Mal fürchtete ich mich vor nichts, ich konnte mich inzwischen auch viel besser verständigen. Mit dem Bus fuhren wir zum Bahnhof, wo ich etwas Obst und Brot kaufte. Danach stiegen wir in den Zug, der uns nach Tours brachte. Ein Taxi fuhr uns anschließend nach Tauxigny, das Dorf, in dem unsere Wohnung auf uns wartete.

Diese war so geblieben, wie wir sie verlassen hatten. Ich stillte meinen müden Sohn und legte ihn in mein Bett. Auf dem Nachttisch lagen noch immer die vertrockneten Blumen meines Brautstraußes. Nachdem ich mir eine Schale Tee zubereitet hatte, leerte ich meinen Koffer und überlegte, was ich am nächsten Tag besorgen musste. Dann legte ich das Obst auf einen Teller, stellte es als Opfergabe vor den kleinen Altar, den mir Marcel gebaut hatte, und zündete drei Räucherstäbchen an. Ich dankte meinen Ahnen für die gute Heimkehr. Ich bat den Himmel um Beistand, sowohl für meinen Mann in Algerien als auch für uns. Auch meinen zurückgelassenen Sohn in Vietnam vergaß ich nicht, den ich nach wie vor eines Tages zu uns zu holen hoffte.

Im Dorf hatte sich schnell herumgesprochen, dass ich mit meinem Sohn wieder zurück war. Ich wurde erneut freundlich aufgenommen, jedoch bekam ich nicht mehr Besuch als früher. Die Frau des Bürgermeisters besuchte mich manchmal, ebenso die Jugendlichen, die mir wie vor meiner Abreise ab und zu Zeitschriften brachten.

Paulette war in einem Brief informiert worden. Sie erkundigte sich bald nach uns und ihrem Sohn und nahm meine erneute Schwangerschaft zur Kenntnis.

Wie früher fühlte ich mich oft alleine gelassen. Zwar war das für mich nichts Neues, doch ich spürte, dass ich härter geworden war. Auch fragte ich mich manchmal, ob hier zu leben wohl schlimmer sei, als in Vietnam oder

Algerien zu sterben? Ich bekam Angst, vielleicht nicht mehr lieben zu können. Dann sah ich meinen Sohn, der fröhlich auf seinen Beinchen herumspazierte, und spürte das leichte Klopfen in meinem Bauch. Das alles gab mir Kraft, verwandelte meine Härte in Stärke und überzeugte mich, dass ich nicht umsonst lebte. Ich war doch fähig zu lieben.

Fontaine

Tage, Wochen, Monate vergingen. Ich verbrachte diesen Frühling mit meinem Sohn und beobachtete, wie die Natur aus ihrem Schlaf erwachte, während mein Bauch immer runder wurde. Die wenigen Briefe von Marcel kannte ich bald auswendig. Er war am Leben und freute sich darauf, uns im Juni besuchen zu können.

Für Jean-Pierre war ich die einzige Bezugsperson. Wir spielten mit leeren Schneckenhäusern oder mit Steinen. Jedes Mal lachte er fröhlich, wenn Türme, die wir aufgebaut hatten, wieder in sich zusammenfielen. Ich stillte ihn schon eine Weile nicht mehr. Wir ernährten uns von Reis und Gemüse, dazu gab es Fleisch oder Fisch, die ich zu einer verfeinerten Sojasauce zubereitete. Der Junge war völlig auf mich fixiert.

Eines Tages kam der Briefträger auf seinem alten Fahrrad, um mir einen Brief aus Algerien zu bringen. Wie immer ließ ich den Mann in die Wohnung. Plötzlich näherte sich mein Junge, packte ihn mit seinen kleinen Händen am Schenkel und biss zu. Der überraschte Beamte schrie vor Schmerz auf und ließ seinen Postsack fallen. Jean-Pierre aber stand da und strahlte, sichtlich von der Wirkung seines Bisses erfreut.

„Er ist ja schlimmer als ein Hund!“, schrie der Mann empört und rieb sich das Bein. Ich entschuldigte mich und half ihm, die Briefe einzusammeln. Jean-Pierre war eifersüchtig.

Endlich kam Marcel. Unser Wiedersehen ließ uns die lange Zeit, in der wir uns nicht gesehen hatten, schnell vergessen. Getrübt waren die Tage nur vom Verhalten unseres Sohnes. Er erkannte seinen Vater nicht und wollte ihn daher nicht im Haus haben. Marcel war darüber zunächst verärgert, dann traurig. Es dauerte über eine Woche, bis der Junge endlich begriff, wen er vor sich hatte. Marcel begann darüber nachzudenken, ob es noch Sinn machte, immer so lange von uns getrennt zu sein.

Am 24. Juni 1957, ich wurde gerade wach, platzte meine Fruchtblase. Ich weckte Marcel und bat ihn, einen Wasserkessel aufzusetzen. Ganz benommen stand er auf und fragte mich aufgeregt, ob ich nicht doch ins Krankenhaus wolle. Ich verneinte, da es sowieso zu spät war, und verspürte keine Furcht, das Baby alleine auf die Welt zu bringen. Auf meine Bitte hin verließ er das Schlafzimmer. Dort, ganz im Rhythmus der vielen Presswehen, dachte ich immer wieder an eine klare, sprudelnde Quelle, die mich meine Schmerzen vergessen ließ. Und so gab ich dem bildschönen kleinen Mädchen, das ich gebar, den Namen Fontaine.

Der von Marcel doch herbeigerufene Arzt kam, als alles schon vorbei war. Völlig irritiert stand er am Fuß des Bettes und rätselte, so schien es mir, wie er die Nabelschnur durchtrennen sollte. Als er sich noch immer nicht rührte, sagte ich ungeduldig: „Nun machen Sie schon! Oder soll ich es etwa selbst tun? Ich weiß, wie das geht."

Er riss sich zusammen und durchtrennte die Schnur, wobei ich genau beobachtete, ob er auch alles richtig machte.

Als der Arzt kopfschüttelnd gegangen war, begab sich Marcel ins Dorf und benachrichtigte seine Mutter. Ich saugte unterdessen die Nase meines Babys aus und spuckte die Unreinheiten fort. Mein Mann kam zurück und half mir, auf der gerollten Nabelschnur die große Silbermünze anzubringen, die ich für diesen Zweck schon lange bei uns aufbewahrte. Ich war unendlich glücklich, nun wieder eine Tochter zu haben.

Kurze Zeit darauf besuchte uns eine mir fremde Frau. Sie machte wegen ihrer einfachen Kleidung und ihre dunklen, rauen Hände einen sehr bescheidenen, doch freundlichen Eindruck auf mich. Marcel erkannte sie sofort und stellte sie mir vor. Es handelte sich um seine Tante Madeleine, eine weitere Schwester von Paulette. Als sie von der Geburt erfahren hatte, hatte sie für unsere Tochter spontan einen kompletten Satz Babykleidung gestrickt. Dann war die Frau den langen Weg zu uns gefahren, um uns die Kleidung vorbeizubringen.

Ich war gerührt und glücklich, endlich einen lieben Menschen in meiner französischen Verwandtschaft kennenzulernen, der mir und meinen Kindern seine Zuneigung zeigte.

Einige Tage später wurde das Baby unter dem Namen Fontaine Hélène beim Amt angemeldet. Und schon kam Paulette, wie immer elegant angezogen und hergerichtet, uns besuchen. Sie hatte Spielsachen für Jean-Pierre mitgebracht, der sich darüber riesig freute. Wir erzählten ihr vom Besuch ihrer Schwester. Ich merkte an ihrer Stimme, dass sie diese nicht mochte. „Madeleine war hier? Die hat den langen Weg auf sich genommen?" Dann sah sie mich an: „Wissen Sie, Jacquie, Madeleine lebt ziemlich abseits auf dem Land. Sie ist eine richtige Bäuerin." „Vielleicht", antwortete ich, „aber sie ist freundlich und aufmerksam. Und wie viel Arbeit hat sie sich gemacht, um die ganze Kleidung zu stricken."

Sie wechselte das Thema. Als sie hörte, wie wir unsere Kleine genannt hatten, reagierte sie schockiert: Sie fand den Namen lächerlich. Verlegen, doch bestimmt antwortete ihr Marcel:

„Loan ist die Mutter. Sie hat das Kind ausgetragen und hat das Recht, ihr Kind so zu nennen, wie sie es will."

„Hélène geht gerade noch. Ich werde sie Hélène nennen, aber doch nicht Fontaine!", sagte sie. Dann war es Zeit für sie, zu gehen.

Geduldig, ohne meiner Schwiegermutter einen Anlass für einen Streit zu geben, hielt ich meine Tochter in den Armen und strahlte sie an. Mir war die Meinung dieser Frau so was von egal!

Gefahr aus der Kiste

In der Stadt hatte ich mir eine dunkelgrüne Ao-Dai aus schönem Satin nähen lassen. Das hatte ich mir einfach geleistet. Unsere volkstümliche Tracht stand mir viel besser als die europäische Kleidung, und so gewöhnte ich mich daran, so gekleidet und selbstbewusst am Arm meines stolzen Mannes durch den Stadtpark von Tours zu spazieren. Die erstaunten und bewundernden Blicke der Passanten begleiteten uns. Bevor Marcel uns wieder nach Algerien verließ, erwarb er ein Gewehr, zu unserer Sicherheit, wie er sagte. Er lebte ständig in Wachsamkeit, und nur im Schlaf entspannte er sich, wenn ihn keine Albträume plagten. Er erzählte mir noch, wie sehr er des Krieges müde sei und sich freue, dass seine Dienstzeit im Ausland bald zu Ende gehe. Mit dieser Hoffnung verabschiedeten wir uns eines Morgens.

Die Arbeit, die ich mit den Kindern hatte, war viel leichter zu bewältigen als der restliche Tag. Bald hatte ich gekocht, geputzt und gewaschen, nur die Zeit danach wurde mir lang. Während die Kinder schliefen, las ich immer wieder die kitschigen Illustrierten. Einer der Jugendlichen, die ab und zu vorbeikamen, bot mir einmal eine Zigarette an. Ich machte einige Züge und hustete dabei kräftig, bevor ich sie angewidert zurückgab. Auch wenn mir diese erste Zigarette überhaupt nicht schmeckte, war ich den Jugendlichen für ihre Gesellschaft dankbar. Ich tat daher so, als würde ich das Rauchen doch mögen, und wurde, ohne dass ich es merkte, allmählich ein wenig abhängig.

Schon Mitte Juli kam Marcel zurück. Während die französische Armee in weitere Kämpfe rund um Algier verstrickt war, hatte er endlich im Ausland ausgedient. Jetzt erkannte Jean-Pierre ihn auch sofort wieder, und beide freuten sich. Marcel zeigte Verständnis dafür, dass ich angefangen hatte zu rauchen, auch wenn er sich überhaupt nicht dafür begeistern konnte. Und ich gönnte mir ja nur selten eine Zigarette.

Es war schön, Marcel wieder bei uns zu haben. Als er beobachtete, wie mühselig ich meine Hausarbeiten verrichtete, zum Beispiel wie ich die Wäsche kochte und mit einem Stein schrubbte, entschied er, mir von unseren Ersparnissen eine Waschmaschine zu kaufen. Kurz darauf folgte der luxuriösen Wundermaschine ein Kühlschrank. Dann, um meiner Einsamkeit endgültig den Kampf anzusagen, lieferte uns ein kleiner Transporter eines Morgens einen Fernseher, der uns über alles auf dem Laufenden halten würde, was in der Welt passierte, besonders in Vietnam.

Im ganzen Dorf waren wir die ersten stolzen Besitzer eines solchen Apparats. Ich stand vor diesem seltsamen Kasten, der uns bewegliche Bilder in Schwarz-Weiß zeigte, während eine Stimme etwas dazu erzählte.

Die erste Sendung, die wir uns gemeinsam ansahen, waren die Nachrichten. Ganz still saß ich vor dem seltsamen Apparat und hörte respektvoll zu. Ein Mann las einen Bericht vor. Als Marcel mich etwas fragte, gab ich ihm keine Antwort. Trotz seiner wiederholten Versuche, mir ein Wort zu entlocken, schwieg ich beharrlich und bedeutete ihm durch Gesten, auch still zu sein. Verwundert über mein Verhalten fragte er mich, warum ich nicht antworten würde. Ich erklärte ihm meine Befürchtung: Ich war überzeugt, der Mann in der magischen Kiste konnte uns hören, und das wollte ich nicht.

Marcel lachte los und klärte mich auf, wie diese Technik funktionierte. Wir schauten weiter, er interessiert, ich fasziniert. Anschließend wurde ein Film gezeigt, und plötzlich hatte ich das Gefühl, dass das Gerät Gefahr ausstrahlte. In einer Szene war ein Mann kurz davor, eine arme Frau zu berauben. Ohne zu zögern stand ich auf, eine meiner Holzsandalen in der Hand, bereit, der Frau zu helfen. Doch bevor der Bösewicht in dem Bildschirm meinen Schuh fühlen konnte, schaltete Marcel erschrocken den Fernseher aus. Es dauerte, bis ich begriff, dass das, was ich sah, einfach per Knopfdruck zu beenden war.

Der Nichtsgönner

Mein Mann diente nun in Rochefort, weit über hundert Kilometer von uns entfernt, und kam nur an den Wochenenden mit der Bahn nach Hause. Um auch unter der Woche ab und zu bei uns zu sein, kaufte er sich ein Moped und besuchte uns, oftmals unerlaubt. Es war jetzt Herbst, auf den Feldern war gerade der Weizen geerntet worden. Eines Tages traf ich die Frau des Bürgermeisters vor der Bäckerei. Sie begrüßte uns freundlich, blickte liebevoll auf unsere Kleine im Kinderwagen und fragte mich, ob ich schon Äpfel hätte, diese seien sehr gesund. Ich verneinte und sie sagte mir, dass die großen Apfelbäume hinter unserem Haus ihnen gehörten. Wenn ich wollte, könnte ich so viele Früchte vom Boden auflesen, wie ich mochte! Sie würden sonst nur verderben. Ich sagte freudig zu und bedankte mich. Sie war doch eine nette Frau.

Zu Hause schlief Fontaine fest. Ich ergriff zwei Taschen und nahm meinen Sohn mit nach draußen, um Äpfel zu holen. Aufgeregt über dieses große Abenteuer, sammelte er konzentriert mit mir die Früchte. Schnell wurden unsere beiden Taschen voll. Zusammen schleppten wir sie langsam nach Hause. Kurz vor unserem Haus kam plötzlich der Pächter um die Ecke. Er hatte uns wohl beobachtet und uns aufgelauert. „Was tun Sie hier? Sie stehlen wohl Obst?“, sagte er bissig.

„Nein“, antwortete ich ruhig, „die Frau vom Bürgermeister hat mir erlaubt, diese Äpfel zu nehmen. Wir haben sie aufgelesen, und ich möchte daraus Kompott machen.“ Mein Sohn versteckte sich ängstlich hinter mir.

„Ist mir egal, was Sie damit machen. Ich bin der Pächter, und die Äpfel gehören mir. Ich kann sie Ihnen aber verkaufen, viel werden sie nicht kosten“, fuhr er fort und begann sofort zu rechnen. Als ich das merkte, stieg Zorn in mir auf. Ich trat näher und schüttete die Taschen aus. Alle Äpfel fielen ihm vor die Füße. Dann packte ich mein Kind und sagte, bevor wir ins Haus gingen: „Behalten Sie doch alles!“

An die Feindseligkeit dieses Menschen mir gegenüber hatte ich mich längst gewöhnt, ich hatte nur Verachtung für ihn übrig. Aber mit anzusehen, wie das gesamte Obst verdarb, tat doch weh.

Bald konnte sich Marcel mit der französischen Politik und der Armee nicht mehr identifizieren. Erst die schrecklichen Ereignisse in Vietnam, dann die heftigen Kämpfe in Algerien, das alles ergab für ihn keinen Sinn mehr. Trotz aller Versuche seines Vorgesetzten und seiner Mutter, ihn umzustimmen, verließ er mit Wut im Bauch im März 1958 die Armee. Als Zivilist wollte er ein neues Leben beginnen.

Ich unterstützte ihn dabei, so gut ich konnte. Allerdings war das für mich schwierig, da wir ja sehr isoliert lebten und ich keine Ahnung hatte, was er am besten anfangen sollte.

Zunächst fand Marcel in einer großen Fabrik, die Schieferplatten herstellte, Arbeit. Sie befand sich ganz in der Nähe unserer Wohnung. Die scharfen Plattenkanten ließen ihn allerdings jeden Tag mit zerschnittenen Händen heimkommen. So wechselte er die Stelle nach drei Wochen und versuchte sein Glück als Versicherungsvertreter, allerdings ohne Anstellungsvertrag. Weder er noch ich kannten die Regeln des Arbeitsmarktes. Als er am Monatsende nach seinem Lohn fragte, bekam er keinen. So konnte es nicht weitergehen.

Im Frühjahr, als ein großer Zeitungsverlag in Tours einen Büroangestellten suchte, bewarb er sich und bekam die Stelle. Wie freute ich mich für ihn! Mit seinem Moped legte er täglich den weiten Weg in die Stadt zurück. Bald kam die erste Enttäuschung: Anstatt in einem Büro arbeiten zu können, wie es ihm versprochen worden war, musste er vorerst Zeitungen austragen. Aus Angst, seinen Arbeitsplatz bei dem renommierten Haus zu verlieren, vor allem aber auch, um seiner Mutter, die bereits in der Stadt herumerzählte, ihr Sohn sei nun als Büroangestellter tätig, nicht als Versager vorzukommen, sagte er nichts. Bald darauf ließ man ihn zusätzlich schwere Papierballen auf Lastwagen laden. Auch jetzt schwieg er, monatelang. Schließlich musste er auch noch nach Feierabend die Büros und die Werksstätten ausfegen. Völlig niedergeschlagen und wütend kam er nach Hause zurück. „Ich war im Krieg, um diese Leute zu schützen! Und jetzt drücken sie mir einen Besen in die Hand und lassen mich ihren Dreck fegen!"

Ich empfahl ihm, sich endlich zu beschweren. Das tat er auch. Man vertröstete ihn allerdings und sagte ihm, es wäre doch nur für ein paar Monate. Doch auch nach zwei Jahren hatte sich daran noch immer nichts geändert - nur seine Verbitterung war gewachsen.

Grenzen

Es war im Herbst 1958. Wieder erwartete ich ein Kind, und ob wir es wollten oder nicht, wir mussten es so hinnehmen, wie es war. Marcels Freude hielt sich in Grenzen. „Oje, schon wieder ein Maul zu füttern ...", war seine erste Reaktion. Im ersten Moment ärgerte er sich nur über die Unzuverlässigkeit der Kondome, die wir benutzten - es gab damals noch keine Antibabypille. Doch dann umarmte er mich, auch weil er sah, wie traurig mich seine Bemerkung machte, und sagte tröstend: „Ein Mund mehr oder weniger, darauf kommt es doch nicht an.“

Ich wiederum freute mich auf das Kind, auch wenn ich wusste, dass es unser tägliches Leben nicht leichter machen würde. Wir hatten bisher immer eine Lösung gefunden, und das würden wir auch jetzt. Gleichzeitig dachte ich an die Prophezeiung des Wahrsagers aus meiner Kindheit, die allmählich Gestalt annahm. Ich würde im Ausland leben, hatte er gesagt, mehrere Kinder bekommen und ein eigenes Haus besitzen. Bei den zwei ersten Punkten schien er wohl recht gehabt zu haben, doch beim dritten konnte ich mir zu diesem Zeitpunkt einfach nicht vorstellen, wie wir das in unserer Lage schaffen sollten. Allerdings gab ich tief in mir nie die Hoffnung auf. Vielleicht brauchte alles einfach seine Zeit.

Eines Tages hängte ich unsere Wäsche vor dem Haus auf, als ein Dorfbewohner, den wir nur flüchtig kannten, mit einem Hund an der Leine vorbeikam und mich freundlich ansprach: „Möchten Sie vielleicht einen Hund? Ich habe einen zu viel.“ Er wies auf den kleinen Mischling, der mir einen ganz lieben Eindruck machte.

Spontan wie ich bin, sagte ich zu. Ein Tier war mir willkommen. Und die Kinder würden jetzt einen Spielgefährten haben. Als Marcel am Abend kam, freute er sich auch. Nun hatten wir ein neues Familienmitglied.

Am Wochenende schliefen wir alle noch fest, als uns lautes Geschrei vor dem Haus aufweckte. Ich stand auf und ging hinunter, Marcel folgte mir. Die Mieter unter uns öffneten ihre Tür einen schmalen Spalt, um alles genau mitzubekommen. Draußen vor dem Haus stand ein aufgebrachter alter Mann, der uns anklagend ein totes Huhn entgegenhielt und herumtobte: „Hier, sehen Sie! Ihr Hund hat meine Hühner gerissen! Drei Stück! Die müssen sie mir bezahlen!“

„Das kann nicht sein“, antwortete ich. „Unser Hund war die ganze Zeit bei uns.“

„Ich weiß genau, dass es Ihr Hund war. Man hat ihn gesehen. Geben Sie mir jetzt sofort mein Geld für die Hühner!“, schrie er. Marcel war blass geworden. Dann drehte er sich um, wortlos, und ging ins Haus. Nach kurzer Zeit kam er zurück, in der einen Hand unseren Hund an der Leine, in der anderen sein Gewehr. Er ließ den Hund ein paar Schritte laufen und bevor ich ahnen konnte, was er vorhatte, fiel ein Schuss. Er hatte das Tier erschossen, vor mir und vor dem Mann, dessen Angst nun in seinen Augen abzulesen war.

Marcel lud sein Gewehr noch einmal durch und sagte: „Ist somit alles geklärt? Wenn nicht, habe ich auch noch eine Kugel für Sie!“

Der alte Mann nickte nur und verschwand. Auch die Tür des Pächters war jetzt zu. Marcel stand da, die Augen feucht, und ich spürte, wie leid ihm tat, was er getan hatte.

Verbittert und traurig fragte ich mich, wann man uns endlich in Frieden lassen würde.

Wir beerdigten das Tier draußen auf dem Feld. Den Kindern erzählten wir, der Hund sei weggelaufen. Kurz darauf beschlossen wir, das Dorf für immer zu verlassen.

Anfang 1959 bekamen wir eine bequeme Sozialwohnung in der Stadtmitte von Tours, die wir voller neuer Hoffnung bezogen. Im Mai brachte ich im Krankenhaus einen gesunden, kräftigen Jungen zur Welt. Ich nannte ihn Daniel. Marcel und die Kinder freuten sich mit mir, sie waren ganz aus dem Häuschen.

Nun schien endlich alles darauf hin zu deuten, dass die Voraussetzungen für ein normales, ruhiges Leben erfüllt waren, und das machte mir Mut.

Das Verbrechen, anders zu sein

Sehr viele kinderreiche Familien füllten die Wohnblöcke unseres Viertels. Ständig schimpfte oder schrie jemand, weinende Kinder bildeten meine tägliche Geräuschkulisse. Ich war es nicht gewohnt, unter so vielen so unterschiedlichen Menschen auf ganz engem Raum zu leben. Wir stellten fest, dass wir trotz aller Bequemlichkeiten in einem Ghetto gelandet waren.

Doch die Stadt bot große Vorteile. Es gab viele Märkte und Geschäfte, ebenso Kindergärten und Schulen. Das Wichtigste war vielleicht, dass ich hier nur eine von vielen Ausländern war, die hier lebten und in Ruhe gelassen wurden. Das dachte ich zumindest.

Manchmal um vier Uhr morgens, während die Kinder noch schliefen, half ich meinem Mann Plakate zu kleben, um sein Gehalt am Monatsende aufzubessern. Zudem bestand die Möglichkeit, die Kinder in der Obhut einer marokkanischen Nachbarin zu lassen.

Marcel und ich hatten nicht viele Möglichkeiten, gemeinsam spazieren zu gehen. Der einzige grüne Ort, an dem ich mich sehr wohl fühlte, war der Botanische Garten. Hier, unter den vielen exotischen Pflanzen, die mich an meine Heimat erinnerten, schlenderten wir gerne herum. Der schöne Platz brachte uns die ersehnte Erholung, die fast immer mit dem gleichen Thema endete: Wir unterhielten uns über Vietnam, das keiner von uns beiden vergessen konnte.

In den Nachrichten verfolgten wir die schrecklichen Ereignisse in Südostasien. In Laos forderte der Guerillakrieg immer weitere Opfer, und jedes Mal, wenn ich das Wort Vietnam hörte, schrie mein Herz immer lauter nach meinem Sohn. Wann konnten wir ihn endlich zu uns holen?

Als mein Mann und ich eines Nachmittags unter den schattigen Platanen eines Boulevards in der Stadt spazieren gingen, trafen wir seine Großmutter. Ich hatte sie seit Langem nicht mehr gesehen. Sie erkannte uns sofort, doch anstatt uns zu begrüßen, beschimpfte sie uns so laut, dass andere Passanten sich umdrehten.

„Was macht ihr da? Deine Frau soll sich um die Kinder kümmern! Wie könnt ihr die Kinder allein lassen? Schick sie doch heim!“, schrie sie Marcel an und machte Anstalten, mich mit ihrer Einkaufstasche zu verjagen. Ich starrte sie entsetzt an. Sie war eine alte Frau, und ich wollte mich hier in der Öffentlichkeit nicht wehren. Es war uns sehr peinlich, und so blieb uns nichts anderes übrig, als die Flucht vor dieser rasenden Megäre zu ergreifen. Zu Hause waren wir immer noch fassungslos. Was hatten wir bloß verbrochen?

Ich betete regelmäßig an dem kleinen Altar, den wir im Wohnzimmer aufgebaut hatten. Mit Obst, selbstgebackenem Kuchen und Blumen als Opfergaben ließ ich im Duft der brennenden Räucherstäbchen kein Gebet aus, um Schutz für meinen ältesten Sohn, meine Mutter und die Geschwister in Vietnam und auch um Schutz für uns zu bitten. Vielleicht würden der Himmel und meine Ahnen mich bald erhören?

Und plötzlich schien sich dieser Wunsch zu erfüllen. Eines Tages kam Marcel aufgeregt von der Arbeit zurück. Als er einen Büroraum gefegt hatte, war eine junge Kollegin, die im Sekretariat tätig war, zu ihm gekommen. Manchmal hatten sie sich kurz nach Feierabend unterhalten, und er hatte ihr von unserem Dilemma wegen meines Sohnes erzählt. Die Frau hatte eine Freundin, deren Mann anscheinend sehr einflussreich war. Vor kurzem hatten sie über uns gesprochen. Und der Mann hatte sich bereit erklärt, sich mit uns zu treffen. Vielleicht konnte er uns helfen.

Wir trafen ihn an einem Wochenende. Ich hatte meine schönste Ao-Dai angezogen und mich hübsch gemacht. Wie wir später erfuhren, war der Mann Direktor einer Bank und genoss bei einigen Diplomaten Ansehen. Er hörte sich geduldig unsere Geschichte an und machte sich Notizen. Mit der Bemerkung, wir würden von ihm hören, verabschiedete er sich dann.

Kurz darauf, Anfang 1960, wechselte Marcel seine Arbeitsstelle. Er war nun als Vertreter bei einem Händler für Baustoffe tätig. Dort schien er zufriedener zu sein.

Das nächste Ereignis geschah im Frühjahr. Ich verließ gerade ein Kaufhaus, als vor mir eine junge Asiatin stehen blieb, die mich ungläubig anstrahlte. Auch ich erkannte sie nun. Es war Ngoc, die ich in Saigon vor meiner Abfahrt kennengelernt hatte! Ohne ein Wort fielen wir uns in die Arme und klammerten uns aneinander, als müssten wir uns erst überzeugen, dass wir wirklich voreinander standen.

Sie lebte auch in Tours, verheiratet mit ihrem ehemaligen französischen Freund aus Saigon. Auch ihr Mann hatte die Armee verlassen, er war jetzt bei der Nationalbahn beschäftigt. Wir tauschten unsere Adressen aus, und da sie ohne ihr Kind hier lebte, kam sie mich in der Folgezeit oft besuchen. Wie lange war es her, dass ich mich so glücklich gefühlt hatte! Im Himmel schien sich, dank meiner Gebete, etwas zu bewegen. Ich lächelte und dachte auch an Herrn Phan.

Im Sommer 1960 überschlugen sich die Ereignisse förmlich. Der Bankdirektor bestellte uns zu sich. Sein Bruder, der im Vatikan tätig war, hatte sich auf seine Fürsprache hin ebenfalls um unseren Fall gekümmert. Soeben hatte er erfahren, dass man meinen Sohn sehr wahrscheinlich gefunden hatte. Mein Herz stand fast still, ich war fürchterlich aufgeregt.

Ein Junge, der zwar einen uns unbekannten Namen, Varat, trug, aber dessen restliche Daten - Geburtsdatum, Geburtsort und der Vorname Marcel - genau unseren

Angaben entsprachen, lebte in der Obhut katholischer Schwestern in Saigon. Ich war mir sicher, er war es: Man hatte meinen Sohn gefunden! Vor Glück konnte ich nicht einmal weinen und wartete voll Anspannung auf weitere Nachrichten.

Da mein Mann sich bereit erklärt hatte, meinen Jungen zu adoptieren, mussten nun die notwendigen Anträge zur Legitimation des Kindes eingeleitet werden. Für diese Formalitäten war etwa mit einem Vierteljahr zu rechnen, dann würde man den Jungen über die französische Botschaft nach Frankreich ausreisen lassen.

Der Bankdirektor hatte schon die notwendigen Papiere für uns vorbereitet, die wir überglücklich ausfüllten. Beim Abschied verbeugte ich mich voller Dankbarkeit vor diesem guten Menschen und küsste ihm die Hände, ehe er sie zurückziehen konnte.

Bald würde ich meinen so sehr vermissten Sohn wieder in meinen Armen halten! Jetzt war es nur noch eine Frage der Zeit.

Was der Himmel nimmt

Mitte September wurde uns mitgeteilt, dass eine Gruppe Waisenkinder darauf wartete, von Saigon nach Paris geflogen zu werden, unter ihnen auch mein Sohn. Die Kontaktperson des Bankdirektors in Vietnam hatte mitgeteilt, dass man meinem Jungen als Erkennungszeichen sowohl auf der Rückseite seiner Jacke als auch unter seinem Kragen seinen Namen stempeln würde.

Anfang Oktober war es so weit. Marcel und ich ließen die Kinder unter Aufsicht zurück und fuhren mit dem Zug nach Paris. Die Fahrt dorthin kam mir ewig vor!

Ich hatte eine Ao-Dai angezogen, um meinem Kind nicht ganz fremd zu erscheinen. Während der Fahrt sprachen wir kaum ein Wort. Der Moment war zu wichtig! Ich hatte wieder das Bild vor meinen Augen, den Tag im Oktober vor fünf Jahren, als ich mein Baby abgab. Wie sehr hatte ich mir seinen Geruch, seine Züge eingeprägt! Innerlich seufzend, versuchte ich mir die Zartheit seiner Haut wieder ins Gedächtnis zu rufen.

Endlich kamen wir am Hauptbahnhof von Paris an und fuhren gleich zum Flughafen weiter. Das Rote Kreuz hatte in einem abgetrennten Saal in einer kleinen Halle einen Treffpunkt für uns organisiert.

Wir meldeten uns bei einer Schwester, die unseren Namen aufschrieb und uns bat, einstweilen Platz zu nehmen und zu warten. Vor Aufregung konnten wir nicht sitzen. Dabei waren es noch Stunden, bis die Maschine landen würde.

Außer uns wartete nur noch ein einziges Paar, ein Europäer in Begleitung einer Vietnamesin. Auch sie waren gekommen, vermutete ich, um ein Kind abzuholen. Wir schauten uns an und lächelten einander zu, sprachen aber kein Wort miteinander.

Dann öffnete sich eine Tür. In Begleitung von katholischen Nonnen marschierte eine Gruppe von Kindern in unsere Richtung. Es waren zwanzig, vielleicht dreißig Jungen und Mädchen unterschiedlichen Alters. Meine Augen suchten die Kinderschar ab. Die Kinder blickten mehr verängstigt als neugierig um sich und blieben auf Weisung der Nonnen stehen, dicht aneinandergedrängt. Ich starrte die Kinder an. Meinen Sohn konnte ich noch nicht entdecken.

Ungeduldig warteten wir, bis eine Schwester uns rufen würde. Da hörten wir unseren Namen, und eine Mitarbeiterin des Roten Kreuz kam auf uns zu. In ihren Armen hielt sie einen blassen, mageren Jungen, der, scheu um sich blickend, wohl zu krank und zu erschöpft war, als dass er hätte gehen können.

„Hier ist Ihr Junge!", sagte sie schroff und wollte mir den Jungen geben. Marcel versetzte mir einen aufmunternden Klaps. Er selbst rührte sich nicht und ließ mich handeln. Ich sah mir den Jungen genau an: Sein Gesicht war lang, das hellbraune Haar sehr dünn. Als ich in seine grauen Augen blickte, regte sich kein Gefühl in mir. Dieses Kind war nicht mein Sohn!

Ich schob die Frau, die den nun weinenden Jungen immer noch hielt, beiseite und sagte, schon auf dem Weg zu den anderen Kindern: „Das ist nicht mein Sohn!"

Die Kinder standen mit aufgerissenen Augen vor mir. Niemand wagte mich daran zu hindern, meinen Sohn zu suchen. Ich sah mir jeden einzelnen der Jungen an, sah lang in jedes Gesicht. Da, inmitten der Gruppe, erkannte ich ihn. Das war er!

Diese schwarzen Augen, dieses eckige Gesicht, das Muttermal an der rechten Augenbraue. Ein Junge von kräftiger Statur, mit pechschwarzem Haar, starrte mich an. Als sich unsere Blicke trafen, spürte ich sofort die Liebe zwischen uns. Ich lächelte ihn an. Er lächelte zurück.

Ich ging zu ihm, drehte den Kragen seiner Jacke um und fand mit einem Kugelschreiber darauf den Namen gekritzelt: „Marcel". Und auf seinem Nacken waren die Reste eines Stempels zu erkennen. Ich nahm seine Hand und sagte laut und deutlich: „Das ist mein Sohn! Dies hier ist mein Sohn!"

Noch bevor wir uns bewegten, hörte ich die Kinder der Gruppe in südvietnamesischer Sprache zu meinem Jungen sagen: „Siehst du, Marcel, deine Mutter hat dich erkannt. Du hast Glück, sie hat dich gefunden!"

Mein Mutterinstinkt hatte gesiegt, und wir nahmen unseren Sohn in Empfang und gingen. Freilich bedauerte ich diesen anderen Jungen, dem ich leider nicht helfen konnte.

Während der Fahrt sprach mein Sohn kein Wort, auch nicht als ich ihn etwas fragte. Ich begriff, dass er Zeit brauchte.

Ganz tief im Herzen dankte ich dem Himmel: Fast auf den Tag genau gab er mir das zurück, was er mir vor fünf Jahren genommen hatte.

Am Anfang war ein Flugzeug

Drei Tage waren vergangen, unser Sohn hatte immer noch kein Wort gesprochen. Wir hatten ihn mit seinen Geschwistern bekannt gemacht. Diese nahmen ihn freundlich auf, besonders Jean-Pierre, der von seinem neuen Spielkameraden begeistert war.

Die ersten Nächte konnte ich vor Freude kaum schlafen. Ich stand auf und beobachtete meinen Jungen. Er schlief mit offenen Augen. Er war ruhig. Ich dachte darüber nach, was sich in letzter Zeit alles abgespielt hatte, was für ein Liebesbeweis es von meinem Mann gewesen war und wie viele andere Menschen daran beteiligt gewesen waren, dieses Wunder geschehen zu lassen.

Tagsüber sprach ich vietnamesisch mit ihm, auch wenn er mir nicht antwortete und mich nur ansah. Ich erzählte ihm, dass ich seine richtige Mutter sei und wie sehr ich mich freute, ihn wieder bei mir zu haben. Ich erklärte ihm, warum ich unser Land verlassen hatte, warum ich damals nicht anders gekonnt hatte, als ihn zurückzulassen. Ich versprach ihm, von nun an immer für ihn da zu sein.

Jedes einzelne französische Wort, das wir untereinander sprachen, übersetzte ich ihm. Jean-Pierre und Fontaine, die zu meiner Erleichterung immer mehr seine Nähe suchten, brachten den Jungen Schritt für Schritt dazu, aufzutauen. Doch seine Eingewöhnung ging nur langsam voran, sie erwies sich als sehr schwierig. Marcel erledigte am Anfang seine dringenden Geschäfte auf dem Boden unserer Wohnung. Es kostete mich viel Mühe, ihm zu erklären, dass er damit auf die Toilette gehen sollte, die ich ihm zeigte. Noch länger vergaß er es immer wieder.

Einige Tage später, als er mit seinen Geschwistern auf dem Boden spielte, hörten wir den Lärm eines Flugzeugs. Urplötzlich, voller Panik, sprang er unter den überraschten Blicken der Kinder auf, rannte quer durch das Wohnzimmer zu unserem breiten Tisch und kroch blitzschnell darunter. Dabei schrie er, in höchster Angst und auf Vietnamesisch:

„Schnell! Flugzeuge! Flugzeuge! Die Bomben! Sie werden auf uns Bomben werfen! Schnell! Schnell!"

Hastig atmend, das Gesicht voller Entsetzen, streckte er mir seine Hand entgegen. Ich lief zu ihm, fasste seine Hand und nahm ihn in meine Arme. Sanft streichelte ich seinen Kopf und presste ihn fest an mich. Dann erst fiel es mir auf: Er hatte seine ersten Worte gesprochen!

Es dauerte lange, bis ich ihn beruhigt hatte und sein Zittern nachließ. Ich erklärte ihm, dass in dem Land, in dem er sich befand, kein Krieg herrschte. Es freute mich, dass er gesprochen hatte, doch begriff ich auch, dass mein Kind Schlimmes erlebt haben musste und durch den Krieg traumatisiert war. Für mich als Mutter tat das weh. Es löste Gefühle der Schuld in mir aus.

Und doch wusste ich, dass dieser Zweig, so klein und schwach er auch sein mochte, irgendwann neue, starke Wurzeln schlagen würde. Es brauchte nur Liebe und viel Geduld.

Delikatessen

Im Frühjahr 1961 kam mein Mann mit einem jungen dressierten Schäferhund nach Hause. Sein Besitzer, ein befreundeter Polizist, wollte umziehen und konnte ihn nicht mitnehmen. Deshalb suchte er jemand, der bereit war, das Tier aufzunehmen. Es würde zwar zusätzliche Kosten für uns bedeuten und wir wussten, wie knapp das Geld war. Doch willigte ich nach einigem Zögern ein, nachdem ich sah, wie sich die Kinder über den neuen Spielgefährten freuten. Gemeinsam nannten wir den Hund „Jicqui“.

Die größeren Kinder gingen nun in den Kindergarten. Dort bemühten sich die Erzieherinnen so gut es ging, Marcel Französisch beizubringen. Oft, wenn ich meine Sprösslinge abholte, beschwerte sich die eine oder die andere darüber, dass er nichts verstand. Ich solle endlich damit aufhören, vietnamesisch mit ihm zu sprechen, zum Wohle meines Sohnes.

Ich wusste zuerst nicht, was ich tun sollte. Doch dann begann ich langsam, auch zu Hause nur französisch zu sprechen. Die Erzieherinnen hatten bestimmt recht, dachte ich. Schließlich wollte ich mich auf keinen Fall dieser dringenden Empfehlung vom „Ort der Weisen“ widersetzen. Vietnamesisch sprach ich jetzt fast nur noch, wenn meine Freundin mich besuchen kam. Ngoc hatte sich riesig für mich gefreut, dass ich meinen Sohn wieder bei mir hatte, jedoch merkte ich, wie sehr sie selbst darunter litt, ihr eigenes Fleisch und Blut nicht bei sich zu haben. Ihr Mann war in dieser Hinsicht aber leider nicht umzustimmen.

An einem Nachmittag unterhielten wir uns empört über Zigeuner, die wir während eines Spaziergangs getroffen hatten. Diese durchkämmten manchmal unser Viertel, um ihre selbstgefertigten Korbwaren zu verkaufen. Obwohl sie für mich ziemlich teuer waren, kaufte ich jedes Mal etwas, wenn eine Zigeunerin mich darum bat, aus Mitleid mit diesen umherziehenden Menschen, die an keinem Ort Ruhe fanden. Eine von ihnen zeigte sich an unseren Sitten interessiert, und so verbrachten wir, auf der Straße stehend, fast eine Stunde gemeinsam. Als wir über Essen sprachen, erklärte sie uns, dass Igel eine echte Delikatesse seien.

Ngoc und ich waren schockiert.

Als ich noch am gleichen Abend meinem Mann die Geschichte erzählte, lachte er und bemerkte, wir Vietnamesen wären ganz und gar nicht besser. Schließlich erinnere er sich noch genau daran, wie ich, und das nicht nur einmal, auf einen Baum oder Mast geklettert sei, um junge, piepsende Vögelchen aus dem Nest zu holen und diese dann als Delikatesse zu verspeisen. Dann wies er zu meiner Empörung auf unseren Hund Jicqui und lachte - was für ein Leckerbissen wäre der in Vietnam!

Der Brief

> „Ich habe gelitten, und wenn der Preis meines
> Aufbegehrens auch hoch war, so war das
> Leben es doch wert, zu kämpfen!“ (Loan)

Es begann nun eine Zeit, in der ich merkte, dass meine Kraft mich langsam verließ. Die ständigen Schikanen, unter anderem von Marcels Verwandtschaft, die wir alle wortlos ertrugen, ermüdeten mich. Dabei bemühte ich mich tagtäglich, so gut es eben ging, meine vier Kinder, meinen Mann und den Hund zu versorgen. Uns mangelte es zwar an vielem, doch satt wurden wir immer. Die Kinder waren lieb, und wenn eines auch manchmal aus der Reihe tanzte, wuchsen sie doch in Verhältnissen auf, die wir so normal wie möglich zu gestalten versuchten. Freilich wusste ich keinen Weg, um aus der bitteren Spirale der Armut herauszufinden. Meine Stoßgebete brauchten wohl Zeit, um in Erfüllung zu gehen, doch ich war einfach müde geworden, auf das nächste Wunder zu warten. Ich zweifelte plötzlich an mir, wie schon lange nicht mehr. Der Himmel hielt mich gesund. Er hatte mir meine Freundin und meinen Sohn zurückgegeben. Und doch breitete sich ein tiefes Gefühl der Leere in mir aus. Ich schämte mich fast dafür, ich war so undankbar!

Monate vergingen, begleitet von einem beklemmenden Gefühl, das mich nicht mehr loslassen wollte. Gefangen zwischen dem andauernden Geschrei in unserem Viertel und tiefer Depression weinte ich sehr viel, doch meistens nur, wenn ich alleine war oder alle schliefen. Seit dem Tod von Loan war ich nicht mehr so traurig gewesen wie jetzt. Wenn ich mein Leben Revue passieren ließ, gab es keinen Moment der Reue oder des Bedauerns, der mir zu schaffen gemacht hätte. Ich hatte alle meine Schulden bezahlt! Es war etwas anderes, etwas Tieferes, das lange in mir schlummerte und nun hervorkam. Ich hatte große Sehnsucht. Sehnsucht nach meiner Mutter.

Ich sah mich wieder von zu Hause weglaufen, mit knapp zwölf Jahren, im Herzen das Versprechen, ihr eines Tages ein Zeichen zu geben, dass ich wohlauf war. Inzwischen waren zwanzig lange Jahre vergangen. Wartete sie noch darauf? Das Gefühl, hier möglicherweise versagt zu haben, quälte mich Tag und Nacht. Langsam bemerkte mein Mann, wie ich immer stiller und dünner wurde. Als er mich nach dem Grund fragte, sagte ich es ihm. Das war im Mai 1961.

„Wir machen Folgendes", sagte er spontan und nahm meine Hand. „Du schreibst einfach nach Vietnam."

„Schreiben? Nach so langer Zeit? Das ist ein Kriegsgebiet, vielleicht gibt es das Dorf gar nicht mehr. Vielleicht gibt es überhaupt nichts und niemanden mehr!", antwortete ich, überrumpelt von seinem Vorschlag. Doch er ließ sich durch meine Zweifel nicht entmutigen, im Gegenteil. Schnell brachte er zwei Briefumschläge, einen für den Brief, den anderen, wie er mir sagte, für eine eventuelle Rückantwort, sowie Papier, Stift und Briefmarken. „Schreib!", befahl er.

So setzte ich mich hin und schrieb den ersten Brief an meine Mutter, das erste Lebenszeichen von mir nach so vielen Jahren. Ich teilte ihr mit, wie gut es mir ging, dass ich es geschafft hatte, mir ein Leben aufzubauen, wie sehr sie mir fehlte und wie lieb ich sie hatte!

Es gab noch so viel zu sagen! Zwar befürchtete ich, dass jemand den Brief vielleicht öffnen würde, doch vertraute ich auf Herrn Phans Gebet, das meine Post versiegeln würde, um gerade das zu verhindern.

Dennoch fasste ich mich kurz. Zum Schluss legte ich unser kleines Hochzeitsfoto, mit dem Datum versehen, dazu. Ich klebte das Kuvert zu und schrieb auf Vietnamesisch die Adresse von damals, als ich noch bei ihr gelebt hatte, darauf.

Marcel begleitete mich zum Hauptpostamt. Obwohl ich nicht wusste, ob meine Mutter den Brief jemals erhalten würde, war ich jetzt doch glücklich und voller Hoffnung.

Im Schatten unserer Bäume

Seit ich den Brief abgeschickt hatte, betete ich jeden Tag. So klein meine Opfergaben am Altar auch waren, so groß war mein Wunsch, eine Antwort zu bekommen.

An einem Tag im Juni klopfte es an unserer Tür. Es war der Briefträger, der für einen Brief aus dem Ausland nachkassieren wollte. Mein Herz machte einen Sprung! Schnell holte ich Geld.

Ich konnte es nicht fassen: Es war ein Brief aus Vietnam! Mit pochendem Herzen öffnete ich das Kuvert vorsichtig mit dem Messer. Der Brief war kurz, verfasst von meiner jüngsten Schwester Mây, die zu meiner Genugtuung auch schreiben gelernt hatte. Sie lebte alleine bei unserer Mutter.

Mây teilte mir ihre unbeschreibliche Freude mit, ein Lebenszeichen von mir erhalten zu haben. Sie schrieb weiter, dass unsere Mutter, nachdem ich gegangen war, über tausend Kilometer zurückgelegt habe, um mich zu suchen. Nachdem man ihr gegenüber jedes Mal beteuert hatte, ich sei tot, war sie zwar nach Hause zurückgekehrt, doch sie hatte immer gefühlt, dass ich noch lebe.

Ich musste weinen. Plötzlich entdeckte ich zwischen den Tränen ein winziges Bild meiner Mutter in dem Kuvert. Das Bild in Schwarz-Weiß zeigte eine schöne Frau in reifem Alter, das lange Haar zu einer Schlaufe gebunden, mit dem sanften Lächeln, das ich seit unbeschreiblich langen zwanzig Jahren nur noch in meinen Träumen gesehen hatte.

Tagelang beflügelte mich dieses unglaubliche Gefühl. Natürlich freute sich mein Mann für mich, und selbst die Kinder hüpften fröhlich, weil sie spürten, wie glücklich ich war.

Mitte Juni erhielt ich ein Zeichen meiner Ahnen. Ich hatte das Bild meiner Mutter neben dem Altar auf die Kommode gestellt. Als ich in der Küche beschäftigt war, bemerkte ich, dass unser Hund etwas in seinem Maul hatte. Ich ging zu ihm und erschrak, als ich Papierfetzen erkannte. Er hatte sich das Bild von der Kommode geholt und kaute eifrig. Bestürzt griff ich in sein Maul und holte die Schnitzel heraus. In diesem Moment ergriff mich die Angst, denn ich wusste, dass etwas passieren würde. Etwas, das meine Mutter betraf.

Kein noch so flehendes Gebet, auch nicht die schönsten Opfergaben am Altar konnten das Schicksal ändern.

Genau zwei Wochen nach dem ersten Brief von Mây bekam ich ihren zweiten:

„Liebste Schwester! Heute habe ich Dir eine sehr traurige Nachricht mitzuteilen. Am 10. Juni legte sich unsere Mutter im Schatten unserer Bäume nieder, um Deinen Brief noch einmal zu betrachten. Ich fand sie sanft entschlafen, mit Tränen auf ihrem Gesicht, Dein Bild auf ihrem Herzen. Sie ist nun zu unseren Ahnen gegangen. Liebste Schwester, bete für sie, wie sie für Dich ihr Leben lang gebetet hat! Mây. “

Epilog

> „Hier wird meine Geschichte erzählt, die Geschichte einer einzigen Frau. Aber da draußen sind vielleicht Hunderte, Tausende wie ich, die Leid erfahren und nur darauf warten, dass die Welt erwacht." (Loan)

Im Januar 1963 zog Loan, meine Mutter, mit vierunddreißig Jahren in ihr eigenes Haus auf dem Land, unweit von Tours. Somit hatte sich die letzte Weissagung des Wahrsagers erfüllt.

Am 25. Mai 1964, im Jahr des Drachens, erblickte ich in Tours das Licht der Welt. Ich wurde Loans letztes Kind.

Jahre verbrachte meine Mutter damit, das große, dazu gehörende Brachfeld in einen schönen, fruchtbaren Garten zu verwandeln.

1970 eröffnete meine Mutter dort ihr Speiselokal „Vietnam Restaurant", vor dem die Gäste, darunter auch extra aus Paris angereiste, geduldig warteten, bis sie einen Platz bekamen. Die Leute wollten nicht nur hervorragend essen. Sie warteten gespannt auf den unverwechselbaren, wohl berechneten Auftritt der kleinen Chefin, die jeden Abend in einer schön bestickten Ao-Dai erscheinen würde.

Sobald die Speisen serviert waren, legte sie ihren Schmuck zurecht, zündete sich mit ruhiger Hand eine Zigarette an und öffnete ganz theatralisch die Tür zum Speisesaal mit den Worten: „Bonsoir, Messieurs Dames!" Sie genoss ihre Wirkung!

Meine Mutter fand im Laufe der Zeit ihre Geschwister in Vietnam wieder. Bis auf die beiden ältesten Brüder hatten alle den Krieg überlebt. Im Jahr 1990 betrat sie zum ersten Mal nach fünfunddreißig Jahren zusammen mit mir wieder vietnamesischen Boden.

Als wir in Da-Nang, ehemals Tourane, ihren jüngsten Bruder Lê und ihre Schwester Mây trafen, geschah Folgendes:

Wir warteten am Strand, an dem vereinbarten Treffpunkt. Nach einer kurzen Weile sahen wir einen Mann und eine Frau, die sich uns näherten. Beide verbeugten sich vor meiner Mutter. Obwohl sie eine Frau war, war sie jetzt die Älteste der Familie. Der Mann gab sich als Bruder Lê, die Frau als Schwester Thao zu erkennen. Ich sah sofort, nach einem kurzen Blick auf den Mann, dass er die Wahrheit sagte. Er war meiner Mutter wie aus dem Gesicht geschnitten. Doch anstatt ihn zu umarmen, sagte sie nur: „Erzählen Sie mir etwas aus Ihrer Kindheit, ein bestimmtes Erlebnis."

Der Mann erzählte einige Geschichten, unter anderem auch dass er sein Hinterteil an heißer Brühe verbrannt hatte. Mutter blieb ruhig und nickte, doch damit nicht genug: „Würden Sie mir Ihre Narben von damals zeigen?"

Ich konnte es nicht fassen! Erst als der geduldige Mann seine Hose herunterließ, am Strand, vor allen Menschen, und uns stolz seine vernarbte Pobacke zeigte, erst dann öffnete sie ihre Arme für ihn, und beide fingen an zu weinen. Fünfzig Jahre waren bis zu diesem Moment vergangen.

Herr Phan blieb ihr treuer Freund und „Bruder" bis zu seinem Tod im Jahr 1987. Bis dahin unterstützte er meine Mutter in vielen schwierigen Situationen und erstellte unter anderem einige Prognosen, die immer stimmten, auch für mich. Als Jugendliche, ohne damals zu begreifen, warum gerade ich wiederholt Zeichen seiner schamanischen Rituale, die ich nicht genau deuten konnte, mitbekam, hatte ich das einfach so akzeptiert.

Mẹ Loan weihte mich erst später in ihr Wissen ein, nachdem sie mich jahrelang beobachtet hatte.

Meine Mutter gab Herrn Phan nach und nach das Geld zurück, das er ihr geborgt hatte. Als er starb, befand ich mich selbst in Deutschland. Obwohl ich den Mann nur aus Erzählungen und von einem Bild kannte, spürte ich in der Nacht seines Todes deutlich, wie seine Seele mich berührte. Ich weckte meinen zukünftigen Mann auf und erzählte ihm, dass mein „Onkel" Herr Phan nun zu seinen Ahnen gegangen sei. Jahrzehnte später, als mein Leben in einer schweren Krise steckte, erschien mir Herr Phan an der Seite meiner Mutter im Traum. Beide strahlten und gaben mir lächelnd Hinweise, die mir genügend Mut und Hoffnung gaben, um diese schweren Zeiten erfolgreich zu überwinden.

Die Freundschaft mit Ngoc, die heute noch, 2015, in Tours lebt und zu der ich weiterhin ein liebes Verhältnis habe, dauerte bis Mẹ Loans Tod fort.

Ende Februar, Anfang März 2003 schenkte der Himmel meiner Mutter und mir noch acht wundervolle Tage, um uns zu verabschieden, in denen sie unter anderem darüber lachte, dass ich wohl alles könne, bloß keinen Kaffee kochen!

Mit ruhiger Seele fuhr ich zurück nach Deutschland, nach Hause. Wir hatten uns alles gesagt, was es zu sagen gab.

Marcel, mein Bruder, ihr ältester Sohn, bettete sie zum letzten Mal am Abend des 6. März 2003.

Am 7. März 2003, um acht Uhr morgens, starb Dau-Thi-Cúc, die sich „Loan“ nannte, zu Hause, wie sie es sich gewünscht hatte.

Ihrem Wunsch entsprechend wurde sie eingeäschert.

Einen Teil ihrer Asche verstreute ich in ihrem Garten. Als ich damit fast fertig war, holte sich eine kleine Windhose den Rest ihrer Asche aus der offenen Urne und nahm sie mit.

> „Weil Münder nicht sprechen und Ohren
> nicht hören wollen, schreibe ich meine Worte
> für offene Augen, für Herzen, die, durch
> Worte berührt, fühlen werden.“ (Loan)

Ich bin dankbar, dass mein stetiger Vorsatz, der sich über drei Jahrzehnte hinziehen musste, dieses Buch zu schreiben und zu veröffentlichen, mir jetzt gelungen ist.

Im Nachhinein ist mir klar: Ich sollte zuerst reifen und die Höhen und Tiefen des Lebens selbst erleben und durchstehen, um die Emotionen so authentisch wiederzugeben, wie es meine Mutter von mir verlangte und wie sie es auch verdiente.

Ich hoffe nun, dass es mir gelungen ist, mein Versprechen an meine Mutter würdig einzulösen.

> „Und genauso wie du, wunderbarer
> Phoenix, deine Ahnen in dir trugst, trage
> ich dich jetzt in meinem Herzen und weiß
> deine schützende Hand über mir.“

ENDE

Isabelle Müller verkörpert in unserer globalen, multikulturellen Welt als halbe Vietnamesin und Französin die klassische Eurasierin. Durch ihre Herkunft verbindet sie die Kulturen Europas und Asiens.

Die Autorin wurde 1964 in Tours (Frankreich) als Isabelle Gaucher geboren. Ab 1985 arbeitete sie in Deutschland als Dolmetscherin und Übersetzerin.

Mit ihrer Mutter Dau-Thi-Cuc, genannt Loan, bereiste sie Südostasien und lernte die Geschichte ihrer vietnamesischen Wurzeln kennen. Isabelle Müller ist mit einem Deutschen verheiratet und hat zwei Kinder.

14343321R00214

Printed in Germany
by Amazon Distribution
GmbH, Leipzig